你對別人的預測，

會決定你自己的行為……

# 誰賺走了
# 你的咖啡錢

## 日常生活中的經濟賽局，臥底經濟學家完美破解

全新增訂版

# THE UNDERCOVER ECONOMIST

TIM HARFORD

提姆．哈福特——著

任友梅——譯

目次

**推薦序　經普讀物又一個典範。馬凱**──009
**推薦序　經濟學家的無間道。劉瑞華**──013
**再版序　世界變了，我也變了**──017
**前言　全世界沒有人能獨力煮出一杯卡布奇諾**──019
**第1章　誰賺走了你的咖啡錢？**──025
咖啡店到處都是，星巴克到底在貴什麼？／想要有「議價優勢」，就要先打造你的「稀有性」／土地沒有絕對價值，只有相對價值／你趕時間？來，咖啡貴一點賣給你／十九世紀的經濟學理論模型，竟能解釋二十一世紀的生活現象／戲院的爆米花，蛋黃區的房價，憑什麼那麼貴？／競爭越激烈，消費者就越不容易當凱子／為什麼要成立「石油輸出國組織」？為什麼黑幫要開洗衣店？／為什麼明明教師短缺，但教師薪資始終偏低？／外來移民會搶走你的飯碗嗎？／經濟學家能做什麼？

**第2章　超市不想讓你知道的祕密** ———— 055

拉高單價與薄利多銷，哪種策略好？／用一條奢華線，釣出凱子顧客／「價格敏感度」、「浪費」和「不在乎價錢」／怎樣買有機食品，才不會當冤大頭？／平價未必便宜，高檔未必昂貴，要「選貨不選店」／逛超市，別掉入這些「價格陷阱」……／不是大企業奸詐，其實是我們太懶／不舒服的經濟艙，包裝陽春的產品，都是故意設下的圈套／同樣的商品，在不同國家售價不同，why？／該如何訂價，可以造福更多人、同時賺更多錢？

**第3章　自由競爭很好，但公平與正義呢？** ———— 091

如果，全世界的人都必須講真話……／注意：你選擇的價格，透露了你的「真心話」／弱水三千，我就是要飲這一杯……／當自由市場消失，家長就得為了讓孩子念好學校而吵架／在自由市場裡，「價格」能指引政策方向／一個有效率的經濟，未必是一個你願意生活的世界／跑快的人放慢一點，大家手牽著手一起邁向終點，好嗎？／硬要我讓別人先跑，算了我不玩了／政府應偏袒市場，而不是偏袒企業

**第4章　塞車又汙染，有解嗎？** ———— 115

首先，弄清楚「平均價格」與「邊際價格」／你要讓人民開車開到飽，還是多開車、多付費？／我們最終得到的享受，其價值必須大於帶來的困擾／只要你不再為

旁人帶來困擾，就不必付外部性費用／付得起錢，就享有汙染環境的權利，通嗎？／你的命值多少錢，怎麼算出來的？／你的消費行為，會揭露你的偏好／紐奧良的駱駝背屋，英國的陰暗房……／這些年，在排放權的拍賣會上……／關心環境很好，但千萬別唱道德高調／人民可以自己解決的，政府最好別插手／經濟學家才不會只關心錢

**第5章　買中古車、上館子，為什麼老是踩雷？** 149

中古車行裡有好車也有爛車，你該怎麼出價？／為什麼房東提供的家具都很爛，觀光區吃東西都會踩雷？／資訊不對稱的市場，注定無法運作／保險公司知道得越多，你的保障就越少／為什麼銀行裝潢亮麗體面、汽車展示間美輪美奐？／電視上砸大錢、卻毫無內容可言的汽水廣告／爛中古車，健保，與美國／生活中的保障越多，你會越……隨便！／吃飯喜歡找名店，就要有當凱子的心理準備／市場失靈 vs. 政府失靈／如果接受治療，你的生命品質能改善多少？／微創經濟學與醫療照護／每個人都有一個帳戶，自己的醫療自己負責

**第6章　爛投資和臭雞蛋** 179

買到一整盒雙黃蛋，就能獲得一百萬獎金！／臭雞蛋和爛投資／號稱最安全的投資，最後變成最危險的陷阱／便宜的紓困，昂貴的危機／政府為什麼一定要救銀

行？／葛林斯班沒有錯估銀行的自私，而是錯估了他們的能力／在超市結帳，怎麼排隊最聰明？

第7章　撲克、愛情與利率——199

你對別人的預測，會決定你自己的行為／生活中要玩「經濟賽局」，就要有真金白銀／價值三十萬的房子以三千美元賣出，搞什麼飛機／手上的牌越爛，越需要你裝模作樣／解決日常生活的疑難，並提供簡單明瞭的建議／交易要成功，需要「夠認真」的競逐者／英國3G執照拍賣的成功祕密／沒有人想當第一個退出競標的人／三十萬的房子以兩百二十五萬美元賣出，這是在作夢嗎？／經濟學家終於對日常生活做出了貢獻／必須在片刻決定結果的銀行拍賣／拍賣會上，什麼樣的策略會得標？

第8章　如果政府是盜匪……——231

有沒有什麼辦法，能扭轉這越來越窮的趨勢？／臺灣、南韓與中國可以，為什麼有些國家不行？／占地為王的獨裁者，勝過四處流竄的盜匪／病毒要靠宿主活命，能下蛋的金鵝誰會想殺／土匪、土匪，到處是土匪／每一個失能政府，都有獨特的失能理由／不是因為人民笨，而是……／尼泊爾的水壩之謎／國家不會滅亡，但會充斥掠奪風氣／腐敗的根源是政府，但整個社會卻跟著受折磨

第9章　啤酒、薯條、全球化 —— 261

上海星巴克不代表上海，上海也不代表全中國／不要管別人，專注做你最擅長的事／美元與人民幣，電鑽與電視／別人朝你家丟石頭，難道你也要跟著丟？／小麥變汽車：你的隱形競爭者是誰？／更多貿易、更多投資，要嗎？／國際貿易有害環境，really？／說要給農民的補貼，結果被有錢人領走／貧窮與富裕，誰才是環境殺手？／什麼！血汗工廠的好處是……／醒醒吧，忙著顧三餐的小老百姓／經濟越封閉，政權越……穩固！／「公平貿易咖啡」、「非血汗工廠製造」很讚，但能解決問題嗎？

第10章　中國如何致富 —— 299

毛澤東大躍進的鬧劇與慘劇／鄧小平把中國帶入了「真相的世界」／今日的儲蓄和投資，會讓你明日更富有／只要五百天，投資就能回本……／人口會成長，科技會進步，政府呢？／中國為什麼需要世界？／外資為何投資中國？／來一趟深圳，才曉得什麼叫有錢人／結語：經濟學關心的，最終還是人

致謝 —— 327

註 —— 329

## 推薦序。馬凱

# 經普讀物又一個典範

在全球化浪潮洶湧地衝擊下，全球各國經濟出現前所未有的快速變化，貧富之間所得的重新分配，使財富向少數贏者圈中的幸運兒集中，大多數人反而相對更貧窮；凡此種種關乎切身利害的發展趨勢，均使經濟學的身價越來越高。

但無論經濟學受到何等的重視，經濟學的枯澀難懂，依然是攔阻太多非科班出身者難窺其堂奧的重大障礙；即使經濟系出身者，也甚多勉強苦讀但難得其中奧妙、只是一知半解者。

因而如何跨越經濟學艱澀的壁壘，讓每一個亟需其臂助者，都能親近經濟學，了解其內涵，善用此一有力的工具，多年來都是經濟學家努力的目標。不過，在經濟學發展成熟的兩百多年間，罕聞能成功達成任務者。自由經濟大師傅利曼（Milton Friedman）與其夫人的通俗名著《自由選擇》（*Free To Choose*），以及配合的電視節目，即為少有的成功之作。

近年來，或許正因為大環境急速提升對經濟知識的迫切需求，英美諸國大量出現通俗文字呈現經濟概念的著作。相對於更早流行的所謂「科普讀物」，這一批通俗經濟讀物，或許正可視之為「經普讀物」新風潮的濫觴。

在令人目不暇給的經普讀物中，近年國內外都頗受歡迎的，當屬以美國知名經濟學家李維特（Steven D. Levitt）為主要撰寫人的《蘋果橘子經濟學》（*Freakonomics*）。這本叫好又叫座的經普讀物，以淺顯易懂的文字，針對若干通俗之見解進行顛覆，由於所運用的都是難以撼動的實證資料，分析方法又周延明確，的確引人入勝，甚至令讀者震撼。

《誰賺走了你的咖啡錢》（*The Undercover Economist*）這本書，被認為與《蘋果橘子經濟學》齊名，並稱為近年來最重要的財經著作。財經著作多如牛毛，就經濟學而言，這兩本書是否最重要，恐有許多質疑。但就「經普讀物」而言，這樣的誇讚應非過譽。

本書作者提姆．哈福特（Tim Harford）卻絕對不能與李維特相提並論。李維特是一個扎扎實實的經濟學教授，在專業領域中頗負盛名；但哈福特卻以專欄作家見稱。不過細讀兩部著作，我們卻有角色倒錯的感受。

李維特與另一位作者所撰寫的《蘋果橘子經濟學》，特別強調某些實證資料的統計分析，因而只局限在幾個似是而非的特殊課題上，其外更廣闊的經濟領域，則幾乎全未觸及。但這本《誰賺走了你的咖啡錢》卻野心十足，從咖啡價格不斷向外、向深處發展，到最後幾乎目前最受關注的課題全部包羅在內，在某種程度上，作者意欲嘗試以通俗文字改寫經濟學教科書。

這兩種寫作方法，顯而易見，《蘋果》一書討喜、易讀而且輕鬆好寫；《咖啡錢》則分量極重，牽扯極多，推理與分析工作也格外吃重。因而對寫作者而言，是更艱難的挑戰；對讀者來說，也不是輕而易舉、興味盎然的閱讀經驗。不過，就「經普讀物」的使命而言，各擅勝場；《蘋果橘子經濟學》提供了一道美味誘人的甜點，《誰賺走了你的咖啡錢》則奉上一道營養豐富、嚼勁十足的牛排，若論經濟效益，似乎還是後者實惠些。

這本書的前半部讀來相當輕鬆愉快；作者以十分風趣的文字，從咖啡這個親切的主題切入，卻能從十九世紀李嘉圖的地租論中找到分析的樞紐，建立「稀有性」決定身價這個主要的線索，貫穿到許多同樣十分切身的課題，同時將近三十年來經濟學最重要又最有趣的新發現，深入淺出地透徹解讀、實際應用，在近年來的財經著作裡，的確少見這樣的作品。不過，由於所圖甚大、牽涉甚廣、內容十分複雜，因而作者也不得不將若干比較專業的術語與推理納入，使經濟學的艱澀面目不時隱顯其中。越到後面，牽涉越多、問題越複雜，這樣的傾向也越明顯。

儘管如此，我們還是得說，要獲得這樣多的經濟知識、概念與方法，讀這本書應該是最不痛苦，或者說，最有趣味的辦法了。因此，當你正被前半部有趣的討論引起了興趣，千萬不要半途而廢，你對這個世界的認知，可能會因而改變。

本文作者為社會企業公約基金會創辦人，經濟評論家，《經濟日報》前總主筆。

## 推薦序。劉瑞華

# 經濟學家的無間道

幾天前我到上海，從人民廣場地鐵站走出來，街上飄著十一月的細雨，立刻有賣雨傘的人迎上來喊著：「雨傘、雨傘、十塊錢。」同行的學生本能反應說：「便宜一點。」那人回答：「要便宜，去別家買。」話還沒落地，旁邊就有一個人湊過來了：「這裡，八塊錢。」撐著剛買的傘往前走，學生對我說：「同一個地方就有兩種價格，這就不是課本上說的完全競爭。」我則說：「如果這不叫完全競爭，那一定是書本寫錯了。」

我不是臥底經濟學家，不過有時候，我的確並不想向人表明我在大學裡教經濟學，原因在於往往這樣會招來奇怪的眼光。在許多人眼裡，經濟學家的想法以及講出來的話，經常是很奇怪的。我剛考上大學時，鄰居送了一本大學用的經濟學課本給我，開學前的暑假裡我試著自修，卻始終無法看超過第十頁。至今我還不明白為何要讓初學者去記「點彈性」或「弧彈性」的公式。在學術圈裡待了這麼久，我不得不承認，經濟學家確實與眾不同，想法經常有點怪。

那些在街上做小生意的，甚至經營大事業的，都未必學過經濟學，他們每天所從事的經濟活動，按理說，應該是經濟學所要描述、說明的內容，然而經過經濟學理論的分析，當事人可能都無法理解他們自己所做的事情。在人民廣場地鐵站賣傘的小販才不會管什麼是「完全競爭」，那些不懂經濟學的人，卻可能創造出全世界最活躍的經濟。一般而言，經濟學的書是給學過經濟學的人看的；沒學過經濟學的人，通常看不懂經濟學家寫的文章。

當然不能否認，理論的修辭，對於知識的產生與演進有很大的功用，可是經濟學不是太空物理，不應該只屬於專家們的。長久以來，經濟學發展所建構的抽象理論，確實讓這些知識脫離一般人的理解範圍。用個比較誇張的比喻，這樣做，搞得經濟學界有點類似幫會活動。早有人把學術界比喻做「江湖」，那麼學術用語等於是江湖人物的「調（ㄉㄧㄠˋ）侃兒」。經濟學家用術語、符號互相溝通，有意或者無意讓外行人聽不懂，就像「調侃兒」。

要打入江湖幫會，掌握底細動向，那就是臥底的任務。這樣想，一般大眾如果想知道經濟學在幹什麼，也許應該派個人到經濟學界的圈子裡臥底，把經濟學的暗號和密碼破解，好讓大家了解。經濟學家不能只沉迷於自己才懂得的語言之中，必須觀察收集真實世界的情資。本書的作者就銜著這個使命，做起了臥底經濟學家，用遊走於真實世界與經濟理論之間的經驗，提供讀者一種親切的學習方式。喝咖啡、買中古車、出外旅行買紀念品，這些一般人常做的事，臥底經濟學家也會做，不過在臥底經濟學家眼中，這些事都有奇特的意義。

理論經濟學家可能會把一件簡單的事情，或一樁簡單的買賣，想成抽象的經濟行為，甚至造個數學模型來描述說明，讓一般人看不懂自己做了什麼。臥底經濟學家則要用簡單的文字，把理論再還原成一般人能懂得的解釋。這件工作沒有說的這麼容易，臥底經濟學家必須懂得理論，還要擅長通俗文字，成果如何，可能還得視讀者有多少知識和經驗，成敗功過還是有很大風險。當然，有臥底，也有反臥底，學術工作或許也有如電影《無間道》裡的鬥智遊戲與心理掙扎。

其實，用通俗文字解說經濟理論並不是什麼冒險犯難的工作，說成「臥底」好像有點離譜。不過，臥底經濟學家雖然不用冒生命危險，卻經常兩面都不討好，有點像電影《無間道》裡的人物處境。如果艱深的理論能夠用簡單的文字就說明清楚，豈不是責怪了原來作者的表達能力不夠好？

另一方面，具體的事例所說明的現象，畢竟欠缺抽象理論所能展開的思考空間。專業與通俗之間應該兼顧還是分工，大家仁智互見。不過學術圈裡，多數人還是比較重視內行人或本幫人的看法，而把通俗寫作看成次級工作。這些年來，我只是零零星星寫了幾篇像本文這樣的文章，都有點身處《無間道》的感覺。我想，臥底經濟學家應該多一些鼓勵！

本文作者為清華大學經濟學系教授。

| 再版序 |

# 世界變了，我也變了

## 感謝百萬讀者

動筆寫這本書時（初版二〇〇五年在美國上市），做夢也想不到，多年以後會幫新版寫序。我明白自己非常非常幸運，同時要謝謝全世界超過一百萬名的讀者，我心懷感恩而知足。

自從這本書出版以來，世界變了，我自己也變了。在這本新版中，我盡量保留原書內容，但更新了許多統計資料和例證。有時候我會透過註解，指出初版和本版之間的差異——尤其是當這些差異證明了我是對的，或是讓我看起來很蠢的時候。

比較重大的改變，是拿掉了原版中的第六章（原先主題是談網路股泡沫化），新寫的這一章，是談始於二〇〇七年的全球金融風暴。如今看來，比起全球金融風暴，網路股泡沫化顯得溫和多了，何況，出了新版卻不談全球金融風暴，感覺上實在說不過去。

如果你喜歡這本書，可能也會喜歡我每週刊登在《金融時報》的專欄，或ＢＢＣ等媒體的專欄。這些專欄、我其他的文章，以及其他相關個人資料，可以在我的網站上找到：timharford.com。另外我的推特帳號是：@TimHarford。

| 前言 |

# 全世界沒有人能獨力煮出一杯卡布奇諾

## 學習當一個懂門道的消費者

從超市、書店到咖啡館，

哪些人、在什麼時候、用什麼方法、賺走了你多少錢？

謝謝你買下這本書。不過，如果你跟我是同一種人，那這本書你應該還沒買單。因為，很可能此刻你正坐在書店附設的咖啡廳裡，一邊喝著卡布奇諾，一邊盤算這本書到底值不值得你花錢買。

這本書要談的，是經濟學家如何看待這個世界。說不定，你身邊正坐著一位經濟學家，而你完全沒感覺，因為在一般人眼中，經濟學家一點也不特別；但是在經濟學家眼裡，「一般人」可是特殊得很。這位經濟學家到底看到了什麼？如果你有興趣問他，他又會怎麼回答？而你，又為什麼想要問呢？

也許在你看來，你只是在享受一杯滿是奶泡的卡布奇諾，但在經濟學家眼中，你跟這杯卡布奇諾可都是玩家——一場錯綜複雜的訊息與談判遊戲、能力競賽與智力鬥爭的玩家。這是一場風險很高的競賽：那些賣咖啡的人當中，有人賺了很多錢，有些則否，還有一些正盤算著，怎樣才能讓你把口袋裡的錢掏出來。

而經濟學家可以告訴你，哪些人、在什麼時候、用什麼方法、賺走了多少錢。希望讀完本書之後，你也能以經濟學家的角度發現同樣的道理。但請你在書店老闆還沒「清場」之前，先將本書買下來吧。

你這杯咖啡，之所以會引起這位經濟學家的注意，還有一個原因：因為他自己煮不出一杯卡布奇諾，而且他知道，全世界上也沒有任何人會。畢竟，誰能自己包山包海的種咖啡樹、採收咖啡豆、烘焙咖啡豆，還自己養牛兼充當擠牛奶工，再順便製造組裝一部咖啡機，外加窯燒個馬克杯？這杯卡布奇諾，可說是經過了十分複雜的流程，才能到達消費者手上。全世界沒有一個人，能獨力煮出一杯卡布奇諾。

經濟學家知道，這杯咖啡的完成，背後有著複雜的分工與合作，而且過程中沒有任何人在主導。經濟學者保羅・西布萊特（Paul Seabright）就說過，當年蘇聯官員試圖了解西方國家如何運作時，提出一個疑問：「請問……倫敦同胞的麵包供應，是誰在負責的？」問題本身很可笑，但答案——也就是：沒人負責——卻很奇妙。

## 這年頭，怎麼花錢才不會吃虧？

假如這位經濟學家將注意力從你的咖啡，轉到你身處的書店，他眼裡看到的將是一套更高難度的分工與合作。書店運作的複雜程度，遠遠超乎想像：想想看，多少世紀以來的設計與發展，從書本的紙張到書店的燈光照明、記錄庫存的電腦軟體，更別提一本書從印刷、裝訂、存放、配送、展示到銷售的整個過程。

這套運作模式，效率高得驚人。當你想要買下這本書時——你現在應該買了吧？——不必事先知會書店幫你訂書。今天早上出門前，你可能根本連想都沒想過自己會買下這本書，但神奇的是，居然一直有這麼多人，為了滿足你這種無法預期的購買動作而忙碌著。例如我、這本書的編輯、行銷人員、校稿人員、印刷公司、造紙業者，還有墨水供應商等等。經濟學家可以告訴你，為什麼這樣的系統得以運作，企業又是如何從中獲利，身為消費者的你，怎麼做才能不吃虧。

此刻，你身邊的這位臥底經濟學家正望著窗外交通堵塞的狀況。對很多人而言，塞車只是生活中眾多惱人的狀況之一；但對臥底經濟學家來說，混亂的交通與運作井然有序的書店之間的明顯對比，可大有文章。我們可以從書店的經營，學到避開塞車的方法。

雖然經濟學家們每天都在思考身邊周遭的人事物，但不代表他們不了解外面的世界。如果你有興趣，可以跟經濟學家聊聊已開發國家的書店，和喀麥隆的圖書館有什麼不同——答案是：喀麥隆的圖書館裡只有人，沒有書。你可能還會指出貧富國家之間的懸殊差距，經濟學家能理解你的憤憤不平，但他也會告訴你有錢國家為什麼有錢，窮國又是為何而窮，以及有什麼可用的解決辦法。

聽起來，這位「臥底」在你身邊的經濟學家好像什麼都懂，但其實，他告訴我們的，正是經濟學的功能：讓我們更了解「人」——無論是個人、企業、競爭對手，或是我們稱之為「經濟體」的廣大社會成員。

這一點可由諾貝爾獎評選委員會的評審眼光看出來。自一九九〇年起，諾貝爾經濟學獎的頒發，有時候是因為得獎者對經濟的卓越貢獻，例如外匯利率和景氣循環理論。但更常出現的一種狀況，是得獎者對於跟經濟相關、卻不是那麼有關聯的事物，提出深刻的見解，包括人類的發展、心理學、歷史、選舉、法律，甚至是特殊的發現，例如為什麼買不到好用的中古車。

我寫這本書，是希望幫助你學會用經濟學家的角度來審視這個世界。書中不會談到外匯利率或景氣循環，但會告訴你中古車的祕密。我們會談大趨勢——例如為什麼每個月都有一百萬名中國人脫貧，也會講到你切身的小課題——例如要怎樣在超市買東西而不吃虧等。這一切謎底的揭曉，就好像偵探辦案，而我將要教你學會使用經濟學家的偵辦方法。

希望你在讀完本書之後，會成為一位懂門道的消費者，同時也更清楚在選舉時，看清政客們那套說詞背後的真相。我們的生活中，處處都充滿著令人困惑的現象，但大多數人可能連困惑在哪都渾然不覺。因此，希望你能從揭開這些日常生活的祕密中找到樂趣。

現在，就從我們比較熟悉的領域開始吧：到底，誰賺走了你的咖啡錢？

# 第1章

# 誰賺走了你的咖啡錢？

## 一杯卡布奇諾的成本是……

不論在紐約、東京、安特衛普，還是布拉格，只要你住在全世界的各大城市裡，在大眾交通工具上通勤都是生活中司空見慣的經驗。

每一個通勤的上班族，都像一隻走迷宮的老鼠：計算著早上沖完澡到抵達車站要花多少時間；摸熟時刻表和正確的候車月臺，好加快轉車效率；寧可擠頭班車一路站回家，也不願搭有座位的末班車。

有趣的是，全世界這些因通勤所打造出的共同模式，例如會塞車的路段與交通尖峰時間等，都成了老闆們眼中大好的賺錢機會。

法拉古特西站（Farragut West）是美國華府的地鐵站之一，附近有世界銀行總部、國際貨幣基金會，還有白宮。每天早上，總會看見一群群睡眼惺忪、帶著起床氣的乘客，從法拉古特西站的地鐵月臺上來，進入位於地下樓層的「國際廣場」購物中心。

他們趕起路來，可都帶著一股狠勁——想盡辦法擺脫這片喧囂繁忙、避開那些腳步遲疑的外地觀光客，搶在長官前一刻抵達辦公室。他們通常不喜歡繞道而行，不過，有個平靜而豐饒之地，倒是可以吸引他們暫停兩分鐘。在這個綠洲裡，有帥哥美眉笑臉迎客，身上還別個名牌好讓客人知道自己的名字。

沒錯，這裡就是星巴克咖啡店，位於地鐵乘客必經的「國際廣場購物中心」出口。這可不是法拉古特西站特有的現象：從附近的法拉古特北站出來，你會經過的第一家店，也是星巴克。全世界各地都有這種地點絕佳的咖啡店，每天招呼著拚命三郎型的通勤族。華府杜邦圓環（Washington's Dupont Circle）地鐵站出來，不到十公尺的那家咖啡店叫做咖思（Cosi）；紐約火車總站「賓州車站」的第八大道出口旁，則是西雅圖咖啡大師（Seattle Coffee Roasters）。經過東京新宿車站的通勤族甚至不必出站，就能享受到星巴克的服務。倫敦滑鐵盧車站的泰晤士河南岸出口，則鎮守著AMT咖啡店。

## 咖啡店到處都是，星巴克到底在貴什麼？

我寫這段文字時，星巴克的中杯卡布奇諾定價二．七五美元，一點都不便宜。但當然，我付得起。就像其他許多來買咖啡的人一樣，一杯咖啡的錢我幾分鐘就可以賺回來。我們都不想為了省幾分錢，上午八點半在那邊浪費時間到處找更便宜的咖啡。**「最方便的咖啡」有很大的市場需求**。比方滑鐵盧車站，每年有七千四百萬人次經過。因此，咖啡店的地點就非常關鍵了。

法拉古特西站旁的那家星巴克地點極佳，不光是因為它就在月臺到地鐵站出口的最佳路線上，也因為同一條路線上沒有其他的咖啡店。因此生意興隆是意料中的事。

如果你跟我一樣是咖啡一族，可能會認為有個人靠賣咖啡賺翻了。媒體曾經報導，一杯卡布奇諾的成本根本不到一美元。當然，媒體沒算在內的還有牛奶、電費、紙杯的成本，外加付錢雇帥哥美眉成天對著臭臉顧客微笑。但即使把這些成本都算進來，咖啡售價還是高出成本太多。根據經濟學教授布萊恩．麥克曼納斯（Brian McManus）的估算，咖啡的價格大約是成本的一五〇%。

這中間一定有人賺了很多錢。會是誰呢？

你可能會認為，這人想當然就是星巴克的老闆霍華．蕭茲（Howard Schultz），但真正的答案沒這麼簡單。

星巴克一杯卡布奇諾可以要價二．七五美元，主要是因為附近沒有別家咖啡店跟它削價競爭。為什麼？我無意忽視蕭茲先生的成就，但老實講，卡布奇諾並不是什麼複雜的商品，好喝的卡布奇諾到處都買得到（當然難喝的也不少）。而且開家咖啡店其實一點都不難——買個咖啡機再弄個櫃檯，做點宣傳打響知名度，辦幾次免費試喝，請幾個員工。不滿意還可換人。

真相是，星巴克最大的優勢，就是它的**店面設在成千上萬通勤族的必經之處**。開咖啡店的好地點不外這幾個——不是車站出口，就是人來人往的街道轉角。星巴克跟其他競爭對手，可是會為了這幾個地點搶破頭。如果星巴克真如批評家所抱怨，有催眠顧客的魅力，就不必費這般心思開設在通勤族出沒的路上。星巴克的卡布奇諾能賣得這麼貴，原因不在於咖啡或員工的品質，而是地點、地點、地點。

但是，誰控制了這些地點？談租約時，國際廣場購物中心的房東會洽談多家咖啡連鎖店，包括星巴克、咖思、馴鹿咖啡（Caribou Coffee），還有華府的地區性咖啡館，例如爪哇屋（Java House）、斯文咖啡（Swing's）、國會咖啡（Capitol Grounds）、茶道（Teaism）。房東可以跟每一家都簽約，也可以只跟其中一家簽下獨家合約。房東很快就會發現，沒什麼人願意花大筆租金跟其他十家咖啡店當鄰居，所以他會設法從獨家合約中，爭取最有利的條件。

為了成為房東萬中選一的獨占咖啡店，你可以想像這個畫面：談判桌的一邊至少有六家競標業者，面對另一端手握獨一無二金店面的房東，這種情況下，競標業者當然都沒什麼勝算。藉由讓這些競標者彼此對抗，房東對租約條款應該就可以予取予求，還可以拿到高額租金，幾乎占去了咖啡店大部分的預期利潤。競標成功的咖啡業者可望賺到一些利潤，但不會太多：要是租金似乎低得可以賺到大筆利潤，另一家就會樂意付出更高一點的租金爭取。可以承租的咖啡業者很多，但黃金店面卻有限，也意味著房東占了上風。

以上是純推理，若有人不相信也很合理。我有一個朋友很愛喝咖啡，她問我能不能證明以上推論。我向她承認，我只是推論，就像福爾摩斯也是根據有限的線索來觀察與推理。幾個星期後，她寄了篇《金融時報》的文章給我，裡頭採訪了一些熟悉咖啡業者財務的產業專家，文章一開始就寫著：「很少公司能賺到錢」，最主要的原因正是「在人潮聚集的黃金地段上開店，經營成本太高」。

看來，經濟學家就算不用看帳簿，也可以輕鬆得到同樣的結論。

## 想要有「議價優勢」，就要先打造你的「稀有性」

我在家裡書架上瀏覽經濟學舊書，找出第一份分析二十一世紀咖啡店的資料。這份資料於一八一七年出版，不但能解釋今天的咖啡店，也可以解釋現代社會的許多現象。

這份資料的作者大衛・李嘉圖（David Ricardo），當時已經是成功的股票經紀人，身家上千萬英鎊（以今天的幣值），後來又成為國會議員。但李嘉圖也是一位充滿研究熱情的經濟學者，當時拿破崙戰爭剛結束不久，他亟欲了解英國的經濟發生了什麼事——小麥價格暴漲，可耕地的地租也連帶飛漲。李嘉圖想知道：為什麼？

要了解李嘉圖的分析，最簡單的方法就是從他舉的例子著手。想像一下：一片廣大的荒野上只住著少數幾個屯墾者，這裡有豐富的農耕地可以種植農作物。有一天，突然來了一個年輕有為的農夫，願意付租金換取一英畝的良田來種植農作物。雖然大家都知道一英畝的地大概可以生產多少穀物，卻不知道租金應該要收多少。由於可耕地到處都是，搶著想出租的地主就無法收取高價，連像樣的租金也收不到。每個地主都會寧可少收一點，好過沒有租金可收，於是彼此削價競爭。最後那名年輕有為的農夫只要付很少的租金，幾乎等於是付一點錢給地主意思意思，就能租到農地。

首先，這個例子告訴我們，擁有資源者（如這些地主）有時未必是談判桌上的常勝軍。分析中並沒有提到這位年輕有為的農夫很窮還是很有錢，因為這其實與地租沒有關係。**議價的優勢取決於稀有性**，在上述例子中，農人屬於稀有資源，而耕地則不是，因此地主就沒有議價優勢了。

也就是說，當稀有性從其中一方轉到另一方身上，議價優勢也會隨之轉移。如果接下來幾年，外來農夫越來越多，多餘的良田就會越來越少，但只要尚有良田無人耕作，這些地主就會盡可能壓低租金，以利競爭。直到有一天，外地來的農夫發現良田都被占光了，只剩大量較貧瘠的灌木林地，那麼遲來的外地農夫想要把良田給搶過來，就得付給地主更高的租金。當然，這時候先前租到良田的那些農夫為了不被地主趕走，也會願意多付一點租金。於是，一切都變了，而且變得很快，轉眼間變成了地主擁有議價優勢，因為此時農夫已是相對普遍，而良田則是相對稀少了。

現在，地主們終於可以漲地租了。但是要漲多少？答案應該是要讓農夫在良田上耕作並繳交地租，或是在較貧瘠但免費的灌木林地耕作，兩者所賺的都一樣。如果兩種耕地的穀物產量一年的差額是五蒲式耳（相當一百七十六公升），那麼良田的租金就會是一年五蒲式耳。要是租金超過這個數字，佃農們就會捨良田轉而投向灌木林地；但如果租金低於一年五個蒲式耳，灌木林地的農人就會願意以稍高一點的租金，爭取良田的耕作權。

## 土地沒有絕對價值，只有相對價值

也許看起來很奇怪，只因為多了一個想種田的人，租金就立刻改變。當然，在現實環境裡，還有其他需要納入考量的因素。比方說地主若要趕人，也必須考慮相關法規，還有長期合約的問題，甚至還有文化因素，例如說趕人就趕人這麼絕的做法，實際上也不太可能。在現實世界裡，可耕地的種類也不會只有兩種，遲來一步的農人也可能不見得只能選擇耕田——說不定他可以改行去當會計師或去開計程車，這些因素都會使現實情況變得更複雜，延緩前述議價優勢的轉移，改變其中的數字，甚至可以讓租金哄抬的現象喊停。

但就算省略中間許多細節，這個故事的真實性絕對超乎你的想像。在複雜的日常生活背後，往往隱藏著一個被忽略的現象，也就是：**稀有性，是會轉移的**。換句話說，如果哪一天房價飆漲，或是短短幾個月突然冒出很多咖啡店，大家也就不必太驚訝。有時候，相對稀有性與議價優勢變化得很快，而且對我們的生活影響重大，例如我們就經常抱怨各種「症狀」，像是咖啡太貴或房價太高。但如果不了解背後種種稀有性的模式，就無法成功地「對症下藥」。

議價優勢的移轉，是經常處於變動中的。前述種田的故事可以變得無比複雜，但基本原則不變。只要不斷有新的農夫跑來，那麼最後除了良田之外，所有的灌木林地也會用來耕作。最晚到的那一批人會發現，只剩下比灌木林地更貧瘠的草地可以耕種了。我們可以預期，到時候議價戲碼會重新上演一遍：這些來得太晚的人，會跟地主出錢想租灌木林地，使得灌木林地的租金迅速上漲，同時灌木林地和良田之間的租金差額仍然一樣（不然大家就會想換到更划算的地方），所以良田的租金也會跟著上漲。

因此，良田的地租，通常就會等於良田的穀物產量扣掉免費農地的穀物產量。而這些尚未開墾的免費土地，經濟學家稱之為「邊際」土地，因為這種土地代表了已開墾與未開墾農地之間的差額（你很快就會了解，為何經濟學家十分重視「邊際」一詞）。一開始，良田供過於求，就算是最佳土地也是邊際土地，因為新來的農民都可以使用。既然最佳土地在當時就是邊際土地，也就沒有租金，僅需提供地主一些微薄的補償即可。之後，當農耕人口越來越多，第一級土地漸漸不足，灌木林地就變成了邊際土地，而良田的租金則漲到一年五個蒲式耳——也就是良田生產量扣掉邊際土地（在此為灌木林地）的生產量。再後來，最後一批新農人到來，草地就變成邊際土地，這時的良田也更搶手，地主們便可以進一步再調漲良田的租金。在此要注意的是，這些土地沒有絕對的價值：一切價值都是相對於邊際土地而言。

## 你趕時間？來，咖啡貴一點賣給你

以上的故事也許還不算太悶，但多數人可能還是比較偏愛電影《殺無赦》（*Unforgiven*）裡那種塵土飛揚的拍攝手法，或是展現《日正當中》（*High Noon*）中那種人生走入絕境的無奈。雖然李嘉圖和我的編劇本事得不了什麼獎，但這個小小寓言倒是可以教大家一些現實世界中有用的經濟學道理。

拿咖啡店來說吧，為什麼倫敦、紐約、華府、東京等大城市的咖啡這麼貴？最常見的解釋，是因為咖啡店的店租貴。但李嘉圖的理論告訴我們，用這種角度看問題並不正確，因為「店租貴」並不是生活中既定的現實，而是有原因的。

上述李嘉圖的故事顯示，有兩大因素會影響黃金地段的租金：一是良田與邊際土地之間農產量的差異；二是農產品本身的重要性。如果一個蒲式耳的穀物價值一美元，那五個蒲式耳就是五美元的租金。如果一個蒲式耳的穀物值二十萬美元，那租金就是一百萬了。也就是說，唯有良田上的穀物很有價值，地主才能收取高額租金。

將李嘉圖的理論套用在咖啡店，我們就會發現，一如良田所種植的穀物要很值錢、才能收取高額租金一樣，咖啡店金店面想收高店租，就得顧客願意花高價買咖啡才行。交通尖峰時刻在趕時間、需要咖啡提神的人，其實並不在乎價錢。顧客為了方便而願意以高價買咖啡，才造成了高額的店租，而不是反過來因為店面租金貴，所以咖啡才這麼貴。

金店面就好比良田，因此最適合開咖啡店的首選地點，通常很快就會被占滿。曼哈頓中城各棟大樓的一樓轉角處，幾乎都被星巴克、咖思等咖啡店搶走。在華府杜邦圓環地鐵站附近，咖思占據了南邊出口的金店面，而星巴克則盤據北邊出口。不用懷疑，其他沿線地鐵站各處的「黃金地段」也早被攻占了。在倫敦，AMT占據了滑鐵盧站、國王十字站、瑪莉奔站（Marylebone）

以及查令十字站的黃金店面，而且其他每個車站邊都有一家知名的連鎖咖啡店。沒有人會在車站這一帶開中古車行或是中國餐館，倒不是車站旁邊不宜賣中國菜或中古車，而是因為想在別處找到便宜的店面賣麵、賣車並不難——他們的顧客比較不趕時間，比較願意多走幾步路，或者乾脆打電話叫外賣。但是**像咖啡店或賣零食與書報這一類的生意，賺錢是靠那一大票趕時間而不在乎價錢的顧客**，這可不是便宜的租金能彌補過來的。

看來，早在咖啡店與地鐵都還沒出現的年代，李嘉圖就已經分析過這門生意。這就是為什麼經濟學讓人愛恨交加。

## 十九世紀的經濟學理論模型，竟能解釋二十一世紀的生活現象

不喜歡經濟學的人也許會說，想了解現代咖啡店的運作模式，不應該去讀什麼一八一七年出版的農業分析理論；但愛上經濟學的人就知道，其實早在近兩百年前，李嘉圖就已經寫出這些深刻洞見，啟發我們了解今日的世界。任誰都能輕易看出，十九世紀農業跟二十一世紀咖啡業是南轅北轍的兩件事，但是要一眼看穿兩者的相似處可就不容易了。經濟學的重點之一，就在於建構理論模型，像農田地租和咖啡店房租這類看似複雜的主題，都能用經濟學的模型，清晰說明背後

的種種基本原理與模式。

咖啡生意當然也牽涉到其他的理論模型，比方說，一個咖啡店的設計與建築結構模型，就可以用於室內設計的個案研究；一個物理學模型，可以用來扼要說明咖啡機的主要功能，如何產生所需的十單位氣壓值來煮出濃縮咖啡。現在甚至還有一些模型，可以解釋各種處理咖啡渣的方法對生態環境的影響。每種模型都可以用於不同的事物，但是一套試圖描述設計、工程、生態，以及經濟的「模型」，就會跟事實本身一樣複雜，因此完全無法增進我們的理解。

但李嘉圖提出的模型，可以用來討論稀有性與議價優勢之間的關係，而且不僅限於咖啡或農耕而已，還能用來解釋我們生活周遭的許多現象。當經濟學家觀察這個世界時，往往專注在本質的、基本的過程，也因此常被批評見樹不見林，然而，要不是專注，一本十九世紀的農業分析著作，又如何能揭示二十一世紀咖啡店背後的真相？實際上，要了解複雜的事物，我們就必須集中在某些焦點上，降低複雜度，否則就不可能搞懂。

不過值得一提的是，簡化的經濟模型也會誤導經濟學家，李嘉圖自己就曾是「受害者」。他曾經想將自己深獲好評的地租理論模型往下推演，用來解釋總體經濟中的收入分配——工人分配到多少、地主分配到多少、資本家又分配到多少。結果不太行得通，因為李嘉圖把整體農業視為一整片大農地、只有一個地主，但如果整體農業只是一大片完整的土地，那麼就不可能有道路、灌溉措施來改善農地生產量，從而降低良田的稀有性，讓整體農業受益了。相反的，如果有眾多地主相互競爭，就有了許多改善的誘因。李嘉圖當時受限於技術性細節，而沒有理解到：成千上萬彼此競爭的地主，會做出與單一地主截然不同的決定。

當然，李嘉圖不是唯一被經濟模型誤導的人。在二〇〇六和〇七年，新金融產品的量化分析師們所仰賴看似精確的風險模型，後來反而摧毀了銀行——同時毀掉世界經濟。在第六章，我們將會探討為什麼會發生這種事。持平的說，經濟模型不是唯一有瑕疵的模型，比方說工程師和建築師利用物理法則所建構出來的模型也未必永遠是正確的：堪薩斯城曾獲獎的坎普體育館（Kemper Arena）在舉行過美國建築師學會年度大會才二十四個小時之後，屋頂就塌了下來，所幸無人傷亡。

我們接下來將會談到，李嘉圖的模型後來應用之廣，遠超過他自己所能想像。這個模型不單解釋了咖啡店和農耕背後的原理，如果正確運用，還可以證明環保法規如何影響所得分配、為什麼某些產業天生就有高利潤、有的產業得官商勾結才能賺大錢。這個模型甚至可以解釋，為什麼受過高等教育的人，會反對其他高等教育人士移入本國，而勞工階級則會反對政府引進無專業技術的外國工人。

## 戲院的爆米花，蛋黃區的房價，憑什麼那麼貴？

被當成凱子削，你開心嗎？

我很不開心。昂貴的東西很多，當然有時候是因為稀有性所致。例如，可以俯瞰紐約中央公園或倫敦海德公園的高級公寓就那麼幾棟，想住進去的人卻很多，所以當然貴得嚇人。最後會有很多人失望，但中間並沒有什麼人搞鬼。可是，電影院的爆米花賣得這麼貴，就比較奇怪了，因為據我所知，爆米花並沒有短缺現象。所以，我們首先必須區分造成價格昂貴的不同原因。

用李嘉圖的話來說，就是要了解高額地租的不同成因。當然，討論良田租金實在不太有趣（除非你剛好是農夫），但若是用來解釋你的房租為什麼貴得嚇嚇叫，或是銀行到底有沒有把我們當成「肥羊」，你就會發現李嘉圖的理論很重要了。

讓我們先從良田談起。如前所述，最佳土地與邊際土地兩者生產力的差額，就是最佳土地的地租。所以地租高的最明顯原因，就是因為相對於邊際土地而言，良田生產的農作物非常值錢。之前也提到，如果一蒲式耳的穀物值一美元，那麼收成多五蒲式耳就等於租金要多付五美元；但如果一蒲式耳的穀物值二十萬美元，那麼收成多五蒲式耳的土地租金就是一百萬美元。換句話說，只要穀物的價格高，生產穀物的稀有良田自然也會跟著漲價。

不過，有一種抬高良田租金的辦法，就沒這麼自然了。假設地主們聯合起來，設法說服當地政府，提議不應把所有草地變成農田，而是應該禁止在某些草地上耕作，改為綠化保留區，就像倫敦周圍的「綠化帶」（green belt）——保留城市周圍的寬闊綠地，嚴格管制開發興建。

這樣的禁令當然對地主們大為有利，因為當政府禁止人民在邊際土地上耕作，所有合法耕地的地租就會拉高。原先農夫若不願意付租金在良田上耕作，還可以選擇在草地上耕作，但現在沒有這個選擇了。由於在草地上耕作不合法，農夫就更急著要搶良田來耕作，他們願意付的租金也會高出很多。

所以我們就知道，租金這麼高的原因有二：一是因為良田生產的穀物非常有價值；二是因為原先有的另一個選擇，現在不存在了。

看到這裡，目前在倫敦租屋的讀者們，或許已經感到好奇了，因為從一九三〇年代起，倫敦四周就環繞著這種「綠化帶」，莫非這就是倫敦房租和房價如此昂貴的真正原因？倫敦的房子比較貴，是因為這裡的房子比別的城市好，還是因為綠化帶的存在？

其實兩者皆是。首先，跟西伯利亞、堪薩斯市甚至巴黎比起來，倫敦的確是一個比較值得興建豪華公寓和商業大樓的優質環境，倫敦的房租居高不下，這當然是原因之一。但另一個原因，就是法定綠化帶，使得這個城市無法向外擴展。

這樣說並不是要反對綠化帶。把倫敦的人口限制在九百萬以下，而非一千九百萬或兩千九百萬，的確有許多好處。可是，在權衡綠化帶這類法令的利弊之時，我們必須了解其後果不光只是保護環境而已。倫敦西區的辦公大樓租金，比紐約曼哈頓和東京市中心都要高——事實上，倫敦西區是全世界辦公室租金最貴的地方。綠化帶法規造成倫敦的房地產相對稀少，但想要使用的人卻相對很多，而理所當然，優勢源自於稀少性。

現在，讓我出個經濟學益智題讓大家動動腦筋：為什麼改善紐約賓州車站與鄰近郊區之間的通勤品質和價格，對在曼哈頓租屋的人有利，但紐約房東們卻不樂見？

答案是：如果大眾運輸的品質改善了，想搬到郊區的人就會增加，大家就未必想在市區租房子。例如當通勤所需時間可以從兩小時縮短成一小時，而且車上有座位，不必擠個半死，有些人就會決定省一點房租，搬離曼哈頓。市中心的空屋因此會增加，稀有性降低，租金就會下跌。改善通勤的品質不只影響通勤族，還會影響所有跟紐約房市有利害關係的人。

## 競爭越激烈，消費者就越不容易當凱子

我們要如何分辨，哪些昂貴的事物是因為本身真的很稀有，哪些又是靠著立法、管制，或是

不正當的手段，才變得稀有呢？

李嘉圖的模型在這裡也可以派上用場。首先，我們必須理解各種物質資源之間隱藏的同質性，例如土地、鬧區地段與企業。就像土地，可以把某些東西轉變為別的東西——把肥料與種子轉變為農作物。企業也一樣，一家汽車廠可以把鋼鐵、電力和其他原料變成汽車；加油站可以把加油機、大桶燃料、土地轉變為你油箱裡面的汽油；銀行會把電腦、高階會計系統與鈔票，轉變為金融服務。

這麼簡單的道理，再說下去根本是侮辱我們的智慧，重點是，我們可以將李嘉圖模型中的所有「租金」，換成「利潤」這個詞。租金是地主從土地資產得到的回報，利潤則是企業老闆利用**公司**資產所賺到的回報。

以銀行業為例。假設A銀行可以藉由優質的企業文化、良好的品牌聲譽、最專業的軟體系統，提供客戶很好的服務，A銀行就會吸引更多優秀人才加入。這一切加起來，正是善用李嘉圖理論的經濟學家約翰．凱（John Kay）所謂的「永續競爭優勢」，這種競爭優勢可以為銀行年復一年地獲取利潤（我修訂這篇文章時，已經爆發了二〇〇八年那場金融風暴，看來當初我以銀行業——而不是啤酒廠或地毯廠——為例，真不是個聰明的選擇，不過沒關係，雖然今天美國已經有一堆銀行倒了，這個分析還是成立）。

另一家銀行——B銀行，競爭力則稍弱，品牌信譽稍差，企業文化也無甚獨到之處，是一家不好不壞的銀行。C銀行則是效率極差，風評不佳，行員服務態度惡劣，開支毫無節制。相較之下，C銀行不如B銀行，當然更不能與A銀行相提並論。這三家銀行其實就像前面提過的三種農耕地——高生產力的良田、中等的灌木林地，以及低生產力的草地。

現在，A、B、C三家銀行都要推銷自家的銀行業務，都想吸引客戶開戶或貸款。A銀行的高效率，使它得以提供低收費服務，或者維持同樣收費但提高服務品質，每年皆可賺進大筆利潤；B銀行的效率稍差，仍有中上收入；而C銀行只能打平。如果景氣很好，即使像C這樣的銀行，也能小有利潤，甚至會有比C銀行更差的新銀行開張。但如果不景氣，C銀行就可能會被淘汰出局。

這裡要說的重點是：良田與邊際土地農產量的差額，就是良田的租金價格。換言之，A銀行的利潤是由它與C銀行（賺不到什麼錢的邊際銀行）之間的差額所決定。企業利潤就像良田的租金，是由「其他選擇／替代品」決定。**一家面對激烈市場競爭的公司所得的利潤，絕對低於在無嚴苛競爭環境之中生存的公司**。

你大概想到了這個比喻裡有一個明顯問題，就是：良田的面積是固定的，但公司規模可以成長。其實這只對了一半，因為公司規模不可能一夕之間大幅擴展，否則勢必會削弱原有的信譽，以及其他原本使之成功的能力。另一方面，雖然土地大小不會變，但隨著灌溉措施、病蟲害防治、施肥技術的發展，長期下來，不同土地之間的差異也會改變。李嘉圖的模型忽略了這些時間帶來的改變，因此可以解釋幾十年之內農產品價格的趨勢，卻無法解釋百年後的變化。同樣的，這個模型可以解釋企業在數年間的獲利能力，但無法解釋長期的變化。就像許多經濟模型一樣，李嘉圖的這個分析在某個特定期間之內很管用——以這個例子來說，是短期和中期。如果要分析更長期的，就需要用到其他模型了。

講這些……跟企業牟取暴利有什麼關係？

新聞媒體常常報導，企業獲得高利潤，就表示消費者被剝好幾層皮。真的是這樣嗎？有時候的確如此。李嘉圖的分析顯示，像銀行業這類產業的平均利潤很高有兩個原因。假設客戶非常重視服務品質與銀行信譽，那麼A銀行和B銀行就會賺很多錢（而C銀行這種邊際銀行就沒什麼賺頭）。這時，報章媒體就可以跳出來罵人家賺太多。要是客戶不重視服務品質，A、B兩家銀行的利潤就只會比C銀行（還是邊際銀行，還是賺很少）稍高一些，這個產業的平均利潤就應該很低。這時，媒體就會閉嘴了。但銀行業的動機與策略並沒有改變，真正的變數是客戶對服務品質的重視程度。在這個例子中，沒有誰在剝削誰，A、B兩家銀行能獲取較高利潤，是因為他們提供了稀有、且客戶很重視的東西。

不過，有時候媒體的憤怒是有其道理的，因為高利潤不見得都賺得很合理。比方說，假如銀行業界也有像前述的「綠化帶」的做法，徹底將C銀行從市場中逐出呢？現實世界中，常有一些潛在的新企業無法加入市場去競爭，背後有許多原因。有時消費者也難辭其咎，因為消費者通常只愛跟「老店家」做生意，不愛換「新口味」，增加新公司進入市場的困難。經濟學家約翰·凱指出，一些比較讓人「難為情」的商品尤其如此，例如保險套和衛生棉，利潤都相當高，因為新公司往往很難引起注意。

但更常見的一種情況是，企業遊說政府，要求受到保護、免於競爭。許多國家也允許某些企業獨占，嚴格控制像銀行、農業或電信業等這類「特殊」產業的進入門檻。不管理由為何，結果一樣：只剩下大公司、沒有競爭、享受高利潤。事實上，就因為「沒有太多替代土地的情況下可收取的地租」，很類似「沒有競爭的情況下企業所享有的利潤」，所以經濟學家就常把這類利潤稱之為「獨占地租」（monopoly rents）。這個名詞可能會讓人困惑，要怪就怪李嘉圖的模型，以及其後缺乏想像力的經濟學家吧。

我如果想知道自己有沒有被超市、銀行或製藥公司剝削，可以去看他們能得到多少利潤。要是利潤超高，那麼我就會懷疑自己被占便宜了。但如果新公司加入市場競爭並無太大困難，我的質疑就會降低，因為這表示高利潤來自非人為的稀有性：這世上真正的好銀行並不多，而好銀行的效率也遠超過爛銀行。

## 為什麼要成立「石油輸出國組織」？為什麼黑幫要開洗衣店？

想要避免競爭、享有獨占好處的，還不只是地主與企業經理人。工會、遊說團體、準備考專業證照的人，甚至連政府，都在打同樣的算盤。每一天，我們周遭的人都在設法避免競爭，或是看到有人成功避開競爭而得利，就想去爭搶他們的報酬。經濟學家把這種行為稱之為「創租」（creating rents）和「競租」（rent-seeking）。

然而，這可一點也不容易。我們本來就生活在一個充滿競爭的世界，想擺脫競爭沒那麼簡單。這是好事，儘管身處競爭的人並不好受，但卻是消費者的福音。當別人爭相提供就業機會、度假行程給我們，我們將因此受惠。就如同李嘉圖地租理論裡面的地主，因為兩個農夫搶租良田而獲利。

阻止競爭的方法之一，就是控制農業用地這類的天然資源。全世界的良田就只有這麼多，只有農業技術改革能改變這個事實。但良田並非唯一有限的天然資源，另一個例子是石油。有些國家開採石油的成本比較低，最廣為人知的就是沙烏地阿拉伯、科威特、伊拉克，和其他波斯灣國家。其他地方生產石油就比較貴，例如阿拉斯加、奈及利亞、西伯利亞以及加拿大的亞伯達省。世界上還有許多地方也有石油，但因開採成本過高，根本不可行。所以到目前為止，像亞伯達省這些地方生產的石油，就是「邊際石油」。

石油業的歷史也可以用李嘉圖的地租理論來研究。一九七三年以前，石油大部分是中東一帶的「石油良田」所生產。儘管石油對當時的工業化經濟體極具價值，但價格低廉，以現在的幣值來算，一桶油不到十美元，因為當時石油產量豐富，生產成本也低。但在一九七三年，坐擁世界上大多數石油良田的石油輸出國家組織（ＯＰＥＣ），決定把部分良田撤出市場，亦即要求會員國減產石油。於是以今天的幣值換算，石油價格飆漲到一桶四十美元，之後又變成八十美元。石油價格多年居高不下，因為短期內的石油替代能源不多（在李嘉圖的世界裡，這就等於良田忽然休耕，而草地又尚未整地完成，因此造成穀物的暫時性短缺和地租上漲）。

既然一桶石油漲到八十美元，其他替代方式就顯得便宜了，接下來多年也果然紛紛被採用，例如以煤代替石油發電、製造更省油的車子、在亞伯達省與阿拉斯加這類地方探勘石油。越來越多人去開墾「能源灌木林地」和「能源草地」。為了維持石油的高價位，石油輸出國家組織在全世界石油市場的占有率就越來越低。最後由沙烏地阿拉伯打破僵局，於一九八五年增加石油產量，油價在一九八六年大跌，直到幾年前，油價大致上就等於邊際油田（如亞伯達省）的生產成本，一桶大約十五到二十美元左右。但過去幾年，由於中國對石油的需求意外高漲，加上沙烏地阿拉伯、伊拉克、奈及利亞、委內瑞拉的政治問題，都導致油價漲到每桶五十美元以上。但即使是油價偏低的九〇年代，對於一桶生產成本只要幾塊美元的沙烏地阿拉伯和科威特而言，賺到的也幾乎等於淨利了*。

世界經濟有很多部分跟天然資源的關係不大，想要防止他人競爭，就得找出別的方法。其中一種方法，就是暴力介入，例如毒品交易和其他組織犯罪，就常使用這種方法。毒販不樂見太多同行出現，以免毒品價格下跌。可想而知，某些犯罪幫派藉由毆打或射殺一些人，就可以嚇阻對手幫派進入市場，也才能享有高利潤。當然暴力是非法的，但販毒本身就已經是犯法的，反正你本來就冒著吃牢飯的危險，也就不在乎使用一些暴力手段了。想要享受稀有性帶來的高利潤，毒販就得採取必要的手段減少競爭。而買毒品的顧客，也不可能去跟警察抱怨毒品賣得

---

*石油價格在二〇〇〇年代晚期暴漲——二〇〇八年創下史上最高的每桶一四七美元——之時，也顯示出以中期而言，油田並非唯一稀少的資源。石油公司發現，高油價所引發的反應，造成其他一些不可或缺的設備——例如可移動式鑽井工作臺——價格也暴漲。在邊際地區採油的成本（本來很多人假設是固定的）也因此上升。在李嘉圖的世界裡，就可能會是耕犁和肥料出現短缺。稀有性可能會從意想不到的地方冒出來。

太貴。

不幸的是，對一般販毒幫派來說，就算使用了暴力，可能都不足以賺取利潤。問題出在：槍枝和好鬥年輕人的供應量一直很充足。只要有犯罪集團賺錢，就會吸引別的犯罪集團來搶地盤。經濟學家史蒂芬・李維特（Steven Levitt）與社會學者蘇迪爾・凡卡德希（Sudhir Venkatesh）曾設法取得一個美國街頭幫派的帳冊，發現原來黑幫的「步兵」（街頭銷貨員）有時候一小時不過賺一・七美元。雖然「晉升」容易，因為幫派成員的流動率高（常常有人被殺或跑路），但就算是當上幹部，平均時薪也不到十美元。一般黑幫分子平均在四年間可能會被槍擊兩次、逮捕六次，還有四分之一的機會被殺死。從這角度來看，他們的收入實在不算理想。

有些犯罪組織的運作較成功，比方說黑手黨，就經常參與合法生意（例如洗衣業），那只有在阻止競爭者加入市場的情況下，才能賺大錢。阻止的方法之一就是恐嚇對手，而這其實很容易，因為比起一袋袋古柯鹼，送洗衣物和收送的卡車都很好找，要搞破壞也比較容易。恐嚇洗衣業的顧客就更容易了，電視影集《黑道家族》（*The Sopranos*）的影迷都知道，黑手黨洗衣業敲詐餐廳的手段，就是用高於行情的價格提供服務。理由很簡單，因為要嚇跑餐廳的顧客並不費事，所以要勒索餐廳特別容易，於是藉由收取昂貴的洗衣費，讓這筆實質的保護費變得合法。賺錢的生意通常都會引來競爭，但在這個例子中，競爭者會覺得，一定有比較安全的賺錢方法。

這表示，設立進入市場的障礙和**創造永續利潤的，並不是暴力本身，而是組織是否有效率**。A銀行是一個有效率的組織，而C銀行則否；一般街頭幫派缺乏組織效率，而黑手黨則似乎相當有組織效率。

## 為什麼明明教師短缺，但教師薪資始終偏低？

幸運的是，我們很多人生活在已開發國家的文明社會中，通常都不會碰到那種以暴力排除競爭對手的人。但這並不表示，人們就不會想出其他方法，以防止競爭對手加入，例如工會就是一個明顯的例子。工會的存在是為了阻止搶工作的情況發生，以及避免工資與福利下跌。如果市場對電工技師有大量需求，而能勝任的人又不多，那麼不管有沒有工會，電工技師都能得到稀有性帶來的優勢，以及隨之而來的高薪待遇。但如果越來越多電工技師陸續開業，稀有性的優勢就會相對減少。新進的電工技師就好比晚來開墾的那一批農人。工會除了有集體議價功能之外，也可以阻擋太多人進入這個行業。

在十九世紀大規模機械化的同時，組織工會的誘因相當大。曾經有一度，遍地都是人力，群聚在都市密集區，可以輕易取代掉彼此。若沒有組織工會，薪資就會被壓得很低；有了工會之後，受到工會保護的幸運兒，就可以順利排除競爭，抬高工資。在美國，工會以前受到法律規範，反壟斷法不僅防止大企業間相互勾結，也限制了工會。不過隨著政治氛圍改變，這些法律不再適用，於是工會的力量也隨之增強。

工會運作若真的這麼成功，那麼受工會保護的行業就應該享有高薪，曾有一段時間（例如一九六〇和七〇年代的美國汽車業）也的確如此。然而工會通常無法予取予求，因為當大家發現工會提出的要求不合理，導致產品價格漲到難以接受的程度時，就會要求政府規範工會。有時，工會的稀有性也會面臨來自國際的競爭，例如美國汽車業的勞工，原本享有優渥的薪資和工作保障，直到日本的汽車工業使用更有效率的方法，就會對美國的汽車業形成壓力。

觀察英國造船業與美國汽車業這兩個萎縮中的產業，我們可以發現當工作機會急速減少，工會也就難以維持它們的稀有性和價值，此時如果想要以切斷勞力供應做為要脅的手段，就再也行不通了。

另外有一些產業，工會面臨的問題不是產業萎縮，而是強勢的企業主削減了工會力量。例如，美國的沃爾瑪（Wal-Mart）就有令人難以想像的談判力量，直到二〇〇四年初，整個北美僅有兩家沃爾瑪組織工會，沃爾瑪甚至決定關掉位於加拿大魁北克省的分店，因為工會破壞了這家店的營運模式。另一家位於薩克其萬省（Saskatchewan）韋本（Weyburn）的沃爾瑪加拿大分店工會，則是在沃爾瑪提起法律訴訟阻撓之後的四年，才終於在二〇〇八年後期成立。

而在英國，雖然合格教師非常短缺，但多年來教師薪資始終偏低（而且相較於一般平均收入，教師的薪資一直在下降中）。這是因為英國政府是唯一的教師雇主，自然握有龐大的談判力量。通常勞力短缺時，雇主們就會爭相抬高薪資；只有在一位雇主獨占的情況下，才會有教師來源嚴重不足、薪資卻未相應提高的情形。在英國這個例子中，教師雖然具備某種稀有性的力量，但政府的力量更強大。

其他行業如醫師、保險精算師、會計師、律師等，通常無須靠工會，就能維持高收入，他們各自有某種虛擬的「綠化帶」，讓潛在的競爭者難以進入。最典型的虛擬綠化帶，就是讓專業資格的期限很長，以及專業團體每年只授予特定數額的證照。許多這類專業組織，表面上聲稱是要保護一般大眾避免「不合格」的服務，但其實是為了維護那些「合格人士」的高收入。事實上，我們私底下很樂於向一些不具備正式資格、但頗有經驗的專業人士尋求法律意見，甚至是醫學意見，例如醫學系的學生、外籍醫師、另類療法的治療師等。但合格的法律和醫學專業人士，會想盡辦法限制合格專業人士的供應量，並設法讓低成本的替代品變成非法。也難怪大文豪蕭伯納（George Bernard Shaw）曾說，**專業人士「全都串通起來對付外行人」**。

## 外來移民會搶走你的飯碗嗎？

對美國來說，外來移民一直是個充滿爭議性的課題。外來移民，會搶走你的飯碗嗎？也許他們搶走了你的飯碗，但確實沒搶走我的。

受過良好教育、且工作上需要技能和訓練的就業人士，以及需要廉價勞工的企業主，通常歡迎移民的加入，但較低教育程度的人則傾向反對放寬非技術移民的限制，理由就是「他們會搶走我們的飯碗」。

身為有專業技能的上班族，我不排斥移民，反而希望有更多外來移民。因為如果一件事需要有技能與無技能的兩批人共同合作才能完成，那麼有更多非技術勞工來到我的國家，當然符合我的利益，只是不利於那些原有的非技術勞工而已。

如果把我和其他受過高等教育的公民當成地主，把良田當成學歷，那麼我的專業技能和資格就和良田一樣，都是一種資源。但我的專業技能是否**稀有**呢？假設我是經營團隊的一員，當我的專業技能（暫且不論這項專業是什麼）搭配上店內低階的助理與補貨員的辛勤工作，就是一個頗具績效的工作團隊。能在這個過程中獲利的關鍵，在於誰的能力比較稀有。如果我們的國家缺乏低技術門檻的補貨員，補貨員的薪資就會上漲，以吸引人才加入；但如果這個國家已經有太多補貨員，真正缺乏的是專業經理人，我就能因為我的稀有價值而賺取高薪，就好像地主擁有稀有良田，碰上有夠多的新農夫來到時，地主就得以坐收高額地租。

如果你把李嘉圖的理論套用在移民問題上，就會發現非常吻合事實。引入技術移民，通常會壓低當地擁有技術工作者的薪資；引入非技術移民也一樣會壓低當地非技術工作者的薪資。例如在英國，健保系統的護理人員薪資，就因為有了三萬名外國護理人員的加入，而一直偏低；英國外來移民擁有大學學歷的，比本地人高出將近五〇％。反觀美國，非技術移民的比率比英國高出許多，而非技術勞工的薪資也長期被壓低：過去四十年來，非技術勞工的收入，幾乎跟不上通貨膨脹的速度。

## 經濟學家能做什麼？

從很多層面來看，經濟學其實與工程學很像，它們都可以告訴你事物如何運作，以及如果運作方式改變，又可能會發生什麼狀況。經濟學家可以指出，如果引進大量技術移民，有助於減少技術性與非技術性勞工之間薪資的差距，但引進非技術性移民的結果則正好相反。不過，整個社會及其領導人會如何運用這些資訊，那就是另外一回事了。

經濟學本身是一種客觀的分析工具，但這並不表示經濟學家永遠都是客觀的。經濟學家研究權力、貧窮、成長，以及發展。在推演這類主題的基本模型時，很難對其背後的真實世界無動於衷。因此，經濟學者常會跨出身為經濟政策工程師的角色，成為鼓吹主張的倡導者。

李嘉圖就是一個例子。他是自由貿易的早期鼓吹者，在友人詹姆士．穆勒（James Mill）的鼓勵下，他出馬競選國會議員。當時的穀物法嚴格限制穀物進口，李嘉圖主張廢除穀物法，於一八一九年成功當選。李嘉圖的理論很清楚地說明，穀物法將大把鈔票送進地主們的口袋裡，而犧牲其他國人的利益。李嘉圖不甘於只是研究穀物法的影響，他還想將之廢除。

對於貿易保護主義的法令，現代經濟學者也得到相似的結論。往後在第九章將會詳加討論，在已開發和開發中國家，都有這類貿易保護主義的法令，保護了壓力團體的特權，因而犧牲社會上的其他人。

總之，好的經濟政策能造福數百萬人，壞的經濟政策則會導致數百萬人陷入絕境。有時候，經濟學的邏輯太有說服力了，使得經濟學家們不可能不站出來說話。

# 第2章

# 超市不想讓你知道的祕密

## 讓顧客自願花更多錢的三種策略

拜訪過倫敦的人大概都去過「倫敦眼」（London Eye），也就是倫敦的地標摩天輪。天氣好的時候，你可以在科斯塔連鎖咖啡店（Costa Coffee）買杯卡布奇諾，坐下來小啜幾口，望著高聳的摩天輪上一個個小艙轉動，偶爾會擋在你與陽光之間……，這真是人生中純粹的幸福。

倫敦眼周圍林立著小商店，各自身懷稀有資源，且設法要利用其稀有性。舉例來說，離倫敦眼最近的那塊地區，唯一的咖啡店就是科斯塔，紀念品商店也只有一家，生意繁忙。但最明顯的例子，就是倫敦眼本身。它的高度超過倫敦大多數著名的建築物，也是全球最大的觀景摩天輪，其稀有的優勢顯然很大，但也不是大到無限：倫敦眼或許很獨特，卻不是非去不可，你也可以選擇不要去。

沿著河岸繼續走，可以看見另一棟同樣獨樹一格的建築——千禧巨蛋（Millennium Dome）。這是政府為了千禧年而建造的龐大建築物，砸了大筆錢卻大而無當；當地政府自誇是「全世界最大的布製建築物」。然而，千禧巨蛋卻證明是個商業大災難，因為光是有特色，並無法讓大家掏錢出來，以償付龐大的建造經費（最後這個地方轉變為音樂和體育表演場館。有個合理的營運計畫就改善多了）。企業無法光靠「稀有性」這點，就讓消費者無上限地花錢，不過老闆們總是有其他辦法逼我們多付一點。這就是臥底經濟學家上場，挖掘其中奧妙的時候了。

## 拉高單價與薄利多銷，哪種策略好？

倫敦眼旁邊唯一的咖啡店就是科斯塔，因此對顧客有極大的稀有性優勢。這樣的優勢不是科斯塔天生擁有的，而是拜其地點所賜。我們知道，顧客願意多花點錢在方便的地點買到咖啡，所以科斯塔的店租一定不便宜。房東將稀有地段出租給一家咖啡店，做法跟曼哈頓摩天大樓的業主，或是滑鐵盧、新宿這些車站地段的房東一樣。稀有性當然可以出租，而且價高者得。

但科斯塔咖啡店該如何利用向倫敦眼租來的這種稀有性呢？他們可以把卡布奇諾的單價加倍。有些人還是照買，但很多人就不會。別忘了千禧巨蛋：稀有性會帶來優勢，但不是無限大。

另一個方法就是減價而賣出更多咖啡，一杯咖啡賣六十便士（約新臺幣二十二元）就足以支付原料與人事成本。但除非有辦法多賣出幾十倍的咖啡，否則可就付不起店租了。這是個兩難局面：到底是要拉高單價、賣比較少杯，還是要薄利多銷？

如果科斯塔能避開這個兩難局面，賣一杯六十便士給不願意付高單價的顧客，而不在乎高單價的人就賣他們一杯五英鎊，那就太好了。這麼一來，他們可以從不在乎價錢的客人身上賺到高利潤，同時還是能從小氣顧客身上賺到小利潤。但是，應該怎麼做呢？難道放一個牌子寫著：「卡布奇諾一杯五英鎊，嫌貴的人只要付六十便士」？

卡布奇諾（不嫌貴的人）　五英鎊
卡布奇諾（嫌貴的人）　六十便士

這樣的招牌確實很特別，但想在泰晤士河南岸賣咖啡，可不能這樣亂搞，科斯塔咖啡店得有點手段才行。

二〇〇〇年代初期，科斯塔想出了一個很棒的策略：提供「公平貿易」（Fair Trade）咖啡，貨源是一家公平貿易的領導廠商 Cafédirect。Cafédirect 保證會以好價錢向貧窮國家的咖啡農購買豆子。而有意援助第三世界農民的消費者（這樣的人在倫敦顯然還不少）就得多付十便士買咖啡。但沒有人保證，消費者多付的這些錢全都進了咖啡農的口袋。

當時咖啡農所收到的公平貿易貨款，是每磅咖啡比行情高出四十至五十五便士。對於每年平均所得不到兩千美元的瓜地馬拉農民而言，這一點錢可以讓他們的收入加倍。不過，由於一杯卡布奇諾只要四分之一盎司的咖啡豆，這麼一點補貼換算下來，每杯咖啡的成本只增加不到一便士。

科斯塔多收的咖啡錢，九成以上都沒到農民手中。咖啡豆供貨商 Cafédirect 告訴我，這筆錢他們沒分到，所以就是成為科斯塔的利潤了——除非使用公平貿易咖啡會大幅增加他們的成本。實情是，公平貿易咖啡批發商可以付兩倍、三倍，有時甚至是四倍的市價，向這些開發中國家的農民買咖啡豆，同時卡布奇諾的製作成本也不會明顯增加，因為咖啡豆只占成本的一小部分。多收的那十便士，其實誤導了消費大眾，讓他們以為這就是公平貿易咖啡的成本。後來，因為某位「臥底經濟學家」的質疑，科斯塔才承認這樣的做法的確誤導大眾，並於二〇〇四年底開始，科斯塔改成只有在「顧客要求」的情況下，才提供公平貿易咖啡，而且**不再**額外加價。科斯塔放棄公平貿易咖啡的溢收款項，並不是因為無利可圖，而是因為有損企業形象。

但是，**為什麼**把公平貿易咖啡賣得比一般咖啡貴，是有利可圖的呢？當然不是因為科斯塔反對公平貿易，想要打擊這種具有理想性的消費行為，才故意加價。原因其實跟公平貿易一點關係也沒有，而是因為公平貿易咖啡讓科斯塔找到了願意多付一點錢買咖啡的顧客（只要給他們理由）。當你點一杯公平貿易卡布奇諾時，就傳遞了兩個訊息給科斯塔。第一個訊息科斯塔比較不感興趣：「我認為應該支持公平貿易咖啡這項產品。」

第二個來自顧客的訊息，才是科斯塔真正想要聽的：

「我不介意多花點錢。」

這才是科斯塔在尋找的訊息。他們知道關懷社會的公民比較不在意自己手中這杯咖啡多少錢；而不關懷社會的人，就會非常在意價格。

卡布奇諾（給關懷社會的人）　一．八五英鎊

卡布奇諾（給不關懷社會的人）　一．七五英鎊

## 用一條奢華線，釣出凱子顧客

科斯塔咖啡店設計出這個策略，是要充分利用跟倫敦眼租來的「稀有性」。他們一直掙扎於「提高價格、但可能會流失顧客」以及「降低價格，但利潤減少」的兩難之間。如果要求每個顧

客都付同樣價格，那麼科斯塔就必須在這兩難之中抓出最佳的平衡點；但如果有個辦法，可以讓不怕貴（或有愛心）的人願意多花一點錢，而怕貴（或沒愛心）的人可以少花點錢，那科斯塔就能從兩邊賺到最多的錢。科斯塔已經放棄這個策略，但不必替他們擔心。這幾年下來，科斯塔仍有許多其他辦法來找出「凱子顧客」。倒不是科斯塔特別權謀，其實，只要是**經營有方的企業，都會設法讓每個顧客付出他們願意付的最高價**，科斯塔也不例外。

舉星巴克為例，任何一家分店都行。這裡舉的是我寫這篇文章時，位於華府P街與十四街交叉口的星巴克，該店的價目表如下：

| | |
|---|---|
| 卡布奇諾 | 二．七五美元 |
| 熱巧克力 | 二．五〇美元 |
| 摩卡咖啡 | 三．〇〇美元 |
| 白巧克力摩卡 | 三．四〇美元 |
| 特大杯卡布奇諾 | 三．六〇美元 |

意思就是：

卡布奇諾（**給不需花俏的客人**） 二・七五美元
熱巧克力（**給不需花俏的客人**） 二・五〇美元
以上兩種混起來（**給自認特別的客人**） 三・〇〇美元
添加不同的巧克力粉（**給自認非常特別的客人**） 三・四〇美元
弄大杯一點（**給貪心的客人**） 三・六〇美元

星巴克這麼做，不光是為了提供顧客不同選擇，也同時是要想盡辦法，讓顧客傳遞出他們不注意價錢的訊息。做比較大杯的咖啡，或是加上調味糖漿，撒一些巧克力粉，擠一團發泡鮮奶油，成本都差不了太多。上列價目表中，每一項的製作成本幾乎都一樣，頂多差個半毛或一毛美元。

這是否就意味著，星巴克咖啡對所有顧客都賣得太貴？不是的，如果是這樣，星巴克會讓一杯普通的卡布奇諾或是熱巧克力定價三・五〇美元。也許星巴克很想這麼做，但他們很清楚，對價格敏感的顧客可不願意掏錢。透過把成本幾乎相同的產品，**訂出截然不同的價格，星巴克才能拐出那些對價格較不敏感的消費者**。星巴克無從分辨哪些人是凱子顧客，所以乾脆用一條奢華的線把他們釣出來。

順帶一提，星巴克還提供一種咖啡，但你不會在價目表上看到，這種咖啡比其他看得到的飲料都便宜：

卡布奇諾（隱形版）　二．四〇美元

本章稍後會進一步討論為什麼有隱形版卡布奇諾的存在，又要怎樣點來喝。

## 「價格敏感度」、「浪費」和「不在乎價錢」

有三種常見的方法，可以釣出那種不在乎價格的顧客。這裡先介紹前面兩種，最棒的那種留到最後再談。

第一種方法，經濟學家稱之為**「第一級差別訂價」（first degree price discrimination）策略**，但我們可以稱之為「單一目標」策略（unique target），意思就是，價格會隨著**每一個**消費者願意付出的價格而定，中古車商或房地產仲介最常用這一招。這種策略通常要花一些技巧和許多努力才能成功，因此這類商品的高價通常與賣方投入的時間成本有關，例如賣車子、賣房子，另外非洲賣紀念品的地攤也是，因為貧窮的小販多花點時間跟客人討價還價，多賺一塊錢也還是值得。

但是現在，許多企業都在嘗試把這種評估單一顧客的過程「自動化」，好縮短交易的時間。比如說，超市發給你「折扣卡」，讓你用優惠價格購物，同時超市也在收集證據，看你願意花多少錢。你可以用較低價格買到某些商品，同時也讓店家記錄你買了什麼，然後店家再針對你的習慣，送折價券給你。這種方法其實不完美，畢竟超市只能送出折價券，而不是「加價券」（當然行不通）。

如果科技允許，擁有「稀有性」優勢的企業，就能以非常巧妙的手段鎖定顧客。現在大家都知道，像亞馬遜書店這類的網路零售商，可藉由 cookie 的追蹤裝置辨別每個顧客。以前，亞馬遜會根據顧客的消費紀錄而出現差別訂價，這其實等於是發給顧客加價券：兩個人買了相同的書籍，但亞馬遜參考他們過去的消費紀錄，便提供兩人不同的價格。比起網路購物，超市想要依樣畫葫蘆可能比較難，但是在科技的協助下，也不是做不到。

消費者當然不歡迎這種「單一目標」策略。拿亞馬遜來說，顧客逐漸發現，只要刪除留在自己電腦上的 cookie，往後就可以拿到較低的價格，因而強烈抗議。而亞馬遜也只能跟科斯塔一樣，答應以後永不再犯。

有趣的是，一般人比較不反對第二種方式：「**群體差別訂價**」（**group target**）**策略**，就是針對不同群體而有不同的價格。誰會反對孩童與老人搭公車買優待票？咖啡店提供折扣給在附近上班的顧客也當然很合理；而觀光景點提供在地人優惠價，好像也說得通。通常多付一點錢的群體，**好像**是因為他們付得起，而付得起的通常是因為他們比較不在意價格。但別忘了，這一切並非純屬巧合。企業想藉由本身的稀有性而增加利潤、獲取最大利益，**它們感興趣的，是誰願意多付錢，而不是誰比較有錢**。

比方說，美國佛羅里達州的迪士尼樂園，提供當地居民入場費五折優待，並不是因為迪士尼樂園覺得當地人太窮，而是園方很清楚，如果優待當地居民，他們才會常常光臨。但如果是觀光客，不論票價多少，他們一輩子可能也就來那麼一次。

這個例子一針見血，我們也能由此看清到底什麼叫「價格敏感度」，什麼叫「浪費」，什麼是「不在乎價錢」。一個很重要的概念是：提高價格時，會導致銷售量下降多少？如果降價，銷售量又會上升多少？經濟學家通常稱之為「自身價格彈性」（own-price elasticity），而我個人認為，「價格敏感度」（price sensitivity）更貼切一點。

到佛羅里達旅遊的觀光客，價格敏感度比當地人低。也就是說，如果迪士尼樂園門票漲價，當地居民比較可能會另覓他處遊玩；但若是門票降價，本地人再度光臨的可能性就比觀光客高出許多。一般認為有錢人對價格比較不敏感，但也有例外。飛機的商務艙很貴，因為公司願意付錢，所以航空公司就能占到稀有性的優勢。商務電話的收費便宜，不是因為企業不願意付高價，而是電話公司之間的競爭太激烈，所以不敢收太高的價格。

有些咖啡店優待附近的上班族，也是同樣的道理。倫敦滑鐵盧車站的AMT咖啡館，就給在附近工作的顧客打九折。不是因為當地上班族比較窮，他們有些是政府高層官員，有些是殼牌石油公司（Shell）的高薪員工。這個折扣反映了一個事實：當地上班族就算很有錢，價格敏感度照樣很高。匆忙進出滑鐵盧車站的通勤族只看到一兩家咖啡店，為求方便會願意多花點錢。而在附近上班的人，上午十一點從辦公室出來買咖啡，隨便往哪個方向走都可以，有好幾家咖啡店可供選擇，全都一樣方便，也可以都試喝一下。也因此這群人的價格敏感度會比較高，就算他們很有錢也一樣。

「單一目標」策略很困難，一來是因為需要收集許多資訊，二來則是往往不受歡迎。儘管有難度，但因為實在太有利可圖，因而總會有企業開發出新方法去執行。針對學生或當地人提供折扣的「群體差別訂價」策略，利潤雖差了一點，但執行起來可容易多了，也較易為大眾接納，甚至很受歡迎。比起將顧客一視同仁的做法，上述這兩種策略，都能為企業帶來更高利潤。

最後，想讓老虎自願把皮毛給你，最高招、也是最常見的第三種方法，叫做「**自投羅網**」（**self-incrimination**）**策略**。科斯塔和星巴克常用這一招，讓客人承認自己對價錢不敏感。**想讓顧客自動現形，賣的各種產品就得略有差異**。因此，同樣的商品有數量上的不同（例如卡布奇諾有分大小杯，或是買二送一），或有不同的特色（例如加上發泡鮮奶油、白巧克力，或是公平貿易咖啡豆），甚至是販賣地點的不同：兩個一模一樣的三明治，在車站旁小店賣的，跟在郊區大賣場賣的，就不會是同樣的產品。

當然，我們會問：這類把戲到底有多普遍？因為產品都不一樣，讓人很難一眼看穿企業是在耍差別訂價的花招，或者只是反映附加成本。用公平貿易咖啡豆製作的卡布奇諾，有可能成本真的會多出十便士；說不定罐裝發泡鮮奶油確實比較貴，又必須冷藏，而且清理很麻煩，員工也很不喜歡用；說不定大杯咖啡喝得比較久，所以多收的錢是咖啡桌的位置，而不是咖啡——如果是上述原因，東西價格高就不是要誘我現形，而只是咖啡店把成本轉嫁給我。可以肯定的是，企業向來很留意要找出種種方式，盡量從其稀有性的優勢獲取最大利益，而差別訂價就是最常見的招數。如果有的手法看起來像是差別訂價，你的懷疑通常是對的。

雖然很難證明企業有使用這種策略，但如果你知道要去哪裡找，就會有很多間接證據。例如，不管是外帶還是內用，大杯卡布奇諾高出小杯的價差都一樣。如果多出來的價錢是場地費，外帶也多收那麼多就不合理了。因此，我們有理由相信，這類咖啡店用的是「自投羅網」策略，向那些明顯不怕貴的人，多收一點錢。

## 怎樣買有機食品，才不會當冤大頭？

說到差別訂價，超級市場早就玩得出神入化，開發出一大堆淋漓盡致的策略。

倫敦利物浦街車站大廳樓上，有一家瑪莎百貨（Marks & Spencer）旗下的 Simply Food 超市，主要顧客都是匆忙進出倫敦車站的通勤族。現在我們應該都很清楚車站的稀有價值，所以也應該能猜到這家超市裡的東西不便宜，就算是跟僅僅約五百公尺外、位於摩爾門（Moorgate）的另一家分店相比都比較貴。

我在利物浦街這家店任意挑了五樣東西，其中有四樣在摩爾門分店也有賣，那裡每一樣都便宜約一五%。大盒沙拉從三．五英鎊降到三英鎊，三明治從二．二英鎊降到一．九英鎊。但即使知道這樣的價差，還是很少有上班族為了省三十便士而願意多走五百公尺。這樣的差別訂價策略的確大膽，卻很有效。

其他超市的訂價策略就較為謹慎。我再度扮演臥底經濟學家，比較倫敦的兩家 Sainsbury's 超市，較小的那家在西區的心臟地帶，另一家大的在較不繁榮的東倫敦。要在同一家連鎖超市找到定價不同的相同商品比較困難，但絕非不可能。這表示 Sainsbury's 的差別訂價不像瑪莎百貨那麼多嗎？一點也不，只不過手段比較高明罷了。

在調查 Sainsbury's 時，我採用的方法跟在 Simply Food 一樣，就是走進店裡，看看有什麼吸引我注意的。你大概已經知道，我們走進超市會注意到什麼東西，並不是巧合；店家會刻意設計，**把吸引人又利潤高的商品，放在顧客會經過的地方**。至於什麼樣的商品誘人，端看顧客是誰而定。西區那家超市，所有擺在明顯位置的都是相當昂貴的商品，而走進東區的超市，第一眼看到的都是比較便宜的東西。

舉例來說，西區的那家超市裡找不到便宜的柳橙汁，而在東區的超市裡，Sainsbury's 自營品牌的新鮮柳橙汁就放在較昂貴的純品康納旁邊，價格只有約一半，濃縮果汁則更是只有純品康納的六分之一。名牌義大利麵的價格兩家一樣，但只有東區那家把 Sainsbury's 自營品牌義大利麵放在旁邊，價格又是只有將近六分之一。這麼做，就是因為看準了西區的顧客比較不在意價格，東區的消費者比較精打細算——當然，如果是東區比較不在乎價格的顧客，就有很多機會現出原形了。

**最厲害的差別訂價手法不但可以提高利潤，而且看起來還很高尚**。我們已經看到，科斯塔是如何表面上大力支持公平貿易咖啡，實際上是用來找出有閒錢的顧客。優待兒童與老人，聽起來也是很好的理由（白話文：有工作的人就要多付錢）。除了尖酸刻薄的人——或者經濟學家——誰敢反對這麼值得嘉獎的做法？

當前最常看到的花招，就是利用人們崇尚自然的心態而收取高價，有機食品就搭上了這個風潮。且不管因為近年的經濟衰退而銷售趨緩，有機食品受到歡迎有許多原因，其中之一就是在飽受食品安全問題的一再驚嚇之後，許多人認為有機食品比較有益健康，或至少不會害死自己。於是超市開始供應大量有機食品，而價格也剛好比超市多花的成本高出許多。

在英國，超市常將有機食品集中陳列，顯然是為了方便顧客購買，但其實對超市本身也有好處，因為這麼一來，顧客就比較不會注意到普通食品的價格。有一家叫全食（Whole Foods，二〇一七年被亞馬遜併購）的超市，在華府也有分店，裡面龐大而豪華的蔬果區裡，有機和普通蔬果都放在一起……不過隔壁是完全不同的產品。有機香蕉隔壁是普通（就是非有機）的蘋果，有機大蒜旁邊是普通洋蔥。你絕對不會看到有機香蕉出現在普通香蕉旁邊，或是有機大蒜和普通大蒜放隔壁，因為兩者價差太驚人了。

但有機食品這麼昂貴，真的是差別訂價的一種策略嗎？有機食品的確應該比較貴：因為生產成本較高，保存期限較短，配銷過程花費也比較高。但就像卡布奇諾一樣，超市販賣的大部分食物，原料成本只占價格中很小的部分。例如在英國，二〇〇八年跟酪農收購有機牛奶的產地價，大約只比普通牛奶多五美分；但零售價卻要貴上大約二十八美分。我們應該不會太驚訝，超市利用了有機食品風潮的機會，狠狠加價痛宰目標消費者。如果你相信有機食品的好處，我的建議是：別被食品零售商剝削。而**避免被剝削的方法就是：哪家店的有機和非有機食物之間的價格差距最小，就跟哪家買。**

## 平價未必便宜，高檔未必昂貴，要「選貨不選店」

住在華府時期，我家對面就是全食超市。每回有人聽到這個，都會說那是一家很棒的超市：全食號稱「全球最佳天然與有機食品超市」，推動社區參與，提供許多新鮮蔬果，還有不含荷爾蒙的牛排、歐洲的起司與啤酒，以及高級巧克力等許多很棒的食物。在這裡購物實在充滿樂趣。然而，我的朋友卻也忍不住抱怨，全食的東西好貴。但是……真的很貴嗎？

這得看你對「貴」的定義是什麼。假設大家都多少會比價，那麼很合理地會拿全食的價格和五個街區外的一家 Safeway 超市的價格相比（當地人稱這家 Safeway 分店是「蘇維埃超市」，因為產品種類少，裝潢也寒酸）。通常，全食顧客籃子中裝的東西，十樣有九樣的價格會比 Safeway 顧客籃中所裝的東西貴，但這主要是顧客買的東西不同，未必跟超市有關。事實上，如果比較相同的商品，全食的價錢就跟 Safeway 同樣便宜。

不論是香蕉、櫻桃或小番茄的價格，這兩家超市都完全相同。無可否認地，Safeway 的洋蔥、愛爾蘭奶油、喜瑞兒穀物片價錢較低。但全食的礦泉水、純品康納純柳橙汁、甜洋蔥則比較便宜。因此，如果在全食和 Safeway 各買一大籃**同樣**的東西，最後結帳的價差大概不到兩美元——而且有可能是全食更便宜。

這好像不符合我們平常對比較貴或比較便宜商家的印象。但這類印象從來就不可靠。畢竟，如果有店家在商品、服務甚至地點相同的情況下，還賣得比別家貴，那不就代表他們的顧客是傻子嗎？在全食購物的確樂趣多多，但說到底，它畢竟是一家超市，是讓人在裡面買東西的，跟 Safeway 沒有兩樣。

全食之所以讓人感覺是昂貴的超市，並不是因為相同的商品它賣得比較貴，而是因為它訂價策略的目標：基本商品的價格可能壓得很低，但全食所賣的商品種類，目標是鎖定對「基本商品」有不同看法的顧客。

比方說，Safeway 賣的純品康納柳橙汁和波蘭氣泡礦泉水，就比全食貴。因為對全食的顧客而言，純品康納柳橙汁和氣泡礦泉水都是日常基本商品，所以全食必須提供有競爭力的價格；但是 Safeway 的顧客就很可能認為，平常只要喝自來水和比較便宜的濃縮果汁就好了。在 Safeway 買純品康納新鮮柳橙汁和氣泡礦泉水的顧客，就傳送出自己品味奢侈的訊息。而全食的顧客則會放棄比較便宜的純品康納，去店內果汁吧買現榨果汁做的昂貴冰沙。

在這兩家店，黃洋蔥和甜洋蔥這兩種基本食材的價錢都類似。但在全食，消費者還可以選擇比較花俏的種類：珍珠洋蔥、紅洋蔥，甚至有機洋蔥，價錢都貴出許多。在全食隨便看到洋蔥就亂抓一袋的人，結帳時就會為自己不看價錢的習慣付出慘痛的代價。

這就是為什麼在全食買一籃東西的價錢，有可能比 Safeway 的一籃東西貴上許多。不是因為全食賣得貴，也不是因為全食的顧客很笨，而是因為全食提供了其餘昂貴的選擇，而這是全食的顧客樂意承擔的，因為他們認為為更好的品質多花這個錢是值得的。

所以我的建議是：**如果想買便宜的東西，別浪費時間找便宜的商店，而是設法買便宜的東西**。結帳時發現很貴，是因為你不小心買到比較高貴的東西，而不是因為誤入黑店。如果兩家店相同產品的價格有差異，那就是店家採用差別訂價的策略；但如果兩家店賣的產品本來就不同，就不太能推到訂價策略上頭了。

## 逛超市，別掉入這些「價格陷阱」……

另一個很常見的訂價策略，就是特價。我們太常見到全店有幾百種商品都特價，所以很少暫停下來問問自己，店家到底為什麼要這麼做。仔細想想，這種訂價策略也很奇怪。特價就是要降低商品的平均價格，可是店家與其一年來個兩次七折大特價，為什麼不直接給個全年九五折呢？再說，調整價錢對店家也很麻煩，因為要更換價格標籤和廣告，所以店家為什麼要費事調來調去？

一個解釋是，特價是讓客人自己「現出原形」的好方法。如果有些人喜歡貨比三家，有些人卻無所謂，那麼店家最聰明的辦法，不是用高價格挖出忠實（或懶惰）顧客口袋裡的錢，就是用低價格搶到愛揀便宜的消費者。中間路線的價格沒什麼好處：既沒高到可以剝削忠實的顧客，也沒低到能吸引愛比價的客人。還有，如果店家的價格一直維持不變，那麼就連價格敏感度最低的顧客，也一定會逐漸發現，去別處可以買到更低價的特定商品。所以，商店不會固守高價或低價，而是在兩個極端之間跳來跳去。

有一種常發生的情況，就是兩家超級市場搶同一群顧客。就像之前提過的，如果這家店樣樣東西都比另一家貴，那麼一定會失去很多客人。所以平均來說，商品的價格很類似，但兩家都會常常調整。這麼一來，店家就能分辨出哪些人是專揀便宜的消費者，哪些是需要特定的商品——例如為了準備晚宴而照著食譜買材料的顧客。愛比價的顧客只會挑打折的食材，做什麼菜回去再說；但是要準備晚宴的顧客則是來超市買特定的東西，對價格的敏感度比較低。差別訂價策略行得通，只因為超市的折扣模式常常更換，而且消費者要跑兩家超市，或是每回上網都要仔細比較每種商品的價格、從兩家不同的網路商店訂貨，實在太麻煩了。如果消費者可以確實預測到什麼商品會打折，就可以事先挑選食譜，甚至挑選適當的超市，去買最不貴的食材。

事實上，更正確也更清楚的做法，就是**把「折扣」顛倒過來看：把平常訂價視為特價的「加價」，而不是把特價當成平常訂價的「減價」**。有些店家會採取隨機變動的折扣模式，也就是隨機變動的漲價模式，因為店家知道，藉由無規則的大幅增加售價（高於特價），所帶來的利潤，會超過有規則的小幅加價。

下次逛超市時，試著找找看其他價格亂調的現象。你是否發現，超市包裝成袋的新鮮辣椒，價格是散裝的十倍？這是因為一般顧客買辣椒的量太小了，所以根本沒想到要去看這袋辣椒是四分錢或四毛錢。蔬菜類價格隨機亂漲數倍，也是超市愛用的伎倆：發現某樣蔬菜漲價的顧客，可以乾脆買別的蔬菜；沒發現的顧客就會因此被狠狠削了一筆。

有回我在找洋芋片時，發現了一種特別有意思的伎倆。我最喜歡的那個洋芋片牌子，椒鹽口味的放在最上層貨架，而其他口味則放在幾呎之外的下層貨架，包裝大小都一樣。但最上層的洋芋片要貴上二十五美分，所以去拿上層洋芋片的顧客表明了：他們面對兩種內容和位置幾乎一模一樣的產品，卻沒有進行比價，他們比較有興趣的是吃零食。

無可否認的，對某些人來說，口味的差異很重要，也有人會注意到椒鹽口味的洋芋片比較貴，即使不甘心，但還是付帳了。有些人則偏愛其他的口味，覺得自己很幸運，剛好喜歡比較不貴的。

但這類的例子是超市永恆不變的真理：超市中充滿了相似的（或不太相似的）替代品，有些便宜有些貴，價格常常任意變動。只有小心留意、記住、比較價錢的顧客，才能揀到最大的便宜。**如果想「智取」超市，觀察就是你的最佳武器。要是懶得觀察，其實就表示你沒有省錢的需要。**

## 不是大企業奸詐，其實是我們太懶

每回談到大企業，我們總是很容易就指控他們如何擁有無限大的權力，又多麼容易害我們受騙。這不是實情。

記住，只有具備稀有性的公司，才擁有權力，而這樣的**稀有性，大都來自消費者的惰性**。只要願意，買東西多走幾步路或多跑兩家店，根本不是問題；買辣椒的時候，花一點時間心算一下，或者多花兩秒鐘看看架上其他洋芋片的售價，也絕非難事。只要我們覺得買東西多跑兩家店很累，那麼每個店家就會因此多少掌握了一些稀有性。但有些商家的稀有性權力會比別家大，所以當我們評估自己遭到差別訂價策略攔路搶劫的風險時，就要多考慮一下。

比方說，前一章我們提出，為什麼電影院的爆米花賣這麼貴，答案是什麼？餐廳的葡萄酒比較貴也是同樣的理由嗎？乍看之下，兩個問題的答案都是：「一旦你進了電影院或餐廳，價格就得任人宰割了。」但我們也知道，這個出於直覺的答案不太正確。消費者也許是笨蛋，但也沒笨到那個地步。因為誰都知道電影院的爆米花和糖果、餐廳的葡萄酒很貴，哪需要等到進門**以後**才知道？

現在我們有了個比較好的答案：這可能是餐廳和電影院的差別訂價策略。價格敏感度高的人，會自己帶零食進電影院，或者乾脆不吃；而價格敏感度不高的人——搞不好是在約會，不想讓約會對象覺得自己小器——就會花錢買很貴的爆米花。嗯，很聰明。

這樣的解釋好很多，因為許多小鎮都只有一家電影院，就算不只一家，通常你想看的電影也只有一家在放映。電影院因此有了稀有性的優勢，如果戲院經理夠精明，就會想盡辦法利用這個優勢。

但是餐廳的葡萄酒賣得比較貴，就不能這麼解釋了。由於餐廳的數量很多，因此稀有性優勢不如電影院。當稀有性的優勢很小時，價格就得反映成本。不過，即使是最尋常的餐廳，葡萄酒還是賣很貴。比較好的解釋是，餐廳的一大成本，就是用餐空間，當然要跟坐得比較久的客人提高收費，但因為不能真的去收這個錢，所以就會針對可能用餐比較久的客人會點的東西，賣貴一點，不光是葡萄酒，還有開胃菜和甜點等。

我們去電影院是為了看電影、去餐廳是為了用餐，所以如果要多加其他的服務，是不是就會被敲竹槓？完全不是這麼回事。餐廳和電影院都會提供的一種額外服務，就是使用洗手間，這個服務通常都是免費提供的。餐廳的白開水也是免費供應。引起敲竹槓的不是額外服務，而是缺乏價格敏感度，讓擁有稀少性優勢的店家可以實行差別訂價。

或許你是企業主管，看到這裡就開心地摩拳擦掌，打算在自家生意上展開一系列聰明的差別訂價策略。別高興得太早，因為你得先處理你目前差別訂價系統裡的漏洞。

## 不舒服的經濟艙，包裝陽春的產品，都是故意設下的圈套

所有聰明的差別訂價策略，都有兩個潛在的致命大漏洞，如果不處理，就會毀掉你的計畫。

第一個漏洞是：**對價格不敏感的顧客，未必會自動現形**。要讓價格敏感度很高的顧客避開昂貴的商品並不難，但想防止價格敏感度很低的顧客去買便宜的商品，有時就會比較難了。如果是價差小的狀況，倒還不是問題。如前所述，有些顧客的確不在意多花一點小錢，那些價差只是相對而言很大，比方把辣椒裝到塑膠袋裡成包賣，或只是將洋芋片放到貨架的最上一層。但如果是比較重大的購買決定，就沒那麼容易了。

旅遊業就有一些最極端的例子：火車或飛機的頭等艙要比經濟艙貴很多，但反正都可以從A地到達B地，因此即使是最有錢的人，也不見得願意多花錢買頭等艙的票。為了要讓差別訂價奏效，業者就必須將兩種艙等的服務差距拉大。例如英國火車的經濟車廂座位，通常都沒有桌子，其實這樣完全沒道理，唯一的解釋，是不想將經濟車廂裝潢得太舒適，以免本來要買頭等車廂的乘客去買經濟車廂的票。因此，經濟車廂的乘客就得認命了。

早期法國的火車就有一個很著名的例子：

有些火車公司的三等車廂沒有車頂，而且座位是木板凳，原因並不是因為這些公司捨不得多花個幾千法郎去裝車頂，或是替板凳裝上軟墊……，真正的目的，是防止付得起二等車廂車資的乘客，去搭三等車廂。這個方法打擊到窮人，不是因為想傷害他們，而是要嚇阻有錢人……。同樣的道理，火車公司對三等車廂乘客幾乎是殘酷，對二等車廂乘客很小氣，但對待頭等車廂的顧客卻大方得過分。藉著拒絕給予窮人必需的服務，就提供了富人額外的奢華。

全世界各地大部分機場候機室的低劣品質，也是類似的情況。免費的出境候機室如果變成打發時間的好地方，就不能靠他們的貴賓候機室去推銷商務艙機票了（上回我找遍了倫敦希斯洛機場全新的第五航廈，都找不到一個有電的插座可以讓我接上筆電）。同樣的，這也是為什麼有時機上服務員會要求經濟艙乘客一直繫著安全帶，非得等到頭等艙跟商務艙的旅客先下飛機後，才輪到經濟艙的旅客。這個「服務」不是針對經濟艙旅客，而是針對那些頭等艙和商務艙旅客。航空公司想要傳達的訊息相當明確：繼續花大錢買昂貴的座位吧，否則下回被這樣服務的就是你了。

在超市裡，我們也常看到同樣的把戲：有的產品故意包裝得很簡陋，目的是讓人覺得產品的品質很差。超市也常推出較便宜的自有品牌，但包裝故意設計得很粗糙，而且不管是檸檬水、麵包、燉豆子，外包裝都一樣。其實，請個好設計師、多印一些有吸引力的標誌花不了多少錢，但這樣就違反了他們的目的：粗糙的包裝設計，是為了嚇走那些願意多付錢的人。即使是願意花五倍價格買檸檬水的顧客，也還是樂意揀便宜的，超市得想辦法讓他們打消念頭。所以，就如同經濟車廂座位沒有桌子、普通候機室座位不舒適，超市自有的廉價品牌包裝故意設計得很醜，就是要確保那些眼光高的顧客自投羅網，多付一些價格。

星巴克提供了一個很棒的例子：如果你想要的話，這個全世界最知名的咖啡公司會賣給你一種更好、更濃的卡布奇諾，而且收費還比較低。去任何一家星巴克點這種咖啡，咖啡調理師就會照辦，眼睛都不會眨一下。這種咖啡就是神祕的「小杯卡布奇諾」（short cappuccino）——八盎司，比正式價目表上最小的中杯（tall）還要小三分之一，而且跟星巴克稱之為「消費者偏愛」

的特大杯（Venti）一比就好矮，Venti重量二十盎司，沒加糖之前熱量超過兩百卡路里。較大杯卡布奇諾的問題，就是因為量太多，不可能做出細緻的奶泡，無論咖啡調理師的技術多好都沒用。我嘗過世界各地的小杯卡布奇諾後，可以確定比價目表上其他更大杯的（只是一大桶溫牛奶罩著薄薄一層泡沫）要好喝得多。

這種神祕的卡布奇諾也更便宜。所以為什麼這種比較便宜、比較好喝的飲料（還有它的姊妹小杯拿鐵和小杯咖啡）沒有被公開？星巴克的官方說法是價目板上空間不夠，但這無法解釋為什麼小杯卡布奇諾在詳盡的星巴克網站也沒出現，也無法說明為什麼咖啡調理師做好了會小聲叫你去領取，而不是像平常那樣大聲喊著招領。更有說服力的答案，就是差別訂價：有些公司會讓他們便宜的產品看起來沒有吸引力，而星巴克就根本讓這種產品看不見。

最令人感到意外的例子，就是電腦業。例如，當年ＩＢＭ的低階雷射印表機LaserWriter E跟高階雷射印表機LaserWriter，其實是完全相同的產品，唯一差別是低階雷射印表機多了一塊晶片，會讓速度變慢。對ＩＢＭ來說，要對他們的印表機差別訂價，最有效率的方式，就是設計並大量生產一種印表機，然後用兩種價錢賣掉。但當然，想讓消費者買貴的印表機，就得把便宜的那種速度變慢。這樣似乎很浪費，但想必對ＩＢＭ來說，這樣總比設計並生產兩種完全不同的印表機要便宜。

晶片製造商英特爾也玩過類似的遊戲：他們賣兩種極為相似的處理晶片，但售價卻不同。功能較差的晶片，其實製造成本反而比較高，因為他們得把功能較強的晶片再加工一下，讓某個項目的功能無法運作。

根據報導，數位單眼相機也一直在利用類似的手法：一千一百美元的業餘相機基本上就是兩千兩百美元的專業相機，只是某些數位處理軟體不能運作而已。另外電腦軟體常常包裝成兩三個版本：一個有完整的功能（專業版），其他針對大眾市場的版本則降價許多。但許多人不知道，一般先設計出來的是專業版，然後讓某些功能不能運作，就成了大眾市場版。儘管專業版的價格較高，其實便宜大眾版反倒要付出額外的前置成本，而且當然，兩種版本都是以光碟或網路下載的型態販賣，供貨成本完全一樣。電腦硬體和軟體（軟體尤其嚴重）的成本結構很奇怪，因為有密集研究開發的成本，製造成本則相對較低。

在網路股狂飆的高峰時期，花言巧語的名嘴都宣稱不同的成本結構改變了一切。現在當紅的專用術語則是 freemium（免費增值模式）——這當然是一種差別訂價策略，只是其中一種服務的價格免費罷了。網際網路在許多產業掀起變革，但就如我們所看到的，數位時代要賺錢的基本法則，其實跟火車公司或咖啡店的手法差不了多少。

因此，差別訂價策略的第一個「漏洞」，就是：除非便宜產品被故意弄差，否則有錢人可能也會買便宜貨。

## 同樣的商品，在不同國家售價不同，why？

第二個「漏洞」，是採用「群體差別訂價」策略的企業尤其難以防堵的，那就是：**商品可能會從一個群體轉手給另一個群體**。這個風險，就是顧客以折扣價購得商品之後，可能會以更高的價格轉賣出去。

目前為止，我們談到的例子多半與無法轉賣的服務有關（例如搭公車或去迪士尼樂園玩），或是不易轉賣的商品（例如三明治或咖啡）。這不是巧合。服務和方便商品最適用於差別訂價策略，因為這類商品不會轉手賣給別的群體。最常玩差別訂價花招的，就是航空機票、餐廳、雞尾酒吧（書店就不太會有「快樂時光」的減價時段）、超市、觀光景點。

相反的，某些商品天生就是容易被轉賣：它們昂貴、攜帶方便、不易損壞。明顯的例子就是數位商品——音樂、影片、電腦軟體——以及藥品。企業花很多力氣去防堵這些漏洞，但越來越困難，因為現在這個時代，網路購物讓我們可以訂購世界各地的產品。比方說，ＤＶＤ產業談好了一套區域碼的系統，在美國買的ＤＶＤ到歐洲就不能看。可是，這套系統被消費者和ＤＶＤ播放機廠商（他們當然希望自己的機器可以播放世界各地區的ＤＶＤ）聯手破解了，而檔案分享網絡則更是如此。

如果你跟我有類似的直覺，應該都會覺得這個招數很可惡。不過，儘管大部分人鄙視ＤＶＤ產業想把產品在不同的市場賣不一樣的價錢，但我們也認為大藥廠應該以折扣價將藥品賣給貧窮國家。我們混淆的道德直覺，似乎傳達出彼此矛盾的訊息。

也許事情很簡單：像治療愛滋病之類的重大藥品，提供給窮人自然是當務之急；但碰上像ＤＶＤ這種比較無關緊要的產品，我們主要的情緒就是很火大被敲竹槓。但這其實不太說得通，因為如果很窮的地區也有ＤＶＤ，我們應該至少會樂見窮人能在酒吧或村子的會堂裡觀賞這些電影。或者反過來說，藥商將重大疾病的藥品以高價賣給已開發國家，不是應該更令我們生氣嗎？經濟學家無法解答這些道德上的難題，但至少可以把這些難題攤在陽光下，讓大家看得更清楚。

以下是一個假想實驗：

想像有一家製藥公司，暫且稱為Ｐ公司，成功研發出一種很有效的愛滋病新藥。假設Ｐ公司不採用任何差別訂價策略，在全世界都賣一樣的價錢。這個全球統一的定價，要能使降價後所增加的營業額，剛好可以彌補因此減少的毛利。比方說，降價之後Ｐ公司的毛利只有原先的一半，除非銷售量能達到原先的兩倍，否則總利潤只有之前的一半。Ｐ公司也可以抬高售價獲取雙倍毛利，但如果銷售量因此降低一半以上，則會減少總利潤。因此，為了追求最大利潤，P公司所訂出的價格，將會使得不管是降價或是漲價，都不太會影響公司的總利潤。

這個定價會很高，因為有錢國家的人願意花重金買有效的藥，所以當然不能為了救那些只付幾毛錢的消費者，而損失那些付幾千元的顧客。

這似乎是個壞消息。P公司利用自己稀有性的優勢，把救命藥物賣得很貴，導致貧窮國家的人買不起。P公司的貪婪，讓很多人命在旦夕。

可是事實上，這只是半個壞消息。因為很多人其實是多虧了P公司的貪婪才能**活命**。P公司會研發這種救命藥，是希望能得到有利可圖的專利。製藥業的研發非常昂貴，這些錢總要有人付。目前的制度下，是公家和私人保險公司在付錢，而因為美國無疑是全球最大的市場，製藥業的創新就由美國推動，大部分的錢也由美國買單。

## 該如何訂價，可以造福更多人、同時賺更多錢？

P公司全球統一的藥物售價很高，並因此獲利，但其實P公司還能做得更好，也讓其他人更好。對經濟學家而言，所謂「可以更好」，可不是嘴巴上說說而已，而是指更精確的：P公司真的能**賺更多錢**，**並造福更多人**。

例如，一名顧客一年份的藥品，P公司的製造成本是十美元，零售價是一千美元。對於願意買的有錢人（或者有保險公司替他付錢的人），這不是什麼大問題。所以每年就有九百九十美元從愛滋病患者手中，轉移到製藥的藥廠手中。不過，一個非洲喀麥隆的計程車司機，也許一年只願意付五十美元購買相同的藥物，其他的錢要留著買食物，或者替計程車加油。P公司的全球統一定價策略，會使得這位計程車司機失去獲得治療的機會，而P公司也失去了賺點小利潤的機會。如果P公司可以破個例，打折把藥賣給那位計程車司機，將售價降至十到五十美元之間——假設是三十美元——那麼每個人的狀況都會更好：計程車司機本來願意付出五十美元，卻僅以三十美元購得藥品。P公司多了三十美元收入，但成本其實只有十美元，還賺了二十塊。

這就是經濟學家說一個狀況「可以更好」的意思。如果我們能從眼前的狀況找出某一點改變，讓至少一個人的狀況變得更好、而沒有其他人變得更差，我們可以說眼前的狀況**無效率**，或者以日常的語言來說，就是「可以更好」（而若是眼前狀況做任何改變，能讓至少一個人更好、卻同時也會造成其他人狀況更差的，我們就稱眼前狀況為**有效率**。這不表示有效率的狀況無法改善，只是表示要改善就必須付出代價）。

現在，假設P公司實行差別訂價策略，在富有的西方國家照樣賣一千美元，但是以三十美元賣給開發中國家的人，例如那位喀麥隆的計程車司機。忽然間，P公司打開了一個全新的市場：新的折扣讓該公司可以得到數百萬新顧客，從每個人身上每年都能多賺二十元利潤。但同時，以往在富有國家的營業額仍然不變。

不過，這樣的假設得有個前提：這些降價後的藥物不會被「轉」回來。這是現實世界裡，藥商非常重視的問題。美國人可以從加拿大購得便宜藥物，一直是藥商的心頭之痛，因為美國人肯花大錢買藥，但反觀加拿大人則拒絕以高價購買藥品。如果狀況持續下去，風險就是美國的藥商乾脆拒絕再給加拿大降價了。其實從這個例子也可發現，網際網路和其他通訊技術的改善，雖然讓價格更為透明化，但偶爾也有缺點：具備稀有性優勢的公司，可能就不願意提供降價產品了，因為現在更可能被轉入到別的市場。

總之，P公司的雙重訂價策略，讓有錢國家的消費者健康沒有變差，P公司股東們更賺錢，而貧窮國家的愛滋病患者也獲得治療。套一句商學院的術語，這是「雙贏」，或者以經濟學家的說法，是「明顯提高效率」。

P公司新的差別訂價方案是個雙贏局面。但有時，差別訂價也會造成全盤皆輸的結果。

假設有一家火車客運公司，我們暫時稱之為T公司。他們的火車通常都是滿座。有些座位是以五十美元的折扣價，賣給事先訂票的度假旅客，或是老人、學生與家庭。而其他的票則是以一百美元的全額票價，賣給通勤族或其他商務旅客。這是很典型的「群體差別訂價」策略：藉著賣出一些低價票，T公司可以降低供給量，同時得到要求高價的能力，把票賣給那些願意出最高價的乘客（T公司也可以故意保留部分空位，同樣會降低供給量，但如果保留的座位也能售出，那當然更好）。

我們一眼就能看出，這是無效率的狀況。也就是說，我們可以想出辦法，讓至少一個人狀況更好的同時，不會讓其他人狀況更差。

這個辦法是：假設有一位通勤族只願意付比一百美元低一點、例如九十五美元買車票，否則他就決定要開車上班，T公司可以找到他，然後將車票以九十美元賣給他。可是，車票已賣完，哪來多餘的座位呢？有的，可以找出一個不趕時間的學生（他其實願意花比五十美元多一點，比方說，五十五美元買車票），然後很禮貌的請他下車，把票款退給他，還加上十美元做為補償。

結果狀況會如何呢？那位通勤族原本願意花九十五美元，卻只花了九十美元，於是他省下了五美元。願意花五十五美元、但其實花了五十美元買車票的學生，如果照樣搭車，也等於省了五美元，如果不搭車還可以拿十美元的補償費，所以也很開心。那麼T公司呢？理論上原本只賣五十美元的學生座位，現在以九十美元賣出，扣掉補償學生十美元之後，T公司還是多了三十美元利潤。如果T公司採用這樣的策略，那麼每個人都是贏家。

但當然，這不會是實際發生的情況，因為T公司如果真的這麼做，那麼原本願意花一百美元買車票的乘客，就會等著買九十美元的票；而本來沒有打算花五十美元買車票的學生，反而會來買票，然後等著讓出座位賺那十美元。最後的結果，反而會對原先有權訂出價格的T公司不利。

萬一你有點看不懂，沒關係，可以記得以下結論：群體差別訂價策略是無效率的，因為那樣做會把願意付較高票價的乘客的座位，給了願意付較低票價的乘客。只不過，航空公司和火車公司還是會使用這個訂價策略，因為對這些產業而言，另一個差別訂價策略（也就是單一目標策略）並不可行。

換言之，所以有時差別訂價比統一訂價無效率（就像上述火車票的例子），有時會比統一售價有效率（就像愛滋病藥物的例子）。但不光是如此。當差別訂價無法增加銷售量，只是像上述T火車公司的例子，把產品從一群肯出較高價的人（例如通勤客）手中，轉移到肯出較低價的人（如學生）手中，那就絕對比統一售價更無效率。要是差別訂價能打開一個新市場，而對原先的舊市場沒有影響，如前述的P製藥公司，那麼就必然比統一售價更有效率。

另外還是有中間地帶。很多群體差別訂價是兩者都有一點：既打開了某些新市場，但也同時浪費地將商品從願付高價的顧客，轉移到願付低價的顧客手中。

比方說，書籍的精裝本訂價較高，之後推出的平裝本較便宜。精裝本鎖定的目標，就是用較高的價格賣給迫不及待的讀者和圖書館。一個好處是，因為部分成本已由精裝本的收入抵付，使得平裝本的售價可以壓低，讓更多人能閱讀一本書。但有個壞處是，精裝本的價格貴很多，有些讀者可能就會拖著先不買。這就是「稀有性」所造成的：具備稀有性的公司如果想充分利用這種優勢，就幾乎總會造成無效率的狀況，而同樣的，經濟學家幾乎總能想出「更好」的方案。

我說「幾乎」，是因為倘若有公司可以針對每一個人，實行完全的單一目標策略，那麼這家公司就不會錯失任何一筆生意：富有或非買不可的顧客會花大錢，而窮人或沒興趣的顧客就會付很少錢，但只要顧客願意付的錢不低於製造成本，就一定可以買到產品。這樣的情況就是有效率。

不過實際一點吧，沒有公司能夠得到這麼多顧客的資訊，據以達到這種完全有效率的銷售量。這樣的公司就得能看透每個潛在客戶的心，知道他們有多想要這樣產品；而且收銀臺還需要一部超級電腦。這實在就是不可能。但或許這會讓你思考：如果你可以把每個消費者的偏好都連接到超級電腦上呢？如果你擁有所需的一切資訊、不會錯失任何一筆生意呢？世界是否會因此變得更好？

另外，如果說P公司改變原有的全球訂價策略之後，不只提高了該公司的利潤，也同時更有效率、更公平，那麼，我們是否可以推而廣之的說：人的私心貪婪，能增進全體人類福祉？想知道這些問題的答案，以及更多內容……請繼續往下閱讀吧。

## 第3章

# 自由競爭很好，但公平與正義呢？

### 隱藏在價格背後的訊息

你可能無法想像，金．凱瑞的電影跟經濟學會有什麼共同點。

其實我們可以從這位喜劇演員的身上學到很多事情。金．凱瑞在《王牌大騙子》（*Liar, Liar*）中飾演一個叫做富萊奇．瑞德（Fletcher Reede）的人，由於兒子許了一個生日願望，富萊奇發現自己在接下來的二十四小時都不得不說實話。

這對富萊奇來說是個大挑戰，因為他是律師——在他兒子眼中，就是個**騙子**。接著可想而知，發生了種種爆笑的狀況，驚惶的富萊奇碰到每個人問他問題，都只能無助地吐出誠實的回答。

自由市場就像富萊奇的兒子——會迫使你說實話。就像電影中金．凱瑞所扮演的角色糗態百出，真相的世界可以讓經濟達到完全有效率的狀態。在這樣的狀態下，如果要讓某個人狀況變得更好，就必然會有另外一個人狀況變差。

本章將以經濟學的角度審視何謂真相、真相如何造成有效率、為什麼有效率是一件好事。同時也將探討有效率的缺點：為什麼有效率不見得公平，以及我們為什麼要繳稅。我們將會看到，稅就像謊言，會干擾真相的世界。但我也會揭露一個方法，以課稅當手段，可以達到公平又有效率。這對冬天繳不出暖氣費的老人，可能是個好消息；但對於像老虎．伍茲這種有錢人，卻可能是壞消息。

## 如果，全世界的人都必須講真話……

想像一下，假如你也像富萊奇的兒子那樣，所許的願望成真，而且不只是你爸爸，而是全世界的人都得講真話。現在，讓我們在只有真相的世界中，買一杯卡布奇諾。

在將牛奶與奶泡加入你的咖啡之前，咖啡調理師先上下打量你一番，然後問：

「請問，你最多願意花多少錢買這杯咖啡？」

你想撒謊，裝做不是很想買這杯咖啡的樣子，但實話脫口而出：

「我的咖啡癮犯了，我肯花十五美元。」

咖啡調理師笑嘻嘻地正準備在收銀機打下這個勒索的金額，而你也有幾個問題要問：

「這些咖啡豆的成本多少？」

「紙杯和塑膠杯蓋的成本又是多少？」

「養一頭牛要多少錢？一頭牛能擠出多少牛奶？」

「你們店裡的冰箱、暖氣、燈光，這些電費一個月要多少錢？」

現在，輪到咖啡調理師體會到富萊奇的痛苦了。無論他怎麼竭力想迴避這些問題，或替卡布奇諾的製作成本「灌水」，他就是不能撒謊。結果卡布奇諾的製作成本不是十五美元，而是不到一塊錢。咖啡調理師還想試圖抬價，但你問了一個致命的問題：

「方圓三十公尺內，有沒有其他的店，賣跟你們一樣的咖啡？」

「有……」店員低著頭小小聲的說，挫敗的用腦袋去撞櫃檯。

於是你以超低價九毛二美元，滿意的拿著咖啡走出店門。

## 注意：你選擇的價格，透露了你的「真心話」

任何價格制度，都有一個基本真理，這個真理就是：**商家與顧客都不必非得用某個特定的價格買賣商品——你隨時可以退出交易**。假如這杯咖啡你只願意花五毛美金，沒有人能強迫你抬價，也沒有人可以強迫咖啡店降價。這筆交易就是不會發生罷了。

當然，有時候我們會聽到一些抱怨，例如有人想買紐約中央公園旁一戶公寓，房價卻貴得嚇人。沒錯，但雖然有時房價高得沒道理，你卻不見得非付不可，你可以把錢拿去買哈林區的公寓，或是郊區的透天厝，或者一百萬杯咖啡。

在自由市場中，大家不會去買他們認為不值得買的商品，也不會以低於心中所值的價錢賣掉東西（就算有，也不會長久，如果咖啡的售價一直都只有成本的一半，這家咖啡店很快就會關門大吉）。理由很簡單：沒人強迫你。也就是說，大部分自由市場的交易都會改善效率，因為這些交易讓買賣雙方都變得更好（或者至少不會變得更差），也不會損及其他人。

現在，你應該開始了解，為什麼我說價格會「說實話」並揭露資訊。在自由市場裡，所有咖啡買家都願意花高於咖啡成本的價格買來喝，意思是，同樣的錢，他們寧可用來買咖啡，而不是其他商品。因此，**對顧客而言，商品的價值等於或高於售價，而賣方的成本則等於或低於售價**。

這或許清楚得讓人受不了，但其涵義卻十分戲劇性。

在自由市場裡，我們知道顧客決定買咖啡，是因為覺得那杯咖啡的價值高於他們所付的咖啡錢。這也許聽起來沒什麼，但其實並不像表面上那麼簡單。

首先，這個「聽起來沒什麼」的資訊，在自由市場之外就不存在。例如華府備受爭議的新棒球場，原先美國職棒大聯盟的蒙特婁博覽會隊（Montreal Expos）同意搬到華府，條件是該地政府同意資助新球場的成本。有些人說，這個資助將會是七千萬美元，有些人說遠遠不止。或許這是個好主意，也或許不是。但我們無法清楚判定，這樣花掉納稅人的錢是否妥當。

若是在一個市場體系中做決定，就不會有這麼大的爭議。如果我花七十美元買一張票去看棒球賽，沒有人會質疑是否值得；我做了這個選擇，所以顯然我認為值得。這個自由選擇，也就製造出有關我的優先考慮和偏好的資訊，而當我們幾百萬人做出選擇，所聚集起來的優先考慮和偏好，就是市場價格。

換句話說，在自由市場中，消費者對一杯卡布奇諾的評價，高於他們實際所付的價錢，這個看似無關緊要的資訊，其實至關重要。

現在想像一下，咖啡市場不僅是自由市場，而且競爭十分激烈。新的創業者不斷帶著新點子加入市場，想搶現有咖啡店的生意（通常在競爭激烈的產業，利潤只夠付工人薪水，卻足以讓創業者相信錢存在銀行不會更好）。因為競爭，咖啡的價格會被壓低到邊際成本——也就是每多製作一杯卡布奇諾所必須多負擔的成本，前面說過，這樣的成本不到一美元。

在完全競爭市場，咖啡售價會等於咖啡的邊際成本。若是售價更低，業者就會退出市場，直到價格回升。如果價格更高，新的業者就會加入，或者老業者會增加產量，直到價格下降。價格傳達的訊息一點也不模糊（「對買家來說，這杯咖啡值九十二美分，或更多；而對咖啡店來說，成本是九十二美分，或更低」），而是精確的真相（「這杯咖啡花了咖啡店九十二美分成本」）。

假如其他產業也同樣是完全競爭市場，又會如何呢？這就表示所有產品的價格都等於邊際成本。每件商品彼此由一個超級複雜的價格網絡相連，所以當經濟體中某個地方出現變化（巴西出現一場霜害，或者美國的 iPad 狂熱風潮），其他一切都會跟著改變調整——也許很小，也許很大。

比方說，巴西的一場霜害，會摧毀咖啡收成，減低全球咖啡供應量。這會增加咖啡店經營的成本，直到讓咖啡飲用量下降到足以抵銷咖啡的短缺。而對替代品的需求（例如茶）則會小幅上升，使得茶價提高、茶葉供應量增加。但對周邊商品（例如加在咖啡裡面的鮮奶油）的需求就會稍微下降。

在肯亞，咖啡農則會享受到豐厚的利潤，然後把錢投資在改善現狀上，例如替住家蓋鋁製屋頂。接下來，鋁的價格會上漲，因此某些咖啡農就決定暫時不蓋了。這表示銀行存款服務與保險櫃的需求會增加。不過對巴西那些不幸歉收的咖啡農來說，發生的狀況可能正好相反。總之，自由市場就像一部超級電腦，處理這些關於需求與成本的真相，同時提供人們誘因，以種種錯綜複雜的方式回應。

這聽起來似乎像個荒謬的虛構劇本。但經濟學家可以衡量、也一直在衡量其中的一些效應：當霜害襲擊巴西，世界咖啡價格的確會上漲；肯亞咖啡農的確會買鋁製屋頂，裝修屋頂的價格的確會上漲，而且這些農人的確會挑選換屋頂的時間，免得要花太多錢。即使這些市場不完美，卻能傳達出驚人複雜的資訊。

然而，政府（或是任何組織）卻發現，要回應這麼複雜的資訊很困難。在坦尚尼亞，一九九〇年代前的咖啡生產並非自由市場，當咖啡短缺造成漲價時，獲得意外之財的不是農民，而是政府。但該國政府常常把這些錢亂花，給公務員加太多薪水，完全不理會咖啡價格的上漲只是暫時性的。

## 弱水三千，我就是要飲這一杯……

想了解市場為何擅長處理複雜的訊息，首先要想想消費者。我們已經知道，除非顧客覺得同樣的錢用來買一杯卡布奇諾最值得，否則他就不會買。但如果不買卡布奇諾，那筆錢要用來買什麼呢？在真相的世界中，他會買成本等於、或低於一杯卡布奇諾的**任何**東西。如果他選擇了咖啡，就表示在全世界同樣成本範圍之內的所有東西之中，他要的是喝咖啡。

當然，也有人選擇把錢花在看電影、搭公車，或是買內衣褲，而不是買咖啡；還有人也可能選擇把錢省下來，存到銀行裡。各種相互競爭的需求，吸引牽動生產者做出回應。如果大家想要電腦，製造商就會蓋廠房、雇員工、買塑膠和金屬原料來生產電腦，而不是把錢拿來用在其他方面。如果大家想喝咖啡而不是買內衣褲，那麼就會有更多土地用於種咖啡，而較少用在公園、住宅，或種植菸草，內衣店將會被咖啡店取代。

當然，新企業會跟銀行貸款，利息會漲也會跌，取決於想存款的人數和想貸款的人數之間的平衡。利率只不過是另一種價格，代表今年就把明年的錢先花掉的代價。也許你一直認為，決定利息高低的人是央行大官，比方美國的聯準會主席或英國央行總裁，但實際上，聯準會和央行只是制定「名目利率」（nominal interest rates）*，真正的利率，還要扣除通貨膨脹率。

變化並不會只到這裡就停止。價格制度的影響不斷擴大，先是以驚人的速度衝擊經濟體的某些部分，繼而引發其他部分（如教育或科技）緩慢但威力強大的震動移位。舉例來說，假如要製造電腦，但訓練有素的員工數量不足，電腦業者就得花時間訓練，否則就得從同業高薪挖角。當技術工人的薪資上漲，人們會發現，花錢、花時間上大學是值得的。製造商想製造更便宜、更好用的電腦，將推動實驗室和工程學校蓬勃發展。塑膠的市場需求增加，帶動原物料（原油）價格上漲，接著就會鼓勵那些使用石油能源的人改用比較便宜的替代性能源，或者投資在節能科技。如此持續演變。其中有的影響很小，有的影響很大。有的會有立即效果，有些則可能幾十年後才看得出來。但在真相的世界——完全競爭市場——中，這一切都會產生作用。

在一個完美的競爭市場裡，如果每一件事都像上述這樣彼此緊密相關，最後會產生什麼樣的結果呢？

- **每一家公司都會用「正確的」方式生產**。任何浪費資源、生產過量、用錯科技的企業，就會被淘汰出局。每種產品都以最有效率的方式生產。
- **每一家公司都會生產「正確的」商品**。商品的價格等於生產成本，同時也反映顧客的優先取捨（例如當兩杯咖啡的價錢等於一個丹麥麵包，你會選擇買什麼？），價格就代表產品成本到消費者偏好之間溝通無礙的媒介。

---

*編按：「名目利率」指的是名義上或表面上可以得到的利率，例如銀行的掛牌利率或債券的票面利率。

・**每一種商品都會以「正確的」數量產出**。如果咖啡供過於求，製造商就必須降價；如果供給量不足，價格就會上升。這兩種狀況，市場都會自動修正。在完全競爭市場中，價格等於成本，任何人都沒有誘因生產少一點（放棄有利潤的銷售額）或生產多一點（產品太多，消費者就會不願花太多錢來買）。這條競爭法則——價格等於成本等於對顧客的價值——會讓市場有效運作。

・**每一種商品都會賣給「正確的」消費者**。會掏錢買東西的人，就是願意付適當價格的人。假設我沒收了A先生的卡布奇諾，然後給了B先生。在真相的世界裡，這就是浪費。A先生願意花錢買咖啡，而B先生則否，也就是說咖啡的價值對A先生比對B先生更高，所以沒收A先生的咖啡就無效率。注意，我這裡把「正確」等同於「有效率」，稍後我們會檢驗並挑戰這個假設。

所以：如果以正確的方法，生產正確的商品，且製造出正確的數量，提供給認為其價值最高的人，那麼在這種有效率的情況下，就沒有獲利的空間了。換句話說，**再沒有比完全競爭市場更有效率的了**，因為價格能真正表現廠商的成本，也能真正表現顧客的價值評估。

## 當自由市場消失，家長就得為了讓孩子念好學校而吵架

由於西方國家極度仰賴自由市場，所以我們無法想像如果自由市場不存在會是什麼情況，也無法冷靜下來認清自由市場的作用到底有多深遠。然而，任何現代民主國家都提供了一些市場制度之外的東西，觀察這些東西的提供方式，可以讓我們領略市場的力量與弱點。

就拿你我身邊由納稅人付錢聘請的警察為例吧，這種「非市場體系」有一些優點，例如你撥打一一九的時候，不會有人跟你要信用卡號碼。不管是窮人或有錢人，政府都應該提供同等的保護，雖然有時也有例外。

但這種非市場體系也有一些缺點。比方說，如果員警態度差或是無能，我們也無法來個「貨比三家」。如果你覺得警力太過浮濫，也由不得你決定縮減警力；你需要更多警方的服務，也無法決定花更多錢增加警力。你必須遊說當地的民意代表，希望他們能考慮你的需求。

我們很多人都利用政府提供的公立學校教育，這又是另一個非市場的服務。在英國和美國，大部分的家長都送孩子去念公立學校，但這些學校互有不同，例如不同的校園氛圍、不同的學術強項等。但最重要的是，有些是好學校，有些則不怎麼好。學校的市場解答和食物的市場解答很像：最好的食物由願意付出（以及付得起）最高價的人買走。

但政府部門裡面是沒有價格的。結果呢？為了讓孩子能念好學校而搬到好學區，家長們排隊、爭吵、抗議。在英國，公立的教會學校通常學術表現最好，所以即使是無神論者，星期天也會帶著小孩上教堂，希望能夠得到牧師或神父的推薦，讓自己的小孩可以進到教會學校就讀。就像警察的狀況一樣，非市場制度可以巧妙的掩飾一個事實：其實窮人得不到跟有錢人同樣的教育品質。

非市場制度還有一個嚴重的問題：那就是價值、成本與收益的真相消失了。我們無法判斷，哪些父母把子女送進教會學校是出於虔誠的宗教信仰，而又有哪些只是想讓子女念一所好學校。我們也無從得知，到底有多少家長願意花錢雇更多老師、買更好的教材。在市場制度中，關於提供好學校要花多少成本、誰願意為此付錢的真相，都可以浮現。可是非市場制度卻難以回答這些基本的問題。

看起來，不少人願意為了好學校花錢，因為明星學校附近的房價越來越貴。非市場制度會讓當地學童優先入學，於是家長願意為好學校所花的錢，就流入好學校附近的房地產業主手中。這不合情理，如果是在市場制度下，錢會直接花在成立更多的好學校。

## 在自由市場裡，「價格」能指引政策方向

價格，其實還有另一種功能。在市場制度下，價格提供了一個方式，可以決定誰能得到有限的學校供應量：花最多錢的人，就可以送孩子念最好的學校。這的確讓人覺得不舒服，當初的公立學校系統，就是想防止這樣的狀況。

但是，價格也發出訊息，讓我們知道應該要多設立一些學校、聘請更多老師，或是在教師短缺時提高其薪資，並購買更好的教材等。長遠看來，價格制度可以將「很願意付錢上好學校」轉變為「很多好學校」，就像是將「對咖啡的高需求」轉變為「很多卡布奇諾」一樣。

難道政治人物看不出我們重視學校品質嗎？他們是不是應該設法讓政府撥出經費？難處在於，政治人物聽到我們想要有好學校，但他們也同時聽到我們想要有更多的警力維護治安、更好的健保、很多大馬路、很棒的福利津貼、低稅賦，以及超大杯拿鐵加雙份焦糖。對我們來說，開口要求這些很容易，但如果透過強迫我們要付錢來證明自己的話，價格便揭露了真相。稅有其優點，但對揭露真相卻沒什麼幫助，因為我們無法確定每一分稅款是否都按照我們的願望花掉，並據以選擇要不要繳稅。而由於價格是我們可以選擇是否接受的，才能顯露資訊。

上述理由，都不足以推翻以非市場體系提供警力服務和教育。非市場體系有其好處，但缺了

一樣很重要的東西：資訊——關於願望、需要、渴望，以及不便、成本的資訊。**有時候，缺乏資訊是值得的，因為得到了平等與穩定做為補償；但有些時候，缺乏資訊會導致整個經濟與社會的錯亂與浪費**。我們認為從警力與教育所得到的價值，超過我們所繳納的稅，但我們無法確定。不像我們清楚確知卡布奇諾值不值得買。

## 一個有效率的經濟，未必是一個你願意生活的世界

一個完全競爭市場就像一個巨大的超級電腦網路，有驚人的處理能力，在經濟體的各個部分都有感應器——甚至能探知我們的腦部，曉得我們的種種欲望，使這個市場始終保持最有效率的生產方式，同時完美分配其結果。

先前提過，當經濟學家說經濟「無效率」時，意味著這個經濟應該要想出辦法在不損及其他人利益的情況下，讓某個人獲得更好的服務。儘管完全競爭市場有完美效率，但**光靠「有效率」並不足以確保能達到一個公平的社會，或甚至是一個我們想生活在其中的社會**。畢竟，如果只有比爾．蓋茲（Bill Gates）一個人賺到所有的錢，其他人都餓死，也算是一種「有效率」——因為沒有任何辦法可以讓其他人多賺一塊錢，而不讓比爾．蓋茲少賺一塊錢*。

因此，我們需要的不光是效率而已。這也難怪我們有時比較喜歡貼心的善意謊言：比方說，要讓一位住明尼蘇達的老太太家中享有暖氣，是非常昂貴的，但我們可能寧願政府補貼她的暖氣支出，也不想讓她面對真相而花錢付費。

除了補貼之外，導致無效率的更常見原因是課稅。政府會針對市場交易課稅，然後把錢花在（希望真是如此）警力和學校教育這些好事情上頭。

為什麼課稅是無效率的？因為課稅摧毀了完全競爭、有效率市場中價格所攜帶的資訊，即價格不再等於成本，於是成本不再等於價值。例如在下列的情況中，一〇%的營業稅就創造了「謊言」：

**當一杯卡布奇諾的成本是九十美分……**

- 在完全競爭市場中，卡布奇諾的價格：九十美分
- 稅後卡布奇諾的價格：九十九美分
- 顧客願意付的價錢：九十五美分

＊這段話是在初版時寫下的，當時蓋茲尚未離開微軟。抱歉啦，比爾。

・卡布奇諾賣出數量：零
・政府稅收：零

本來有多賺五分錢的空間（成本是九十美分，顧客願付九十五美分），卻因為要繳稅，而做不成生意。更糟的是，政府稅收等於零，也沒有好處。如果政府在這個狀況下不課稅，其實也不會更糟，但買咖啡的人卻會更好：於是市場明顯更有效率。

徵稅單位很難確知何時該徵稅（即課稅不會改變買家行為的狀況），何時又該免稅（因為潛在買家會因此不買咖啡，而避免繳稅）。但他們經常採用類似第二章所介紹的差別訂價策略來抽稅。價格敏感度低的商品，稅通常就會比較高。例如汽油與香菸的稅很重，不是為了環保和健康的理由，而是因為買這些產品的人必須開車或是有菸癮，就算要被抽很重的稅，他們也不太會改變自己的行為（要是你以為汽油抽重稅是因為環保的理由，請再仔細想想看：飛機、電力、家庭供暖系統都同樣會對環境造成衝擊，為什麼二〇〇九年英國的「環境稅」，有九成是由開車的人負擔？）。

眼前是一個兩難的局面。我們想避免無效率，如此一來才有機會讓某個人更好，同時又不損及其他人。可是，課稅卻會引起無效率，而大部分的人卻以為課稅是必要的，可以藉此或多或少把富人的錢轉到窮人身上，進行收入重分配。我們似乎面對著兩個彼此矛盾的需要：要避免無效率所引起不必要的浪費，卻又要確保財富至少能分配得平均一點。我們需要的，是一套讓經濟同時兼具公平與效率的方法。

## 跑快的人放慢一點，大家手牽著手一起邁向終點，好嗎？

我們真的得在完全競爭市場的效率與政府善意的介入之間，做一個選擇嗎？

自從經歷了經濟大蕭條和第二次世界大戰，自由世界的各國政府似乎都得出了這個結論。一九三〇年代，美國總統羅斯福為了因應經濟大蕭條所實施的「新政」計畫，擴充了美國政府的角色。在英國，克里門．艾德禮（Clement Atlee）首相的內閣於戰後控制了英國許多衛生醫療、鋼鐵、航空、石油、鐵路與電信產業。國營企業的接管，部分原因是戰後的年代雖然貧困、耗弱，但仍充滿希望，同時經濟學家對於戰時領導國家的專家們也有幾分信心，認為他們應該可以有效率地整頓戰後的經濟。當時少有人能預料到，由國家主導的經濟模式後來會崩潰，無論是大國如蘇聯、中國，小國如坦尚尼亞和北韓，皆是如此。不過就算有人相信私人市場較有效率，在一九四〇年代也一點都不重要——英國戰後由工黨政府執政，他們很樂意犧牲一些效率，以換取一個更公平的社會。

但後來，一名來自紐約的年輕人肯尼斯・艾羅（Kenneth Arrow），將會解決效率和公平之間長年的兩難困境。艾羅在青少年時期，曾無助的目睹父親在經濟大蕭條時期生意失敗，失去了所有存款，所以他很了解什麼叫做不公平。艾羅一直渴望社會的公平正義，但理智上卻無法忽視效率的問題。因此，這位年輕的經濟學家致力於鑽研自由市場可靠的效率與社會應有的公平性，試圖解決兩者之間的矛盾。他提出的解決之道令人讚嘆，扭轉了傳統上對市場競爭與效率的看法。

艾羅證明了一點：不僅是完全競爭市場有效率，**只要調整起點，任何競爭市場都能達到有效率**。艾羅因此贏得許多經濟學的獎項。他提出的見解到底有何高明之處？

我自己將艾羅的理論稱為「先跑定理」。與其在極其複雜的真實經濟中鑽研，不如從一個簡單的現象開始研究：百米短跑。在短跑賽中，跑得最快的人就是贏家。假如想讓所有賽跑的人都同時抵達終點，可以改變規則：請跑得快的人放慢一點，然後大家手牽著手一起跑到終點就行了。但這樣很浪費才華。另一個方法則是調整起跑點，把跑得慢的人的起跑點前移一些，跑得快的人則後移一點，這樣儘管每個人都還是盡力往前跑，其餘規則也都不變，但跑最快的人就得多跑一段距離，最後大家還是能同時抵達終點。

艾羅認為，這個方法可以讓市場更公平。與其干預市場，不如課徵一次性的定額稅，或是提供一次性的定額津貼。舉例而言，政府可以向全部的人課徵八百美元的稅，或者向所有年滿六十五歲的人課徵八百美元的稅，或是向姓氏開頭字母是H的人課徵八百美元的稅。跟所得稅或營業稅不同的是，這種稅不會改變任何人的行為，因為不管你做什麼都避不掉這筆稅，所以也不會像營業稅那樣導致效率降低。定額津貼也是同樣的道理，政府可以針對姓氏開頭字母是H的人（例如我），每人**補助**八百美元（本人絕對舉雙手贊成）。

在一百公尺短跑中，定額稅就像是把起跑點往後挪幾步，而所得稅、營業稅的徵收，則像是在要求跑得最快的人倒退著跑。兩種方法都可以確保大家更能同時抵達終點，但是將起跑點往後移，就不必逼任何人放慢速度。

在短跑的時候，如果希望大家抵達終點時間相近，很明顯的方法之一，就是讓跑得慢的人先跑。而在實際的經濟環境中，因為有數不清的產品、需求、原物料、智慧和技術這些因素，先跑定理其實是一個很大膽的主張，但卻是有用的：在一個競爭的經濟體系中，大家可以利用各種才能和各種原物料，利用各種機會去交易、合作、教育，或投資……，但只要藉由移動起跑點，然後讓完全競爭市場自由發揮，就還是能得到一個相當公平的結果。

也就是說，在一個充滿完全競爭市場的世界中，要同時確保效率與公平，唯一要做的就是「先跑」策略——一個適當的定額稅與津貼方案，讓大家可以站在平等的立足點上。然後完全競爭市場自然會找出各種可能的機會，讓每個人的情況都能變得更好。但關鍵是，實際上是否真能做到？

## 硬要我讓別人先跑，算了我不玩了

我們來看看下面這個例子。美國政治哲學家羅勃．諾齊克（Robert Nozick）提出一套著名的論述，反駁「正義就是公平」的看法。換句話說，他質疑有任何財富分配方法是「最好」或「公平」的。諾齊克以美國六〇和七〇年代的籃球巨星威爾特．張伯倫（Wilt Chamberlain）為例。張伯倫以他的籃球才華贏得財富，諾齊克認為這是「正義」的，因為這是球迷心甘情願花錢看他打球的結果。也許這個例子在諾齊克看來是「正義」的，但任何導致財富分配極度不均的現象，都可視為「公平」嗎？

或許向張伯倫課徵很重的所得稅，會讓狀況比較公平，但是諾齊克提出警告：如果張伯倫不是真的那麼喜歡打籃球，又要負擔很多稅，他可能就會乾脆不打球了。雖然這樣似乎比較「公平」，可是政府會因此少了一筆稅收，也少了精采的籃球賽：這跟賣卡布奇諾要付營業稅是同樣的道理。所以如果大家（包括球員與球迷）都寧可要「不公平」的結果，那麼這種收入重分配，又怎麼能算是「公平」呢？

多虧艾羅，我們現在明白，碰到像老虎．伍茲這樣的現代運動明星，解決方式就是向他課徵幾百萬美元的一次性定額稅。老虎．伍茲還是有誘因繼續打高爾夫球賺錢，因為少打球並不會讓他少付一點稅（否則，如果是為了避免沉重的所得稅，他可能就會少打一點了）。他賺的錢，絕對足以支付應繳的稅、買一部適合全家出遊的車子，以及很不錯的房子。在這個情況之下，沒有浪費或是無效率，而且這個結果「公平」，因為財富的分配更平均了。

唯一的麻煩是，這樣的做法很難實施，倒不是因為無法針對特定對象課稅（小羅斯福總統就曾一度採用高達七九％的所得稅率，只不過起徵點實在太高，結果唯一適用的人只有石油大王洛克斐勒〔John D. Rockefeller〕），更關鍵的問題在於，真正的一次性定額稅根本不應該改變人們的行為。最理想的狀況是，這個稅率在老虎．伍茲出生之前就已經確定，否則如果他能預見自己的成功會導致要繳重稅，可能就不會選擇當職業高爾夫選手了＊。

＊這種稅也必須能預測到二〇〇九年底伍茲的私生活登上報紙頭版，造成他的收入暴跌——根據報導，他的代言收入少了兩千兩百萬美元。我在初版中當然沒預料到這件事，否則我可能就不會提什麼「適合全家出遊的車子」這檔事了。

當然，這種狀況是不太可能的，但也別急著放棄先跑定理。雖然我們不能老是用一次性定額稅或津貼解決問題，但有時候還是可以的。而若是情況允許，我們就該考慮使用，因為這個方法可以維持效率和競爭市場的真相，同時又加上一點令人愉快的公平性。

## 政府應偏袒市場，而不是偏袒企業

「先跑定理」比較務實的應用，就是可以用來防止老年人冬天受凍，又不會汙染環境。在英國，一般冬天會有兩萬五千名老人死於暖氣不足。這也是為什麼，針對家庭燃料課徵的稅比很多其他東西都要低。

不過，這種低稅政策有點怪，因為照理說如果政府必須提高稅收（似乎所有政府都是如此），那麼最有效率的策略，就是每樣東西的營業稅率都一樣，因為那不會使人民的購買決策改變太多。何況，回想一下第二章談到的差別訂價，你會發現消費者無法輕易減少燃料的使用，因此對家用燃料的價格敏感度不高，在這種情況下政府應該對燃料課徵稍高的稅，降低其他物品的稅（這樣消費者才不會大幅改變自己的行為，無效率的情況才會降低）。再加上，家庭燃料會造成汙染，更應該課徵較高的稅。

話雖如此，當我們想到有些老人會因為負擔不起暖氣費，而顫抖著不敢打開暖爐，就不難理解為何政府會降低家庭燃料稅、提高其他物品的稅。政府當然必須做出困難的決策，這只是其中之一嗎？未必。與其課徵錯誤的稅率，較好的做法是選擇一個比較合理的稅率，但給老人「先跑」的優勢。有一種簡單的政策補救方法，就是提高燃料稅，然後發給老人額外的津貼，讓他們有足夠的錢可以打開暖爐，保持溫暖。

從「先跑定理」中我們知道，只要發了津貼，領到的人自然就會達到有效率的結果。順帶一提，這可能未必表示會燒掉更多燃料，因為並不是每個領到津貼的人都會覺得冷，而覺得冷的人可能會找到更好的辦法取暖。有些人也許會把這些錢用來搬到溫暖的佛羅里達州；有些人可能會把家裡門窗關得緊緊的；而那些天生不怕冷的人，還可以把錢花在別的事物上。除非有需要，沒有人會多消耗燃料，而如果有需要，他們就會把錢用來滿足這些需要。

「先跑定理」讓我們學習到的一課是：**面對一個問題時，我們可以先思考是否能藉由調整起跑線——而非干預比賽——來解決這個問題**。

在本章中，我們經歷了一場奇想，其可信度不會比《王牌大騙子》的劇情更高。在「真相的世界」中，所有的市場都是完整、自由、充滿競爭的。但在現實世界中，市場想達到這樣的水準的可能性，就像你要王牌大律師開始對每個人講實話一樣低。

因此你可能會問自己：為什麼要閱讀這一章（雖然篇幅頗短），看這些經濟學家的奇想？答案是：奇想有助於我們了解經濟問題為什麼會發生，並朝向正確的方向解決。我們知道，一個完全競爭市場的世界，再結合「先跑定理」的方法，是我們能力範圍內所能創造的最佳狀況。當現實世界的經濟機能失常，我們就要懂得如何尋找市場失靈的原因，並盡全力解決。

我們已經討論過，導致市場失靈的原因之一：有些企業仗著稀有性的優勢，將商品價格設定得遠高於實際成本。這也是為什麼經濟學家們相信，偏袒市場與偏袒企業（尤其是有利於某些特定的企業）有很大的不同。偏袒市場的政治人物相信競爭的重要性，會希望防止任何企業得到過多的稀有性優勢。但如果政治人物太受到企業說客的影響，就可能做出完全相反的事情。

無論是否受到政治人物的唆使，擁有稀有性優勢的企業，就是一種市場失靈。另外還有兩種失靈情況，將在第四章和第五章一一說明，所以我們得暫時告別這個奇妙的真相世界，再度回到現實生活之中。

## 第4章

# 塞車又汙染，有解嗎？

### 日常生活中的「外部性收費」

我是個快樂的人，但生活中也會有一些激怒我、真希望能有所改變的事，例如：不必每隔兩年就得花錢替電腦升級、生病時可以信賴醫生會給我適當的治療、倫敦街道不會塞車又充滿汙染。

我這三個（應該很常見的）不滿，正是三種市場最常失靈的狀況。我們在第二章已經談過，只要稀有性的優勢存在，市場就無法運作良好。這就是購買電腦軟體的麻煩之一——市場被微軟公司主宰了，它有極大的優勢訂出高價。其次，若是某些決策者缺乏資訊，市場也無法運作良好。我住在美國華府時，每次看完醫生都不曉得他給我的是不是最好的治療，反正治療要花的成本不干他的事，我的保險公司也會想盡辦法拒絕給付（因為保險公司也搞不清情況，第五章我們將會討論健保的問題）。最後，當一個人的決定會影響旁人，市場也無法運作良好，例如當你去加油站加油，對你和加油站來說都有好處，但對旁人（例如其他開車族）卻有害，因為他們必須吸入你的車子排放出來的一氧化碳。

這三個大問題，叫做「市場失靈」（market failures）：稀有性的優勢，我們已經在第一和第二章討論過了；資訊不足，我們到第五章會討論；而本章的主題，就是會為旁人帶來副作用的決策。經濟學家把這種副作用稱之為「外部性」（externality），因為受影響的是原始決策之外的人。

## 首先，弄清楚「平均價格」與「邊際價格」

倫敦、華府、東京、巴黎、洛杉磯、曼谷，以及其他任何國際大都市，都擠滿了汽車、公車、卡車。這些車輛嚴重破壞了無數人的幸福感，造成大量空氣汙染。

車輛造成的空氣汙染不是小事：數以千計人口的死亡是因為開車所致。英國每年約有七千人死於交通帶來的空氣汙染，差不多等於每一萬人就有一人。而在美國，環保署估計，每年約有一萬五千人因柴油引擎等所排放出的某種特殊物質而死亡。像倫敦這些市區，塞車的代價還要更高，在路上塞車的時間，都是生產力或美好人生的巨大損失。另外還有噪音、交通事故和「屏障效應」（barrier effect）——讓人（尤其是小孩）盡量避免走路上學或到附近的商店購物，連拜訪鄰居的意願也大大降低。

大家都不是笨蛋：我們幾乎可以確定，任何開車的人都從中受益，但付代價的，卻是周圍的其他人——其他塞在車陣中的駕駛人、不敢讓小孩走路上學的父母、懶得等綠燈而冒著生命危險穿越馬路的行人，還有連大熱天都無法打開辦公室窗子的上班族，只因外頭車聲太吵。

不過，要說開車族使用道路不付任何代價，也不太公允。在英國，如果不繳牌照稅，就不能開車上路，甚至停在公共道路上都是不合法的。美國許多州也有類似的稅。汽油和柴油都被課很重的稅，重到引起民怨。二〇〇〇年秋天，英國就發生一連串抗議油價過高的群眾運動，阻擋汽油從油庫送達各加油站，使得英國多處交通陷入癱瘓。在英國，每年來自汽車與燃料的稅收總額超過三百億英鎊，在美國則是每年超過一千億美元。

因此，該問的不是：「他們繳得夠多嗎？」而是：「繳稅的原因正確嗎？」

答案是否定的。

這裡有兩種不同的價格概念，區分兩者很重要。如果開車族付的是年度牌照稅，那麼平均而言在市區開車的價格相當高，但每多開一趟車要額外付的錢卻很少。這是因為政府沒規定多開幾趟車就得多付費，只要繳了牌照稅、取得開車的權利，開車的人不會因為少開車而有任何好處，所以乾脆走到哪裡都開車，反正又不用多付錢——這就是「平均價格」與「邊際價格」（每多開一趟車要付出的代價）的差異。

## 你要讓人民開車開到飽，還是多開車、多付費？

要了解為何這兩者的差異很重要，我們來談談下面這個例子。

我念大學的時候，許多社團常會辦大型派對。有些人滴酒不沾，但不意外的，大部分人都會喝太多。因為當時所賣的票有兩種：一種是「酒票」，一張大約十英鎊，可以無限暢飲；另一種票便宜很多，但只能喝不新鮮的柳橙汁，同時站在一旁看其他人喝得越來越面目可憎。既然去了，如果只喝兩杯啤酒就太不划算了，所以大部分的人要嘛就是盡量利用無限暢飲啤酒的機會，或是選擇完全不喝酒。結果就是派對搞得一團混亂，當然也有人覺得這樣的派對才棒。

後來校方認為，酒醉會帶來麻煩，所以就將酒票的售價提高到二十英鎊。雖然有人會因此不買酒票，或是乾脆不參加活動，但是大多數人還是會認為，沒有酒的派對哪像派對，因此抱怨歸抱怨，還是會掏錢買酒票。結果，喝得更多，吐得更多。

顯然校方並沒有對症下藥。他們認為學生酒喝得太多，也正確的認為要解決問題，就得提高價格。問題出在：喝酒的價格有好幾種。一是在派對上喝酒的價格（十英鎊）；二是每杯酒的

「平均價格」（對一個喝二十杯的學生來說，每杯就是五十便士）；三是每杯酒的**邊際**價格：零。所以，一旦你買了酒票，那就最好不停喝下去。

問題來了：如果你是校長，你會採用下列哪一種方式，解決學生喝酒過量的問題？

A. 提高酒票的價錢。

B. 提供品質更好的柳橙汁。

C. 取消酒票，論杯計價。

提供品質更好的柳橙汁是個不錯的主意，但臥底經濟學家還是斗膽建議你，這個問題的解答應該選C。

現在，再回來談塞車問題。如果你是交通部長的顧問，就可以提議一個類似學生派對的方案。目前的狀況是，想開車的人有兩個選擇：要嘛付一大筆錢，然後「開車開到爽」；要嘛完全不開車。後者等於是上述例子中只喝柳橙汁的人，這些人可以改騎腳踏車、搭乘大眾運輸系統或走路。不過就像學生派對一樣：買酒票的人越多，只喝柳橙汁的選擇就變得越沒有吸引力。

你可以提供交通部長下列的選項：

A.提高牌照稅的價格。

B.提供更好的「柳橙汁」（更多公車，更好的捷運、自行車專用道、行人穿越道等）。

C.廢除只要付一大筆錢就能開車開到飽的規定，以後開幾趟車、就算幾趟的價錢。

這三個選項都可望降低（甚至大幅減少）交通堵塞的狀況，但是C才是真正對症下藥的方案。開車族都不是生活在「真相的世界」，所以不會為自己的行為（包括外部性或是影響旁人的副作用）付出真正的成本。選項C，就是要讓開車族付出代價，我們不妨稱之為「外部性收費」。

以目前的狀況，開車族跟參加派對的學生都面臨類似的選擇：要不就付一大筆錢然後盡情享受；要不就不付錢，什麼都享受不到，沒有任何介於兩者之間的折衷選項。

學生在派對中狂飲，並不是因為酒的平均價格只要五十便士，而是因為多喝不用再付費。同樣的，塞車的原因不是因為開一趟車的平均價格要五十美分，而是因為反正多開一趟車又不必多付錢。

千萬不能執著於開車族每趟平均要付多少錢的問題。當然，就分配來說，每個人平均付了多少稅是很重要的問題，但對塞車或空氣汙染問題，卻沒有太大的影響。

對於塞車而言，更重要得多的因素，就是開車族付出的邊際價格，也就是每多開一趟所要多付的錢。畢竟，汽車本身並不會造成太多空汙與塞車問題，真正造成問題的是汽車開出去的**次數**。校方可以用每杯酒單獨計價的方式，鼓勵學生飲酒節制。同樣的，交通部也可以藉著每趟開車額外付費的方式，鼓勵開車族有所節制。

## 我們最終得到的享受，其價值必須大於帶來的困擾

其實，我把事情過度簡化了。首先，在歐洲大部分國家的確有徵收高額燃料稅，開車族多開車就的確必須多付費，但這筆汽車燃料稅，實在難以補償大家因為開車而必須付出的代價。其次，鄉村的居民也要付這筆稅（通常花在汽油上的費用僅為城市居民的四分之一至三分之一），但在倫敦、紐約、巴黎，引發最嚴重塞車、空氣汙染、噪音問題的「罪魁禍首」，其實是尖峰時間的通勤者。

還有，同樣開車路段，如果是黎明時分，就不會引起塞車，不過依然會造成空氣汙染和噪音。同樣的開車距離，如果是在阿拉斯加開，就不會有塞車問題，會聽到噪音的可能只有野生北

美馴鹿，而汙染的損害也會大幅減輕，因為許多汙染源會消散，不會造成傷害。

如果開車的人必須為自己的行動付出代價而繳費，那麼想在紐約交通尖峰時間開車，就應該付更多錢。任何程度的外部性收費都會是適當的，只要能反映真相——也就是：應該根據不同的開車時段與地點收費。

**外部性收費的目的，並不是要減少妨礙他人的行為，而是要大家考慮到妨礙他人的行為。**舉個比較極端的例子：假設我在維吉尼亞州的藍嶺山脈裡健行，獨自在大自然裡享受美景很愜意，因此如果沿途人太多，多少還是有點不舒服。他們可能造成了我的不方便，但是禁止別人來這裡玩就很沒有效率了，因為他們在山上可以獲得的快樂很多，而給我帶來的困擾很少。

外部性收費應該在快樂和困擾之間達成一個正確的平衡，必須能反映出外部性的成本，但也僅止於此。**我們應該致力於讓這個世界達到這樣的理想：大家都能自由去做自己喜歡的事情，就算因此對其他人有一點困擾也無妨，但我們也全都應該做一些努力，避免傷害到別人。**

我們在第三章裡已經談過，完全競爭市場可以達到這樣的理想世界，至少在市場運作的範圍內是如此。完全競爭市場無法讓我們朝著路過行人微笑，也無法讓我們愛自己的家人，卻可以保證我們能買到卡布奇諾，只要我們出的錢能夠高於真實成本——這些成本包括了咖啡店老闆、咖啡農、咖啡機製造商等等所付出的時間與心力。換句話說，在完全競爭市場裡可以自由的做我們想做的事，但前提是我們最終得到的享受，其價值必須大於帶來的困擾。

那麼，每次要決定是否在市區開車時，我怎麼能確定我開車所得到的效益，大於別人因此所必須付出的成本？其實，成本和效益是效率市場交易的一部分，我們無須擔心。因此，如果煉油和汽油零售都是完全競爭市場（也許你不信，其實真的相差不遠），那麼煉油和配銷汽油所帶來的麻煩，就會充分反映在價格上。除非汽油帶給我的效益，大於煉油和配銷所帶來的麻煩，否則我不會買到汽油。

我們需要擔心的，其實是市場交易中看不見的成本和利益。汽油帶來空氣汙染和全球暖化，但是當我燒掉一油箱的汽油時，大部分汙染的傷害卻不會由我或石油公司承擔。對付的辦法是模仿完全競爭市場，讓開車族付出他們行動的所有成本：除了付給石油公司的汽油費外，也要付出外部性成本。這些外部性成本，就是開車族和石油公司害別人付出、自己卻沒承擔的成本。

好了，現在我們已經找出所有因素，可以設計一套外部性收費了。首先，我們知道，個人的選擇與市場的交易中，可能有部分的成本與效益會外溢到不相干的他人身上，這就是無效率（白話文：我們可以做得更好，讓至少一個人情況好轉，而沒有人情況變差）。其次，我們也知道，如果要改變行為以矯正這種無效率，就得把重點放在邊際價格，而非平均價格。第三，不必擔心成本（成本已經是有效率市場的一部分），只要擔心原先被遺漏的外部成本。第四，擬出的邊際價格應該確實反映外部成本。光是禁止不當行為還不夠，我們應該注意的情況是：當某人得到小小利益的同時，旁人正付出龐大的代價。

## 只要你不再為旁人帶來困擾，就不必付外部性費用

要針對外部性收費，課稅是個有效率的方法，但所有的課稅都會引起爭議，而且外部性收費也常被兩大陣營攻擊：一個陣營的反對理由是，向弱勢族群收取「外部費用」不公平，支持開車的人會說，開車族付出的錢已經夠多了，而且用額外收費逼貧窮開車族不能上路是不公平的。另一個陣營強烈反對的理由則是：就算真的實施外部性收費，有錢人還是照樣能做那些損及他人的行動。以交通為例，反對開車的人宣稱，即使增加額外收費，負擔得起的有錢人還是會毫無節制的猛開車、破壞環境。

外部性收費是不公平的財富重分配嗎？這種收費不是針對窮人，而是針對自發性的行為：只要你決定不再為旁人帶來困擾，就不必付外部性費用。

的確，有錢人比窮人更負擔得起多開車，但同樣的，有錢人也比窮人更負擔得起多吃一點。這不也是不公平嗎？既然你能接受食物的價格制度，為什麼道路空間或乾淨的空氣要例外？我們

知道食物、衣服、房子都不可能免費，否則早就供不應求。相反的，正因為道路是免費的，才會總是不夠用。

何況，反正有錢人幾乎每件事情都會做得比較多，外部性收費其實更能實現財富重分配的理想。以塞車時間額外收費為例，真實的情況令人意外：在英國，窮人是不開車的——他們會騎腳踏車，或是走路、搭公車。最貧窮的一○%人口，其微薄收入中燃料費所占的比率，幾乎是最有錢一○%人口的七分之一。而這一○%有錢人的燃料費總支出，則是最貧窮一○%人口的至少三十倍。結論是，針對塞車收取費用不單能增進效率，也可以藉由對富人多徵稅而

人們在燃料上花多少錢？

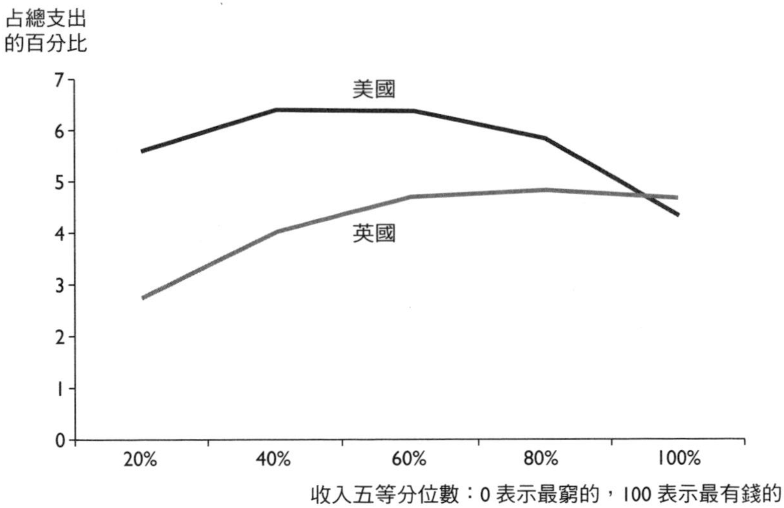


資料來源：美國勞工統計局的二○○八年消費者支出調查；英國國家統計局的二○○八年家庭開支報告。

進行財富重分配。

不過，這一招在美國卻行不通，因為美國窮人還是常開車，稅款占收入的比率就比較高。但這未必是無法克服的障礙，因為外部性收費可以設計得不要將財富重分配太多。拿開車為例，政府可以一邊徵收固定的高額牌照稅，一邊針對尖峰時間開車計次收取塞車稅。如此一來，不但得到外部性收費的效率，對分配也不會有重大影響。要抵銷大半外部性收費引起的重分配，同時又增進效率，是有可能達到的。

## 付得起錢，就享有汙染環境的權利，通嗎？

除了上述財富重分配的質疑外，經濟學家還必須面對來自環保人士的攻擊。因為他們認為汙染環境根本就不應是合法的，而不是窮人付不起稅就非法、富人付得起稅就變合法。為什麼有錢人就可以汙染環境？很多團體抗議外部性收費，就是因為這種收費制度讓人可以花錢繼續做不該做的事情。

對於這樣的攻擊，有一種回應是這樣的：就算有錢人，也不會以汙染為樂。沒錯，有錢人比較可能付得起塞車稅，但不代表這筆錢他們不當回事。或許他們開車去買東西時，會更小心只去一趟而不是兩趟，或者走路到附近的商店，而不是開車到比較遠的地方購物。針對外部性收費，會讓其他替代性選擇變得更有吸引力，對窮人和富人皆然。

更重要的是：嚴格管制外部性和管制方法，兩者不可混為一談。例如塞車稅可以定為一天一美元，或是一天十美元，或是一天一千美元。不論社會大眾覺得塞車的外部性有多麼嚴重，針對這個外部性收費是最有效率的解決方式。比方說，設計良好的塞車稅，就是降低道路使用率的最有效率方式。至於該降低到什麼程度，則是可以討論的問題，但不論答案是什麼，塞車稅都照樣可以實施。

另外還有幾個解決塞車問題的主張，但也同樣行不通。例如，政府發行配給券，讓每人每星期可以開二十英里的路。這種做法最直接的結果是，某些人（大部分是窮人）會想把自己的配給券賣給其他人（大部分是有錢人），因為窮人寧可要錢，而有錢人則寧可要開車上路的權利。如果政府允許老百姓買賣配給券，其實也就等於是用另一個方式收塞車稅，而且效率可能還比較差，因為買賣還要多一道麻煩。而如果政府不准人民買賣配給券，那整個計畫就顯然是無效率，因為想買賣的人被禁止這麼做。

其他如提高停車費的辦法，效果也不怎麼好。高額的停車費的確會減少某些人開車的意願，但開車和停車的關聯性沒那麼直接。有些人就不惜多花時間在路上兜圈子，找免費停車位。在馬路上設減速丘，也會降低開車意願，同時增加維護成本——但直接跟開車族收錢，把收益花在一些有用的事物上，不是會比較好嗎？

總是有某些利益團體會抱怨，這些外部性收費訂得不夠嚴苛，但又有些利益團體大嘆過於嚴厲。經濟學家的看法是：不管我們認為應該多嚴格，外部性收費都是最有效率的方法。

## 你的命值多少錢，怎麼算出來的？

上一節已清楚說明：任何外部性收費標準，都勢必會引發爭議。對於想重新創造「真相的世界」的臥底經濟學家而言，理想的收費應該要反映所有的外部成本，而且只限於真正的外部成本。讓我們思考一下，對於開車會造成的外部成本，什麼樣的收費方式才最理想。

開車族每開一趟車，都會對當地造成汙染，所以如果他在人口密集的區域開車，就應該針對這種汙染收費。還有另一種收費法，是每趟開車都要收費，因為無論在哪裡開車，都會排放出二氧化碳，影響氣候變遷。

不管哪種方式，收費的高低應取決於車子排放廢氣的乾淨程度；如果是尖峰時間在擁擠市區開車，也要加收費用；老舊公車排放的廢氣最可怕，所以需要加收高額費用（而且這樣可能促使老舊公車更換新引擎）；大型車輛行經脆弱路面和橋梁，也應該要付費。還有，休旅車比其他車種更容易造成車禍傷亡，所以也應該付費。

這是否表示我們應該重新對昂貴汽車課徵奢侈稅？完全不是。這種稅幾乎可以確定會對環境產生反效果，因為會鼓勵大家繼續使用舊車——通常便宜的舊車會比時髦的新車製造更多的汙染。休旅車要課較重的稅，不是因為這種車昂貴，而是因為耗油量大，且其重量和高度對其他車輛會構成危險。我們的目的是鼓勵大家開較小、較輕、較省油的車，而不是鼓勵大家開較便宜的車。

這套方法聽起來頗複雜，做得到嗎？我們不難想像，將每輛車都裝上一個小電腦，連接到全球衛星定位系統，追蹤塞車路況；這部電腦同時也會監控車輛氣體排放情況。車內儀表板上會顯示出收費的費率，甚至還可以告知車主省錢的方法：「你的行車費用目前是每分鐘九毛錢。如果引擎進行維修，現在的行車費用即可減半。」

這類科技將會開發出來，甚至很多功能已經問世，不過，還有另一個難題：計算出真正的外部成本。行車電腦可以計算空氣汙染程度和塞車路況，但塞車時浪費他人時間的成本是多少？車輛排放有害健康的氣體，代價是多少？許多其他的外部性也會造成外部成本和外部效益，但卻很難衡量：包括時間、健康、安寧，甚至是死亡。

為了解釋清楚，我們不妨再探討一下開車的外部性如何訂價。

要估算具體的狀況，其實並不容易：每增加一輛車，對道路會帶來多少損害？會增加多少噪音、多少交通事故？會造成多少時間浪費？造成多少空汙？空汙會對健康造成什麼影響？而更難估算的，是心理層面的影響，究竟大家有多在乎這些煩惱——汙濁的空氣、噪音、拖延、壓力，甚至是疾病和死亡？更別提每個人對這些事情的價值評估都不同了。

光想到這些問題，就讓人很想放棄。當然，我們不可能為噪音、被浪費的時間，或為人命訂出價格，但如果你以為我們別有選擇，那也是自欺欺人。政府採取的每項決策，以及你所做的每個選擇，都意味著做出一種價值評估，只是沒有人願意承認。

就個人而言，我們所做的許多決定，其實正是在為環境、時間，甚至我們自己的性命訂出價值。例如當你多花點錢租一戶公寓或訂一個旅館房間，以避開吵雜的區域，那麼你就是在為好治安和寧靜訂出一個價值。當你決定要等巴士而不是招計程車，就等於是為自己的時間訂出一個價值。當你決定不出門買煙霧警報器，省下時間和金錢，但也意味著你增加自己死掉的機會。無論如何，當你做了這類決定，你大概不會跟任何人（甚至是自己）招認，你為寧靜、時間或人命設定了價格。

政府也是一樣，做出每項決策時，就代表他們認定老百姓的性命值多少。是否該設置更多的路牌、馬路上畫更多線？或是多花點錢裝置測速照相機？或是改善醫療照護與資助癌症研究？還是上述都不做，只要減稅、改善大學品質、整理國家公園？這些都需要做決定，而決定的背後代表著主觀價值的假設，包括人命的價值。

## 你的消費行為，會揭露你的偏好

有一個很好的辦法可以用來評估主觀價值，就是：觀察人們真正做了什麼事。經濟學有**所謂的「顯示性偏好」（revealed preference）理論，是指人們的消費選擇會顯示其偏好**。例如你買得起水梨，卻選擇買蘋果，就顯示你喜歡蘋果勝過水梨。對經濟學家而言，偏好不僅是推論而來的，而是真正透過選擇來定義。我們也幾乎可以斷定：即便是面對比較不具體的因素（像是健康、安全），人們也依然是理性的消費者。

如果你不願意為了省二十分鐘而花五美元搭計程車，那麼臥底經濟學家觀察的結論是：你寧可將這筆錢花在別的地方。臥底經濟學家會從你租房子的支出，斷定你認為良好治安與安靜的居住環境，值得每星期多花十五美元。臥底經濟學家也會從你家沒有煙霧警報器，推測你不願意花一小時與二十美元，把火災致死的機率降低至百萬分之一。

有兩個很重要的資訊來源可以透露人們的偏好：房屋價格和薪資。房屋價格潛藏了種種資訊，可以透露人們對各種生活機能的估價：商店、綠地、低犯罪率、安靜的生活空間、早晨有陽光照進窗內等等。這些條件有些可以精確衡量：比方說，隔著一條街面對面的兩棟房子完全一樣，從兩者價格的差異，大概就顯示出人們比較喜歡面對太陽的房子。另外，如果有兩份工作的所需技能類似，但危險程度不同，就可以從薪資差異看得出來。

不過，這個方法不是沒有缺點，尤其是，如果你挑中的居住環境不但治安好又安靜，且位於死巷，讓小孩出門玩更安全，同時房屋採用隔熱保溫建材，可以省下電費，那麼你每星期多花十五美元租金，其中真正付給安寧環境的代價是多少？如果一份海上鑽井採石油的高薪工作不但危險，而且每次工作都得連續六週不能喝酒，閒暇時間又都要待在室內，那麼或許這個高薪跟危險性無關，而是補償工作帶來的種種不便。我們很難把這些不同的因素拆開來分別計價，就算拆開來也不曉得正確度如何。這些方法都有爭議性，也不完美，但反映出主流經濟學的一個重要假設：**只有你自己，才最能充分了解自己的最佳利益何在**。

## 紐奧良的駱駝背屋，英國的陰暗房……

要採取外部性收費，首先要看我們認為減少噪音、車禍、汙染、塞車「值多少錢」，但我們不知道該如何計算。其次，我們也不知道如何以「最低的代價」來減少噪音、車禍、汙染、塞車。

其實我們不知道該如何計算「值多少錢」的事情很多，絕對不是只有外部性收費。不過我們知道，不管是管制、收費、指揮與控制、徵稅，或是自由放任，任何政策都會基於一些假設（有的明確、有的未必），例如關於汙染和塞車的科學證據、人們對時間、方便、健康的主觀態度等等。既然這些假設不精確，政策的成功度也會有所限制。

不過外部性收費的真正優點，是讓我們根本不必知道如何以「最低的代價」來解決問題。到目前為止，沒有人知道解決交通問題的最便宜方式，但只要每個人為自己行為所付出的成本（至少是我們盡力估計出來的）負責，他們就會找到減少這些成本的方法。

走一趟美國紐奧良，就會知道人們對價格的反應有多麼敏銳。紐奧良有一種獨特的建築風格叫做「駱駝背式」屋宅（"Camelback" house）——就是因為避稅而發展出來的。十九世紀末，當地房屋稅是依照房子正面的樓層高度徵收，所以發展出一種像駱駝背一樣的設計：房屋正面只有一層樓，但後面的樓層較多。這種房子很好看，但其實並不實用，否則照理說也會在別的地方流行起來才對。

英國也有類似的狀況，一六九六到一八五一年這段時期，出現了一堆採光設計糟糕、室內光線不足的房子，因為當時政府課稅的依據，是看人民家裡有幾扇窗戶（窗戶數量越多，課的稅越高）。

贊成課徵塞車稅的人認為，相較於把房子設計成這種怪樣子，要讓大家少開幾趟車簡單多了，只要實施幾個月或幾年之後，交通一定可以順暢又安全。而且塞車稅也可以改變我們日常生活中的一些小決定，例如是要開車或搭公車去超市、走路到附近的店家，或是利用網路購物。但塞車稅對一些比較重要的決定也會有影響。每年約有三分之一的人換工作，七分之一的人搬家，只要每次有人換工作或搬家，塞車稅都會讓他們重新思考「行」的部分該怎樣選擇。

還有，骨牌效應也會出現，因為一個行為的改變，通常會連帶影響其他行為。如果搭公車的人越來越多，路上車輛就會相對減少，公車行駛更順暢，也就更符合成本效益。如果越多人參與汽車共乘計畫，就能更快找到順路共乘的同伴。當更多人為了省塞車稅而每週在家工作兩天，或是上下班避開交通尖峰時間，那麼就會有更多公司設法給這些人方便。有人可能希望住得離公司更近，有的公司可能會搬到郊區，好讓員工通勤不必付出高昂的塞車稅。

塞車稅向開車族發出一個訊號：當你在尖峰時段開車，會有其他人因為你的開車而付出「代價」。這時候，開車族可以有兩種選擇：自己承擔起「代價」，或是設法避免「代價」發生。

避免「代價」發生的方法很多。二〇〇三年初，倫敦市區開始實施塞車稅，剛開始是開車進入市中心一天收費五英鎊，後來改為一天八英鎊。市民適應的速度，遠比許多時事評論家預料的快。一年之後，汽車行車數量下降近三分之一。與此同時其他交通工具變得更受歡迎：搭公車的人次增加一五%；摩托車代步的人次增加二〇%；騎腳踏車的增加三〇%。不再進入塞車稅區的開車族，選擇了各式各樣的應變方法：四分之一選擇繞道；五五%的人改搭大眾交通工具；二〇%的人則改採汽車共乘、騎腳踏車或部分時間在家工作等替代方式。當汽車進城的數量下降，塞車造成的延誤也下降更多，這表示塞車稅讓市區街道的使用更有效率。

總之，這個方案算是成功的。只不過倫敦的通勤文化一直在改變，隨著更多自行車族出現，壅塞的狀況又逐漸回升了。所以，又該調升塞車稅了嗎？

## 這些年，在排放權的拍賣會上……

一九九〇年代，美國環保署對付酸雨這個棘手問題時，發現用外部性收費來對抗汙染，原來這麼符合成本效益。

當時，環保署想要降低發電廠帶來的硫汙染，但降低汙染是要付出成本的，政府不確定應該將汙染降到什麼程度才符合效益。困難的地方就在於，製造汙染的一方，往往會誇大減輕汙染的成本。畢竟，就連呼吸都會排出二氧化碳這種汙染物，但政府總不能為了防止汙染而要求大家停止呼吸吧？那麼政府該怎麼做？該降低哪一種汙染物？怎麼降低？改用別的發電方式嗎？抑或是降低用電量？或是有其他方法？去問汙染製造者，他們都會說，要降低他們的汙染就像要人停止呼吸一樣——代價太昂貴了，所以該改變的不是他們，而是別人。

然而，要找出真相其實並不困難。**藉著讓人們在「改變行為」與「付費」之間做出選擇，政府就可以知道減輕汙染的真正成本是多少**。只要觀察大家做出什麼決定，由人們的行動就能做出判斷了。

美國環保署就是在減少硫排放的案例中，運用這個方式。他們舉辦了一場拍賣會，讓汙染業者競標排放二氧化硫（酸雨的成因）的權利。政府會分配給製造汙染的業者一個定額排放量，然後業者可以選擇在拍賣會中多買一點排放量，或是以停工、安裝二氧化硫清除器、改用低汙染的煤等方式，來減少排放量。

先前環保署要求發電廠安裝二氧化硫清除器，業者都嚷嚷說成本太貴，並且強力反對政府訂定法規。環保署原本估計，每降低一公噸的二氧化硫排放量，成本大概是兩百五十美元至七百美元，且有可能會高達一千五百美元。但是當拍賣會於一九九三年舉行時，卻很少人肯出高價。也就是說，這些發電廠之前誇大了成本。到了一九九六年，二氧化硫排放權的價格跌到一公噸僅七十美元，但許多發電廠還是寧可去買煤，或是安裝二氧化硫清除器，而不是購買排放權（也就是繼續製造汙染）。

於是政府發現，很少人願意花太多錢去買排放權，意味著降低二氧化硫排放的花費其實非常便宜。最後，出價最高購買二氧化硫排放權的是學生環保團體，但他們的目的只是為了出名。

拍賣會這個點子的巧妙之處，並不在於降低二氧化硫排放（因為反正立法也能做到），而在於讓全球的立法者得知二氧化硫清除器**真正**的成本。這樣一來，往後的相關立法就有了基礎，不必在黑暗中摸索，而是在充分了解真正成本後訂出法規。這也為全世界立下了一個範例，比方說，中國近年就在推行二氧化硫排放權交易的初期試行方案，只是碰到了一些棘手的困難。

現在經濟學家們也正在針對二氧化碳的排放量，設計類似的拍賣會，希望能減低氣候變遷的種種效應。有關降低排放量的成本多寡，引起了很大的爭論，但藉著拍賣石油、煤、天然氣的碳排放權，我們自然會得知真正的價格。拍賣一開始可以慢慢來：例如二〇一二年拍賣的二氧化碳排放配額，就是二〇一一年的排放總量。如果環保人士的想法沒錯，這個拍賣會的碳排放配額甚至不會全部拍出，因為基本的節能措施根本不必花錢。這一點很快就會真相大白了。

接下來幾年，二氧化碳排放量的拍賣配額會逐年減少。實際的總排放量大概會下降得更快，因為碳交易的投機客會買配額囤積。這也不成問題：最後的二氧化碳排放量還是一樣，只不過時間往後延而已。如果拍賣結果是這些碳排放權很貴，那麼我們對這個各方爭議的問題就有了進一步的參考資料。我們可以問：氣候變遷要付出的成本，是否高於減低二氧化碳排放要付出的成本？但許多經濟學家相信，就像加州拍賣二氧化硫排放權一樣，碳排放權的拍賣很快就能顯示，降低二氧化碳排放的成本比我們預期的便宜，於是不明白為什麼會拖這麼久才開始處理。

## 關心環境很好，但千萬別唱道德高調

「你今天是怎麼來的？」

「什麼意思？我沒聽懂。」

我來參加一個環保公益團體的座談會，還沒走進會場，一位非常認真的年輕工作人員就這樣盤問我。

工作人員：「你今天是如何來到這裡的？這是我們碳補償計畫要做的調查。」

我：「什麼是碳補償計畫？」

工作人員：「我們希望我們舉辦的會議都達到碳中和（carbon-neutral），所以要知道所有與會者從多遠的地方來、搭乘什麼交通工具，然後我們會計算出因此排放了多少二氧化碳，再利用種樹的方式來抵銷這些排放量。」

這番話，讓我體內的「臥底經濟學家」現出原形。

我：「原來如此。好，我是從澳洲搭乘無煙煤蒸汽船來的。」

工作人員：「對不起，什麼無煙煤……請問怎麼拼？」

我：「那是一種煤，汙染度很高，含大量的硫……哎喲！」

就在這時，臥底經濟學家的老婆在旁邊用力敲了他一下，對工作人員說：

「別聽他胡扯。我們今天是騎腳踏車來的。」

「喔。」

這個真實故事除了證明臥底經濟學家有時很討人厭之外，也能讓人思考幾個問題。為什麼一個環保公益團體要舉辦碳中和會議？很明顯，答案是：「這樣才能讓大家聚在一起開會討論，同時又不會成為氣候變遷的幫凶。」

話是沒錯，但會誤導大眾。我心中的臥底經濟學家會以效率的角度來看事情。如果種樹是解決氣候變遷的好方式，那何不完全放棄開會、拚命種樹就好了（在這種情況下，大家都應該說自己是搭蒸汽船來的）？如果藉由討論引起大眾關注是一件很重要的事，那麼何不完全放棄種樹，舉辦更多的討論會呢？

換句話說，當我們可以達到「最適減碳」狀態時，為何只求「碳中和」而已？何況這個座談會並沒有針對苯、鉛、空氣懸浮微粒、臭氧、硫、塞車、噪音、臭氧層、意外事故等問題做出抵銷的計畫。這個公益團體不把寶貴的資源拿去思考到底要直接改善環境（例如種樹）或間接改善環境（例如舉辦討論會），反而大費周章的讓自己看起來「中和」。說好聽，這個團體為大家樹立了「好榜樣」（如果荒謬的做法可以算是好榜樣的話），但講得不客氣一點，根本是故作清高。

說這種話可能讓人覺得經濟學家太自以為是了，令人反感，但卻能點出一個更大的問題。一個環保公益團體之所以大唱道德高調，可能是因為政府沒有明白指出汙染的環境成本。如果政府做到了這一點，環保人士就可以從經濟的角度提出他們的主張，省下許多道德上的論調，環境問題可以處理得更有效率。否則如果只把環保當成道德議題，連環保人士自己都會搞不清生活中各種決定會對環境帶來什麼影響，比方說，該使用免洗尿布（製造出大量垃圾）還是傳統尿布（清洗過程要耗費電力，並排出造成汙染的洗衣精）？即使是全世界最有主見的人，也不知道該如何做出正確選擇。

更重要的是，尿布問題就像各種輕重不同的環保議題一樣，光靠一小群人討論個人行為的道德正當性是絕對解決不了問題的。提倡綠化的少數人，不了解環境被破壞的實際狀況，所以無法採取適當的行動，而大部分人就算知道環保的重要性，也不願意犧牲生活中的方便。

所以，資訊和誘因都缺一不可，而如同我們在第三章提到過的，這兩者「自由市場」都能提供。對於關心環境的經濟學家來說，不必唱道德高調，而是適當結合市場與真相的世界，提供所需的資訊和誘因，以說服一般大眾的行為要對環境負責。在這樣的世界裡，我們都會得到清楚的訊號，知道要為自己的行動付出什麼樣的市場價格。例如使用塑膠要課稅，因為塑膠無法分解，又很占用垃圾掩埋場的空間。這麼一來，就可以降低塑膠包裝、塑膠袋和塑膠免洗尿布襯墊的使用率。會影響氣候變遷的發電方式也會課稅，電費因此會變貴，除非我們發展出更乾淨的能源。無論是要洗尿布的人，還是其他所有人，都會因此有動機購買更省電的洗衣機，以節約能源。

與其煩惱我們的決定對環境帶來的衝擊，我們更該意識到的是：**當我們付出外部性費用，就**

**是在補償別人因我們的行為所遭受的損害**。我們也相信，自己得到的方便多於所造成的傷害。而且，我們甚至有可能找出其他改善環境的方式。

## 人民可以自己解決的，政府最好別插手

前面花了很多篇幅談經濟學家所謂的「負面外部性」——某些人的行動引發了一些不愉快的副作用，卻不必付出代價。但除了「負面外部性」之外，其實也有**「正面外部性」：某些人做的某些事，能為別人帶來愉快的副作用**，而這些人卻沒有得到回報。

舉例來說，A先生粉刷了他家房子正面、整理了他的花園，結果整條街看起來更賞心悅目，但沒有人會提出要幫他出油漆錢，或幫他買修剪樹木的大剪刀。B小姐開了家吸引人的露天咖啡館，走在這條街上感覺更美好了，但她的顧客付錢只是因為消費行為，而不是為了旁觀欣賞所享受到的愉悅。當C先生決定讓他的兒子接種痲疹、腮腺炎、德國痲疹混合疫苗，這表示其他小孩就比較不會感染到這些疾病。

當你意識到A先生有可能決定懶得去粉刷他的房子，B小姐因為怕破產而可能不會開這家咖啡館，C先生也可能因擔心疫苗帶來的副作用，決定不帶他的兒子去看醫生，就會了解到「正面

外部性」有多討人喜歡。如果上述三個人都去做了，我們其他人都會受益，但如果他們每個人考慮過後都覺得不值得去做，就會帶給我們接種疫苗率偏低的社區、髒亂的鄰居、缺乏令人愉悅的咖啡館。負面外部性常被關注，但正面外部性卻可能更重要，因為很多讓人生美好的事情，其實都是屬於正面外部性，卻供應不足，包括：免於疾病、有公德心、充滿活力的街坊，還有技術上的創新。

一旦我們明白正面外部性的重要性，最明顯的解答，就是借用我們處理負面外部性的政策，但不是針對外部性收費，而是針對外部性「補貼」。比方接種疫苗，政府或援助機構常常給予補貼，科學研究也常常得到政府的高額資助。然而，對於這些政策該做到什麼地步，我們也得務實一點，因為外部性收費與補貼都可能會帶來意想不到的小問題。

不過，並不是所有的外部性，都會帶來外部性的影響。例如：隔壁鄰居種的樹，損壞了我的牆，如果我覺得受不了，可以付點錢請鄰居把樹砍掉。如果對方拒絕，我就會知道他從這棵樹所得到的快樂，大於我願意付出的金額。

又或者，我也有法律上的權利，可以要求鄰居把樹砍矮些，這麼一來，就換成鄰居要付錢給我，請我不要執行這項權利，然後我可以用這筆錢修補受損的牆壁。倘若決定權在我，結果我就會更有錢；如果決定權在鄰居，那麼他就會變得更有錢。但不管決定權在誰，如果那棵樹的價值對鄰居而言比較大，那棵樹會被保留；如果對我造成的困擾比較大，就得砍掉。

如果大家很容易就可以聚在一起談判，外部性就不是外部性了。別忘了，外部性之所以叫做「外部性」，是因為不在市場交易範圍內。當然，有些我們想像中屬於市場外的事物，其實也可以納入市場內。

由於這種「偽外部性」其實可以由民間處理得很好，如果政府也介入、實施外部性收費，就可能會變成一個問題被解決兩次，結果會跟完全不解決一樣糟糕。就像為了降低發電廠汙染，我們會一邊誇大成本，一邊關掉冰箱和路燈、每天晚上摸黑走路到餐廳吃飯。

這種對外部性矯枉過正的做法，會有什麼結果？前面提到A先生粉刷房子的例子，我說鄰居們不會幫他出油漆錢，但其實也不盡然。例如常有房東買油漆給房客粉刷牆壁，讓公寓更賞心悅目，房東未來要再租出去也更容易。既然對房東和房客都有好處，重新粉刷就是值得的，但如果房東不出錢，房客可能就懶得粉刷房子。因此，房東提供油漆的同時，也會享受到利益。在這種情況下，房東與房客之間藉由談判分攤成本，就將外部性「內部化」了。

但如果這時政府打算提供補助呢？假設政府誤以為出租的房子太少整修、太破敗，於是發出五百美元的外部性補貼給整修公寓的房客。如果整修共計要花一千美元，而房屋整修之後，居住品質改善對房客而言值三百美元，未來租金上揚能讓房東多賺五百美元。這意味著政府正確估算出整修為房東帶來的正面外部性，但卻沒把房客的部分考慮在內。別忘了，由於三百加五百還不到一千美元，所以這筆津貼不足以說服房客整修。

不幸的是，房客有充分的誘因讓政府補貼五百美元，然後要求房東多出一些，比方三百五十美元，剩下的一百五十美元才由房客出錢。這一來，房客當然很愉快，因為整修要一千美元，房客卻只花了一百五十美元，就可享受價值三百美元的品質；而房東也願意付錢，因為花三百五十美元整修房子，可以為他帶來五百美元的利益。

問題出在哪裡？因為正面外部性被處理了兩次，一次是藉由政府補貼，另一次是藉由談判的過程，這也意味著：給予正面外部性的補貼太多。

同樣的狀況也可能發生在負面外部性。如果我鄰居的汽油割草機會排放高汙染廢氣，政府可以對他課稅，但其實我也願意出錢請他把割草機丟掉，因為我不喜歡割草機的噪音和廢氣的臭味，倘若政府的稅加上我願意出錢，可能就會讓鄰居把割草機丟掉，即使他從那玩意兒得到的方便和樂趣高過對他人的損害。

真實生活中還有很多外部性，例如塞車、充滿廢氣的街道等難題，其實就不是坐下來喝杯咖啡、談個條件就能輕易解決的。牽涉其中的人太多，不可能每一個人都認同某種解決辦法。再說，很多人難免會想省掉麻煩的討論，卻又希望享受免費的利益。當外部性的談判無法進行時

（例如飛機低空飛過所製造的噪音），政府針對外部性課稅就很可能是適當的解決方式。

換言之，當人民越可能坐下來談判時，政府的介入就越可能把事情弄糟。首先，因為政府可能會受到利益團體的影響，採取的措施未必符合公眾利益；第二，就是先前談過「矯枉過正」的問題；第三，人民比任何政府單位都要清楚真正的成本和效益。在塞車和氣候變遷等問題上，外部性收費會有良好的成效，但如果問題的規模比較小，我們就得注意政府的介入是不是會幫倒忙。

## 經濟學家才不會只關心錢

本章針對現代社會的一些主要難題，提出了解決的方法，這些問題包括環境汙染、塞車，還有與鄰居「角力」。現在我們知道，對於廢棄物處理、在交通擁擠區域開車、研究經費補助，或是打預防針這些市場範圍以外的問題，外部性收費是最有效的解決方法。外部性收費不但能提供大家訊息，去做出正確的選擇，甚至能提供誘因。

你可能常聽到所謂的專家抱怨對開車或汙染徵稅會不利整體經濟。這個「整體經濟」是什麼？如果你常看電視財經節目或是閱讀財經報章雜誌，也許會得到一個錯誤的印象，以為「整體經濟」就是一堆如ＧＤＰ（gross domestic product，國內生產毛額）之類的無聊數字。ＧＤＰ計算的是一個經濟體在一年內的所有製造總成本——比方說，多製造一杯卡布奇諾，GDP的數字就會增加約二・七五美元，如果部分原料是進口的，那麼數字就會稍低一些。

如果你認為這就是「整體經濟」，那麼專家的批評可能是對的，課徵汙染稅的確很可能會降低GDP。但GDP降低又如何？經濟學家鐵定不在乎，因為我們知道計入GDP的，有一大堆都是有害的（例如武器銷售、偷工減料而必須花大錢維修的建築工程、通勤支出等等），同時也有許多重要的活動沒有計入（例如照顧子女的代價、到山區健行的好處等等）。

大部分的經濟學與GDP的關係不大。經濟學談的是誰得到什麼，還有為什麼。就這個意義而言，乾淨的空氣和順暢的交通都是整體「經濟」的一部分。塞車稅有可能使GDP成長，因為大家可以更快去工作，生產量就會增加，而商品的配銷效率提高，因而在商店內的價格會降低。當然，塞車稅也很有可能使GDP下滑。但成長也好，下滑也好，其實一點也不重要，因為塞車稅會讓我們的生活變得更好。人生在世，絕對不僅是為了錢而已，這一點就連經濟學家都知道。

| 第5章 |

# 買中古車、上館子，為什麼老是踩雷？

## 日常生活中的資訊不對稱

十九世紀由傑洛姆・傑洛姆（Jerome K. Jerome）所寫的幽默旅遊日誌《當我們同在一條船上》（*Three Men in a Boat*），一開始是傑洛姆先生在大英博物館內翻閱一本醫學辭典：

我翻到傷寒，閱讀上頭描述的症狀，發現自己得了傷寒，而且一定有好幾個月了還不自知。我想知道自己還得了些什麼病，於是翻到了舞蹈病，不出所料，發現我也得了這個病。這下子我對自己的病況產生了興趣，決定按照字母順序從頭看到尾——我研讀瘧疾的條目，得知自己已經感染了，大約再過兩星期就會進入急性發作期。懼光症，還好，只是輕度的，可能已經有好幾年了。我還得了霍亂，外加一些嚴重的併發症；另外我好像生下來就有白喉。我仔細又認真地看完整本字典的條目，發現自己唯一沒得的是俗稱「女僕膝」的膝蓋骨前滑液囊炎。

如果你是傑洛姆，你會怎麼做？他決定進行一場溯溪而上之旅，但他不是經濟學家。碰到這種情況，我會建議趕快拿起電話，給自己買個非常高額的醫療險。畢竟，你已經確定自己可以索取到大筆理賠金，何不付一點保險費，換取最好的醫療？

不過，問題來了：如果像傑洛姆這樣的人有意帶病投保，哪一家保險公司願意受理呢？

## 中古車行裡有好車也有爛車，你該怎麼出價？

這可不是個無聊的問題。經濟學家早就知道，如果交易時某一方有內線消息，但另一方沒有，市場可能就不會運作順暢。不過要到美國一位經濟學家喬治・艾克羅夫（George Akerlof）在一九七〇年發表了一篇革命性的論文，經濟學家才真正明白這個問題可能有多麼深遠又戲劇化。

艾克羅夫以中古車市場為例，說明了就算市場競爭很激烈，但只要賣家很清楚車況、買家卻一無所知，市場就是無法運作。舉個鮮明的例子：假設所有中古車當中，有一半是人見人愛的好車，另一半則是沒有價值的爛車，而一部好車的價值，對買家而言是五千美元，對賣方則值四千美元。爛車則根本是毫無價值的垃圾。賣方很清楚自己要賣的車子是爛車或好車，但買方卻必須用猜的。

在這樣的情況下，不介意「賭賭看」的買家會想，既然有一半的機率買到爛車，那麼一輛車出價在兩千至兩千五百美元，應該很合理。賣方雖然也會覺得這個出價對一個五〇％的機率來說很合理，但他面對的機率並不是五〇％，因為他很確定哪一部是好車、哪一部是爛車。如果賣方手中的車是一輛爛車，碰到買方出價兩千五百美元，賣方當然急著賣掉；但如果是好車，賣方則絕對不會同意。

因此，假如你是買方，四處出價兩千五百美元想買一輛中古車，你很快就會發現，這個價錢最後只能買到爛車。直到你出價四千零一美元，手上擁有好車的人才會開始願意賣。但與此同時，爛車並沒有消失，因此你就算花四千零一美元，卻只有五〇％的機率能買到一輛運轉順暢的車子，怎麼看都划不來。

在這種情況下，**市場根本不存在**。沒有賣方願意以低於四千美元的價格賣掉好車，也沒有買方願意出這個價錢去買爛車機率是五〇％的車。所以到最後，真正能成交的一定是爛車。結論就是：**如果市場上某一方比另一方更清楚商品的品質，那麼好貨不是永遠賣不掉，就是賣得很少。**

任何試過要買中古車的人，一定會覺得艾克羅夫抓到了重點：市場並未達到應有的效率；中古車比較便宜，但品質通常也比較差。手上有好車的賣方會堅持要賣個好價錢，但問題是，因為沒辦法**證明**車子真的很好，所以若沒有人出高價，賣方寧可把車留著。你可能會認為，賣方比買家有更多內線消息，所以應該會占到更多便宜才對，但事實上沒有贏家：因為聰明的買家才不會參與這種以不正當手段操縱的賽局。

我們必須了解這個問題的嚴重性。艾克羅夫所描述的問題，比中古車市場上有人被坑要嚴重多了。他描述的是**一個原本應該存在的市場，卻因為其中一方有了內線消息而消失了**。

## 為什麼房東提供的家具都很爛，觀光區吃東西都會踩雷？

有這種現象的不只中古車市場而已，附家具的出租公寓也是一樣。為什麼這種公寓裡的家具經常用不了多久就會壞掉？艾克羅夫的模型提供了答案。

一般來說，公寓的大小、地點、室內設計等明顯特徵，都會影響我們租下公寓的決定，但有些條件卻是難以察覺的，比方家具耐用與否。由於除非房客搬進來，否則誰也看不出家具是否耐用，所以房東沒有什麼誘因提供耐用的昂貴家具，當然就不願意在這上頭花錢。另一方面，房東之所以會買容易壞的便宜家具，也可能是因為他覺得房客不會愛惜（不過話說回來，當房客不會愛惜家具，房東或許更該買耐用的家具才對）。總之，市場上有附簡陋家具的出租公寓，卻沒有附耐用家具的出租公寓。

在倫敦的萊斯特廣場、曼哈頓的時代廣場、雅典的布拉卡舊城區這類觀光區有所謂「遊客陷阱」，飢餓的觀光客會在這些地方花大錢，卻只吃到二流食物。觀光客願意付高價，是因為他們不知道哪裡有更好的選擇（其實很可能幾條街外就有了，或許智慧手機改變了這個狀況，因為可以隨時上網查到餐廳評價）。

但遊客陷阱現象不光是高價的問題，如果只是這樣，從高級餐廳、特色小館，到平價麵館或漢堡店，從很好吃到很難吃的，全都會賣得很貴。但我們看到的不是這樣，而是不管炸雞排還是精緻料理，遊客就是找不到好吃的店。

道理很簡單：遊客只會來一次，也很難分辨餐廳的好壞。好餐廳的地理位置，往往只有消息比較靈通的當地人知道。剩下的就只有爛餐廳……等於是餐廳業的爛中古車。

值得注意的是，艾克羅夫所描述的情境，並不是所有人的消息都不靈通，而是交易一方所知道的比另一方更多。如果買賣雙方都搞不清楚車況，反而天下太平，因為買家會願意在有一半機率可以買到好車的情況下，花兩千五百美元；同樣不知情的賣方，也樂意接受兩千美元以上的出價。這樣買賣當然能順利成交。相反的，當一方知道太多，而另一方卻知道太少，就會無法達成一致協議。經濟學家將這樣的狀況稱之為「資訊不對稱」（asymmetric information），這種資訊上的不平衡會撕裂「真相的世界」，徹底摧毀完全競爭市場。

## 資訊不對稱的市場，注定無法運作

艾克羅夫點出的問題，光是出現在中古車市場、附家具出租公寓、熱門觀光景點的可疑餐廳，就已經夠讓我們頭痛了。不幸的是，有些更重要的市場也一樣受到內線消息左右，例如醫療保險市場。

醫療保險很重要，因為疾病極難預測，有時還要花大把銀子治療。有的治療不但非常昂貴，而且要跟時間賽跑。還有，疾病也可能發生在一個人收入不高的時期，例如退休的人可能更需要醫療照護，或是需要醫療照護的人可能因為生病而沒辦法工作賺錢。

這也是為什麼，醫療險是一項很有價值的商品。**如果醫療險市場運作不良，就會造成保費飆漲，導致許多人投保不起**。這對美國人來說早就不是新聞了，美國市場無法提供應有的醫療險，正是因為艾克羅夫指出的「爛中古車」問題。

舉個例子來說，我們可以將生病機率較高的人比喻成中古車市場裡的爛車，而比較健康的人則是好車。如果我也像傑洛姆一樣，懷疑自己是爛車，我就應該趕快把能買的醫療險都買下來。相反的，如果你覺得自己身體健康良好，所有的祖先也都活到一百歲，那麼或許你只有在碰到醫療險超便宜的時候才會花錢買。畢竟，你實在不太覺得自己會需要。

但艾克羅夫告訴我們，資訊不對稱的市場，注定無法運作。如果身體健康的人對一般的醫療險不會有興趣，而像我和傑洛姆這種人搶著要投保，結果就是保戶都是相信自己需要投保的人。也就是說，保險公司得不到的客戶，是比較不需要申請理賠的那一群，而得到的客戶，則是較可能申請大筆理賠的，因此保險公司勢必得降低理賠金額，並提高保費。這麼一來，健康狀況不好不壞的人就會發現保費太貴而取消保單，迫使保險公司只好把保費提得更高，以免倒閉。接下來，是越來越多人不再續保，到最後只有健康狀況最差的人才會買保險，而保費則高到幾乎難以負擔。

## 保險公司知道得越多，你的保障就越少

當然，為了克服這個問題，保險公司會設法查出更多有關客戶的資訊。例如，要保人是否吸

菸？年紀多大？父母親是否在三十五歲時死於遺傳性疾病，或是在一百歲時開跑車死於車禍？現在取得基因資料的途徑越來越多，保險公司也更能正確掌握承保的可能成本。過去，保險市場受到內線消息的限制，知道的比被保險人要少。但只要保險公司能逐漸掌握所需的資訊，就會願意賣保險給更多人。

這聽起來很像第二章裡星巴克和全食超市的差別訂價策略，但其實是不一樣的賽局。星巴克決定採用差別訂價策略時，早就知道自己的成本為何，只是想試試看能否從某些顧客那裡再多賺點錢。保險公司所面臨的問題比較麻煩：他們不曉得每一個顧客的真正成本（理賠金）是多少，而如果他們算不準，那麼就很可能會被巨額理賠金壓垮。

同時，兩者的效果也不同：差別訂價是想從消費者身上榨出更多錢，等於是從一塊大餅中分得更大的一份；但保險公司必須取得有關受保人的資訊，才可以達成之前不可能的交易，等於產出一塊新的餅。

不幸的是，要挽救保險市場也得付出代價：我們會發現，像我和傑洛姆先生這種「爛車」只能以非常高昂的費率買保險，而其他的「好車」要付的保險費則低得微不足道。兩者的保險費都是精算過後的公平費率，這表示這些費率恰恰等於日後可能要付的醫療費用，不多也不少。如果保險公司擁有非常精確的資訊（或許未來透過基因檢測可以取得），那麼某個可能生病的人就得付高達數十萬英鎊的保費。但如果要付這麼龐大的金額，也就失去保險的意義了。

藉著評估我們每個人的背景、預測每個人醫療給付的成本，保險業就可以設法存活，然而如果保險公司不提高像我和傑洛姆先生這種人的保費，他們很快就會活不下去。問題出在那些預期會有昂貴醫療需求的人（例如老年人和慢性病患者）會發現，他們的保險公司根本沒給他們什麼保障。因為他們的保費會被調整到至少足以涵蓋這些費用，所以他們付的保險費，將會高於他們不投保、自己掏錢付的醫療費用。

因此關於保險，一個很有趣的結論是：**保單必須建立在雙方都無知的前提下**。仔細想想也的確如此，保險公司要保障我遭受盜竊、火災、生病等事件的損失，就只能在我和保險公司都無法知道這些事情到底會不會發生的狀況下。如果我們能預知未來，保險就毫無意義了。要是我的保險公司比我更能預測火災會不會發生，那麼只有在他們知道我不需要的狀況下，才會讓我投保火災險。而要是我能事先預測自己家裡會發生火災，保險公司應該是趕快幫忙打電話給消防隊，而不是坐著考慮要不要賣保單給我。

既然保險必須建立於雙方都無知的狀況下，那麼任何醫療科學的進步都可以縮小無知範圍，也反而會動搖保險產業的基礎。所以，值得擔心的是，一旦我們獲得的訊息越多，得到的保障反而越少，以後想透過保險替自己增加保障也越來越難。

## 為什麼銀行裝潢亮麗體面、汽車展示間美輪美奐？

那麼，要怎樣才能解決這個問題呢？回到最早艾克羅夫中古車市場的例子，其實買賣雙方都有解決問題的誘因：買方希望買到好車，賣方也希望好車能賣個好價錢。如果內線消息破壞了互惠交易的機會，買賣雙方就會想辦法縮小彼此在資訊上的差距。

二〇〇一年，艾克羅夫以資訊不對稱方面的研究獲得諾貝爾獎，與他一起得獎的還有兩位經濟學家，也各自提出了部分的解答。其中麥可・史賓斯（Michael Spence）認為，擁有資訊的人可以找到一種傳達訊息的方式，讓手中沒有資訊的人相信他；另一位經濟學家約瑟夫・史迪格里茲（Joseph Stiglitz）則是反過來思考這個問題，探討沒有資訊的人可以用什麼方法，得到他們所需要的資訊。

史賓斯發現，對擁有好車的賣方而言，光是宣稱自己的車都是好車是不夠的，畢竟口說無憑，爛車的賣家也可以宣稱自己的車都是好車，買方無從判斷誰說的是實話，所以這些話沒有任何傳遞資訊的功能。史賓斯發現，真正能傳遞好車訊息的訊號，必定是爛車賣家無法發出的，或者至少，發出這種訊號的代價，高得讓爛車賣家負擔不起。

發出這種訊號的方法之一，就是搞一個昂貴的汽車展示間，因為只有決心長期穩定發展的汽車銷售業者，才會花大錢投資一個像樣的汽車展示間。賣好車的車商會希望滿意的顧客回頭，而且向好友宣傳他賣的中古車很可靠，幾年下來，投資汽車展示間的錢才能回本。反之，賣爛車的人就做不到這一點，這種人好不容易賣出幾輛爛車之後，就得趕快轉移陣地，換到一個沒人知道他做生意不老實的地方。

這也說明了，為什麼銀行的裝潢總是很體面。以往政府尚未提供銀行存款保險的時代，銀行說倒就倒。如果銀行倒了，存戶的存款被捲款潛逃，也不會有人出面收拾善後。後來存戶發現，有意捲款潛逃的騙子通常不會花大錢裝潢辦公室，只有長期經營的人才會花這個錢。這也是為什麼當你想買一樣產品，但缺乏品質與耐用程度的相關資訊時，你會多花點錢去有店面的店家購買，而不是去路邊攤。因為有店面的店家跑不掉，萬一你對產品不滿意也可以回去退貨，這就是一種保障。

## 電視上砸大錢、卻毫無內容可言的汽水廣告

也有經濟學家曾套用史賓斯的理論，來解釋為什麼會有耗費巨資卻毫無內容的廣告。想想看，可口可樂的廣告能有什麼內容？它們希望顧客接收到的訊息，是「這廣告花了很多錢拍，所

以可口可樂會持續努力生產高品質產品」。

史賓斯曾用這套理論，來說明為什麼有的學生會去攻讀哲學——這種很難念、念完之後工作卻不好找的學位。史賓斯要我們想像，通常企業會想雇用聰明、勤奮的人（但無法光憑面談來分辨誰聰明又勤奮），再假設哲學學位必須很用功才能拿到（懶惰、愚笨的人想畢業很難）。史賓斯說，聰明、勤奮的人會費盡千辛萬苦拿到哲學學位，以證明自己的聰明與勤奮。而懶惰、愚笨的人根本不想這麼辛苦。因此，儘管哲學學位對求職者的生產能力毫無加分作用，但企業還是願意優先雇用哲學系學生。由於史賓斯本人在普林斯頓大學時正是主修哲學，或許他這理論有幾分道理。

史賓斯認為，縮小市場資訊落差的方法之一，就是讓賣家設法發出讓自己看起來可靠的訊號。條件好的求職者、銀行、中古車業者、飲料廠商，都應該投資更多時間與金錢（例如念一個好學位、砸大錢裝潢或買廣告），讓自己與條件較差的競爭對手拉開距離。

至於史迪格里茲研究的重點，則放在不知情的一方要如何找到資訊。他研究了保險市場後得出的結論是：雖然只有消費者可以預測自己需要申請理賠的機率，但不知情的保險公司並非完全無計可施。例如保險公司可以提供數種不同的方案，像是降低保費，但增加自付額（這樣一來萬一得理賠，保險公司的負擔也較低）。通常低風險的消費者就會選擇這類保單，因為保費比較便宜，而且反正他們預料自己不太需要理賠；但高風險的消費者正好相反，會寧可選擇較高保費的方案，因為他們預料自己常會需要理賠。如此一來，保險公司就可以勸誘不同類型的消費者，揭露自己的資訊。

這有點像是第二章提到的咖啡店「自投羅網」差別訂價策略。星巴克提供發泡鮮奶油和各種口味的糖漿這類花俏的選擇，是要誘使消費者揭露自己對價錢是否敏感。Aetna 保險公司在加州提供九種不同的醫療險方案，自付額從兩千五百美元到八千美元；在華府則有十一種不同的醫療保險方案，自付額從零到七千五百美元。這一切，都是設計來誘使消費者揭露關於自己健康的訊息。

那麼，依照史迪格里茲的理論，解決爛中古車問題就可以不花成本嗎？當然不是，相反的，他認為在缺乏足夠資訊的情況下，市場交易雙方都要付出代價，例如銀行可能得犧牲一些看來高風險的生意（拒絕貸款給社會上的某一些人）、企業只會支付高薪給他們確信有能力的人（而不會支付較低的薪水大量聘用無法確定能力的人）、保險公司也會寧可放棄被它們視為高風險的潛在客戶。也就是說，史賓斯和史迪格里茲都指出：**我們的確可以找出解決爛中古車難題的方法，但一定要付出代價**。

## 爛中古車，健保，與美國

解決爛中古車問題的困難度，也許可以解釋為何美國的健保系統如此嚴重失能。美國很大一部分的醫療成本，是靠私人健康保險支付的。這其實很不尋常。在英國、加拿大、西班牙，醫療成本大部分是由政府負擔。在奧地利、比利時、法國、德國、荷蘭，醫療成本是由「社會保險」系統支付（大部分人都強制投保，但保費由收入高低決定，而不是由理賠風險決定）。美國不強制投保，且保費要看風險高低決定，而非收入。深受許多美國人喜愛的市場導向原則，似乎並沒有製造出讓美國人感到幸福的醫療政策。一份最近的研究顯示，在美國只有一七%的受訪者對他們的健保系統滿意。

為什麼其他人不滿意呢？表面的原因不難說明：這個系統太花錢，太官僚，而且涵蓋不周全。先講費用：美國每人平均醫療成本，比超級富有的瑞士還貴上三分之一，而且是許多歐洲國家的兩倍。光是美國政府支付的每人平均醫療支出，就比英國的公私加總醫療支出還要多，而且英國還是涵蓋全民的免費醫療，美國政府的支付範圍只涵蓋老人（聯邦醫療保險〔Medicare〕）和某些低收入戶（州醫療輔助〔Medicaid〕）。大部分擔心醫療成本的美國人會很震驚的發現，英國政府的人均醫療支出低於美國政府，但還是有辦法提供每一個國民免費醫療。事實上，如果把公務員醫療保險和私人醫療給付的所得稅扣除額等成本都計算在內，美國政府的平均每人醫療支出，是全世界最高的。

其次是官僚。哈佛醫學院的研究者發現，美國公私立醫療保險系統的行政成本，每人超過一千美元。換句話說，如果把所有稅收、保費、零星花費計算在內，一個美國人花在醫院櫃檯接待員等人的費用，大約相當於新加坡和捷克人民的全部醫療費用。但新加坡和捷克人民的健康狀況並沒有比美國差多少：捷克的人民預期壽命和健康預期壽命只比美國略低一點，而新加坡則都略高於美國。美國官僚體系的成本也超過加拿大健保系統（平均每人三〇七美元）的三倍，但加拿大居民的上述兩種預期壽命，都比美國明顯高出一截。

接下來還有系統的涵蓋不周全。由於健康保險通常是工作附帶的條件，因此會降低勞動市場的效率，例如勞工會因為擔心沒健保，所以往往沒先找好下一份工作就不敢辭職。更糟的是，一五%的公民沒有任何醫療保險——以全世界最富有的經濟體而言，這個統計數字應該會令人震驚（但或許也不會，因為大家已經對此痛心太多年了）。相較之下，德國只有〇．二%的人口沒有健保，加拿大和英國的每個公民都有政府健保（美國的狀況正在改變，我們應該很快就會看到了）。

我們已經談過艾克羅夫的爛中古車理論，所以對於美國健保系統會產生的種種問題應該並不感到意外。我們應該料得到，在這種情況下，一般商業健康保險會涵蓋不周全——例如有些人會有其他更重要的生活費用得支出（比方說沒什麼錢的年輕人，很自然的會在預期心理下，覺得自己不太可能罹患重病），因此根本不會投保。而為了彌補業績，保險公司會提高一般客戶的保費，漸漸的就會有更多人退保。

不過美國健保系統的缺點，不全是爛中古車現象造成的。就算沒有資訊落差，這個保險系統本身也有問題，因為病人不見得能選擇自己所需要的治療方式。由於保險公司負責買單，所以治療方式的選擇往往是談判的結果。**當你的醫療費用是由別人買單，也難怪你得不到自己想要的治療了**。

其實，透過艾克羅夫、史賓斯、史迪格里茲的理論模型，以上各種涵蓋不周全、無效率、高成本等現象，都是可以預見的。

我不確定歐巴馬總統是否受到本書初版的啟發，但有趣的是，我看到他的「病患保護與平價醫療法案」的許多主要特色，都是設計來對付爛中古車問題。歐巴馬健保法案中，禁止保險公司對帶病投保者拒保或提高保費。光是這個規定，似乎就能夠讓醫療照護更加完整。然而，這也會增加系統中隱含的交叉補貼（cross-subsidies，即以獲利的部分去補貼虧損的部分），因而促使健康的人退出。所以還有第二個規則，就是除了少數例外，保險是強制性的：拒絕購買健康保險的人，就得繳交至少六九五美元的稅，或是收入的二．五%，取其中數字較大者。

這些手段，應該有助於處理「逆向選擇」（adverse selection），也一定能拓展醫療照護的涵蓋面。但這些措施雖然確保幾乎每個人都有健保，也可能會鼓勵大家做太多昂貴的醫學檢驗，並且帶來另一個問題，那就是：「道德危機」（moral hazard）。接下來，我們就來探討這個問題。

## 生活中的保障越多，你會越……隨便！

前述中古車市場的爛中古車問題，用經濟學家的話來講就是「逆向選擇」，其實是內線消息（經濟學上稱為「資訊不對稱」）的其中一個例子，指的是不知情的買家不願意花錢在他們無法看到品質的東西上頭，最終使得市場無法存在。而資訊不對稱所造成的另一個問題，則是「道德危機」，也就是：當一個人可以因為發生不幸的事而得到賠償，他們就可能會掉以輕心。

道德危機的情況有時非常極端。根據佛羅里達州的《聖彼得堡時報》（*St Petersburg Times*）報導，一九五〇年代晚期和一九六〇年代早期，全美國單手或單腳殘廢的保險理賠，有超過三分之二是來自該州西北部。尤其是佛羅里達州的小城維農（Vernon），有將近十分之一的成人居民失去了一手或一腳。據說有一名男子投保了十幾家公司，後來失去了一隻腳。幸運的是，意外發生時他隨身帶著止血帶。一百萬美元就這樣進了他的口袋。另外有一名男子在買了保險十二小時後，開槍射中自己的一隻腳（他聲稱自己原本是要射一隻松鼠），真是太不小心了——也是很明確的道德危機。

一般的道德危機比較沒那麼戲劇化。假設我的車子有投保竊盜險，那麼停車時只要有位子我就會停，就算那個地方看來有點荒涼、不安全。反之，如果我的車子沒保竊盜險，我可能就會選擇多花一點錢，把車子停在有人看守的停車場。如果我因失業而得到政府的失業救濟金，可能我就不會急著找新工作；假如沒有失業救濟金補助，我應該會比較急。如果我存在銀行的錢有存款保險，就算銀行倒閉也不用怕，那我又何必費事打聽銀行的財務是否健全呢？

當我為本書初版寫出前面這幾句時，「銀行倒閉」似乎是只有經濟學家才會擔心的怪事，但二〇〇八年的金融危機已經清楚證明銀行還是會倒的。冰島這個小經濟體的幾家銀行，提供誘人的利率給英國的存款人，於是英國人爭相把錢存進他們從沒聽說過的銀行。後來冰島銀行紛紛破產，根本還不出錢，最後英國人的存款還是由英國政府負責償付。

這些存款戶的行為，讓我們看見道德危機的可能性，因為他們明確受到政府的保護。更嚴重且令人憂心的是，這場金融危機顯示：銀行股東們也受到政府以龐大代價所提供的隱性保護。如果各國政府平常都和銀行保持距離，那麼銀行就會被迫更謹慎些。一旦商業投資者把隱性的政府支持視為理所當然，若是政府要抽回這種支持，就勢必引起整個金融系統的崩潰。

保險公司（或其他任何人）都無法完全避開道德危機的問題，但可以透過幾種方法將危機降低。比方說，保險公司就沒有「開除險」或「懷孕險」（好可惜，如果有這種險就太棒了）。原因不難理解：被開除與懷孕，都是可以輕易安排的。想離職或想生小孩的人很多，如果有相關的保險，這些人就會有動機投保，等於是保險公司付錢幫他們實現計畫。

即便如此，政府仍然提供失業保險。雖然說，付錢給失業的人有鼓勵失業的嫌疑，不過就算政府取消失業救濟金，失業人口還是存在，而扶助失業者是文明社會該做的事情。其實，這是一個權衡得失的狀況：助長失業是壞事，但扶助沒有收入的人卻是好事。

政府和保險公司都會盡可能保護自己，不受道德危機的傷害。保險公司最常用的對策之一，就是調整保單內容，以提高自付額的方式，減少保險公司的理賠。如果我的汽車險自付額是兩百美元，我大概不會因為擔心損失這些錢，而太認真採取安全預防措施，頂多下車時檢查一下車子上鎖了沒。

保險公司的另一招，則是想辦法得到內線消息。例如，保險公司在同意承保我的醫療險之前，會先弄清楚我抽不抽菸，然後才決定我應付多少保費。當然，我可以撒謊，但保險公司有辦法揭穿謊言，只需要求我做一般的健康檢查，就能知道我是否抽菸了。大部分政府發放失業救濟金都有一個先決條件：申請人必須積極努力的尋找新工作。但因為政府無法完全追蹤領救濟金的人是否認真找工作，因此發放的金額也不會太多。要是政府能精確掌握申請人找工作的認真程度，或許就比較可能提高失業救濟金給真正有需要的人。

## 吃飯喜歡找名店，就要有當凱子的心理準備

資訊不完整所造成的問題，除了逆向選擇與道德危機，還有其他較不明確的情況。舉例來說，如果我更努力把工作做好，我的上司就願意付我更多錢，但因為他並不清楚我有多努力，所以我的績效獎金只占薪水的一小部分。要是我的上司可以完全看得出我的技能和努力，他就可以完全按照我的表現付薪水。

再比方說，我願意花錢在好餐廳用餐，但卻不知哪一家真的好，所以我通常會找一家還算知名的餐廳，至少應該不會差太多。正因為知道顧客有這種想法，所以有知名度的餐廳訂出的價格也會比較高。

這種資訊落差是否會徹底破壞市場？答案是：資訊落差對市場沒好處，但問題也沒有想像中嚴重。一般而言，**就算有資訊不對稱的問題存在，市場還是能正常運作，因為大家總是能想出巧**

**妙的方法，改善資訊品質——或是降低不完整資訊帶來的傷害**。例如當我要買精密器材的時候（例如照相機），我會詢問朋友、查閱網站或相機採購雜誌，希望藉此得到有用的資訊。

專家意見也是一種「內線消息」，尤其當我們對自己要買的東西很無知時，就很有幫助。例如旅遊，就是一個深受資訊落差所害的市場，而我長期仰賴的正是專家意見。我是那種喜歡去陌生異地旅行的人，但大部分的情況是，我根本不知道該去哪裡、哪裡好玩、哪些地方漂亮、哪些不值得去看、哪裡屬於危險地區、哪家旅行社的行程很划算。如果這些疑問確定無解，我們根本就懶得去度假。不過我們通常會買幾本不錯的旅遊指南書，然後設法從中獲取更多訊息。

醫療市場也有同樣的問題。要去旅行，你可以輕鬆買本旅遊指南書來看看，但是要找到好的心臟外科醫生，就不是查閱指南書能解決的事了。需要動心臟手術的人，當然想知道哪個醫生風評好、哪種手術的成功率較高、哪些醫院醫療照護最好，可是大部分的病患都承認，他們真的不清楚自己的醫生是否醫術高明。

## 市場失靈 vs. 政府失靈

以民間商業保險為主的醫療體系，就會出現如前所述的涵蓋不周全、官僚、成本高等問題。

病患雖然可以有所選擇（例如挑選心臟外科醫生），但其實很難做出正確的判斷。那麼，可以靠政府嗎？畢竟，到目前為止（除了第三章），我們一直都在探討市場失靈的原因和代價，自然希望政府能有解決之道。

不幸的是，市場會失靈，政府也會。政治人物和政府官員都有自己的算盤。當經濟由政府主導或管制時，稀有性優勢、外部性、資訊不完整的問題並不會憑空消失。當市場和政府同時失靈，唯一的選擇通常只有「兩害相權取其輕」。

英國國民保健署（National Health Service，簡稱ＮＨＳ）就是一個發人深省的例子。它提供所有英國公民醫療照護，除了有工作的人要自費付一點處方藥費以外，幾乎完全免費。

可以預期的是，這種體系裡的醫療機構會過度擁擠，大家常常得排隊等候。儘管倫敦政經學院的研究者的確發現，如果一個地區有很多醫院競爭，醫療水準就比較高，但實際上病患的選擇並不多。整體而言，國民保健署的醫療成效不差，但是花大把時間等待治療這個問題，長久以來一直為人詬病。一份調查顯示，僅有二五％的英國人對英國醫療制度表示滿意，比美國好一點，但實在不算高。

如果幾年前有人在英國面臨失明危機，就一定很清楚這個體系的種種問題。英國皇家盲人協會（Royal National Institute of Blind People）和其他代表視覺障礙者的組織，一直積極反對「國家健康與照護卓越研究中心」（National Institute for Health and Care Excellence，簡稱 NICE）的一項裁定。

NICE 這個機構負責的，是評估治療方式，並決定國民保健署是否予以給付，例如心臟外科手術可以給付，鼻子整形手術則不行。爭議的緣起，是 NICE 不支持一種名為「光動力療法」的治療。這種治療使用一種叫「維視達」（Visudyne）的藥物，配合低強度雷射治療，可以去除視網膜表面之下的病變部位，且通常不會傷到視網膜。如果這些病變部位不加以治療，可能對黃斑（視網膜的中心）造成永久傷害。這種疾病稱為「老年性黃斑部病變」，會損害中央視覺，使病患無法認人、閱讀，或開車。在英國，黃斑部病變是導致失明最大的元凶。

二〇〇二年，NICE 提出報告，建議光動力療法只能用於較極端的個案，當雙眼都罹患這種病變時才能使用，而且只能用於比較不嚴重的那隻眼睛。意思就是，即使兩眼都有病變，可以接受光動力療法的病患，仍會失去另一隻眼睛的視力；而只有一隻眼睛病變的病患，就算有改善視力的機會，也完全得不到治療*。

如果你不理解 NICE 的方法和處境，很容易就會譴責 NICE 的做法。要知道，國民保健署的

---

*此一爭議現已解決。二〇〇八年，NICE 建議一種新藥 Ranibizumab 可以治療某些類型的黃斑部病變。

經費有限，但花錢的方式卻無限。去問病患也沒用，他們要嘛無須負擔費用，要嘛只負擔一點點醫療支出，因此醫療費用再高都不干他們的事，所以 NICE 必須出面解決這個無可避免的兩難困境，決定哪些人可以受到何種醫療照護，而哪些人又必須靠自己。

## 如果接受治療，你的生命品質能改善多少？

在這種情況下，醫療支出要如何分配？如果**你**是 NICE 的負責人，會怎麼做？

這是一項近乎不可能的任務，但是你大概可以算出每項治療的成本和效益，然後相互比較。有時候，要做決定不難，例如一個有二〇％機率能成功預防心臟病再發的治療，就比只有一〇％機率的治療更好。如果非得做決定，你可能會進一步說，前者的治療效果是後者的兩倍，只要費用不會超過兩倍，那就應該選擇第一種。光是這樣就已經夠複雜了，請問一個「能於意外後增加再度行走機率」的治療，跟另一個「能降低失明可能性」的治療，這兩者要如何比較？不可能！

但如果你是 NICE 的負責人，你就得試著去比較。NICE 的做法是，以「調整品質後壽命」（Quality-Adjusted Life Years，簡稱 QUALY）來評估治療的效果。也就是說，能讓病患多活七年的療法，比能多活五年的療法要好。能讓病患多十年身體健全的療法，要比多十年陷入昏迷的療法要好。很明顯的，評斷某種治療項目的價值非常困難，但是當這個體系免費提供民眾醫療照護時，就必須做這些評估和決定。

想想看，如果以QUALY的標準，來評估可降低失明機率的光動力療法，會出現什麼問題？英國皇家盲人協會如果要為光動力療法爭取更高的優先權，最好的方法就要是指出：以失明狀態多活一年，遠遠不如以視力健全狀態多活一年。只要NICE接受這個觀點，那麼治療失明的療法在QUALY這個評估標準上，就會變得非常有價值，使得視力健全存活的狀態遠勝於失明存活的狀態。

但且慢。如果依照這個觀點，雖然治療失明的優先權很高，但已經失明的人如果又患了**其他**疾病，接受治療的優先權就比較低。假設有兩人，一位失明、另一位視力正常，同時因心臟病發被送進了醫院，但時間只夠救其中一位，這時，以QUALY的評估標準，就會得到令人不舒服的結論：視力正常的病患，比失明的病患更值得被救。

我們當然可以主張，不管是否失明，生命的價值都是一樣的，但很不幸的，依照QUALY的評估邏輯，這個主張推演出的結論就會是：根本不應該花錢進行光動力療法，甚至連眼鏡都不值得花錢，因為還有很多其他疾病更需要救助、更能夠改善生命的價值——例如癌症。

難怪皇家盲人協會在宣傳中，從來不提QUALY，只是主張光動力療法已證明可以改善視力，所以應該全面給付。這不能怪皇家盲人協會，但也要體諒NICE，必須將有限的資源分配給無限範圍的各式各樣治療。任何免費的事物總是有很多人需要，我們也很難提出更好的解決辦法。

## 微創經濟學與醫療照護

在醫學上，「微創手術」這項技術，讓外科醫生開刀時不必劃開大切口，將併發症和副作用的風險降至最低。在制定政策時，經濟學家也會採取類似的策略：將問題的目標範圍縮至最小。那麼，我們要如何才能改善醫療體系的問題？有沒有「微創」的解決方式？

首先，微創經濟學可以精確指出，市場失靈可分為三大類：稀有性的優勢、外部性、資訊不完整，另外還要再加上公平性的問題。

稀有性優勢是個潛在問題，但對大部分的治療項目而言，這個問題不大。舉例來說，在英國一般家醫科醫師（「國民保健署」的大部分病患在第一線碰到的醫師）大約要照顧一千五百名病患。而英國九〇%的人口都居住在都市，所以一個小城若有九千個居民，六位醫師就應該足以激起競爭，沒有稀有性優勢的問題。有些特殊治療擁有較大的稀有性優勢——例如澳洲、紐西蘭的人，會願意為了Leksell伽瑪雷射刀（一種治療腦瘤的儀器）的手術，大老遠飛到夏威夷，因為全世界只有三百部伽瑪雷射刀儀器。醫療體系內確實有一些與稀有性優勢有關的情況，但並不多見。

至於外部性的問題，也只有在少數情況下才會發生，例如傳染病的防治（比方說，如果其他所有人都使用保險套以避免感染愛滋病，那我就可以不必用保險套了）。稀有性和外部性對醫療體系的影響有限，因此政府無須介入。

至於公平性，嚴格說來並不算市場失靈。因為即使是完全競爭市場，也不見得能達到公平。只是談到醫療，我們就會很在意公平與否，一來是因為我們不希望窮人被剝奪資格，二來是因為醫療費用有時會出現很大的差異。身在文明社會的我們，都希望人人負擔得起一定水準的醫療照護。達到這個目的最好的方法，就是利用稅賦重新分配財富，解決貧窮的問題（還記得第三章討論的「先跑定理」吧），畢竟，如果窮人連吃住都成問題，怎麼會花大錢在醫療上？

最後就是資訊不對稱所造成的問題了。根據我們前面的分析，政府其實是無效率的，因為病患無法自己決定，資源也由政府來分配。資訊不對稱現象不僅是市場運作的大問題，最後甚至會摧毀市場。

這也意味著，我們要進行兩部分的微創治療。第一個部分是確保資訊流通，設法讓人們很容易獲取第二意見，例如提供諮詢專線電話，或是讓大家從圖書館、各地診所、網路，甚至超市，都能輕易取得資訊。在英國，一般人通常不那麼關心資訊的取得，因為反正一切都由醫師決定。

如果我們必須為自己的醫療負責任，我們就會更留心，會想要獲取更多資訊。

第二個部分是，讓病患擁有使用這些資訊的機會。當醫療體系是民營保險導向，通常是保險公司說了算；如果是由政府提供，就是政府作主。在一個市場導向的醫療體系，就是由病患自己作主。聽起來好多了，但這一來病患也必須付出較高的醫療成本。

要如何讓病患擁有選擇的自由，同時又不會給他們難以負荷的負擔呢？最理想的體系，是盡可能讓病患來負擔一般的醫療費用，這樣才有誘因讓病患用心蒐集資訊，並做出符合他們利益、也符合成本效益的選擇。至於較昂貴的，則由政府或保險公司來負擔。這是一個可行的方案，因為大部分的醫療費用都不是災難式的巨額，也並不需要保險。

## 每個人都有一個帳戶，自己的醫療自己負責

這樣的系統，要如何運作呢？我們的目標，應該是給病患最大的責任和選擇機會，也因此要他們自己付錢，而不是由政府或保險公司來負擔。與此同時，要確保不會有人得面對災難式的巨額醫療支出，而且窮人也負擔得起醫療照護的費用。每個人都要有一個醫療支出的儲蓄帳戶，政府可以撥款入帳給清寒人士和慢性疾病患者。

至於昂貴的醫療支出，則交給巨災保險（catastrophe insurance），保費不貴，一般人也一定負擔得起，政府只要降低每個人需繳的稅（例如一年一千五百美元——這個數字大約就是美國、英國用於公共衛生體系的成本）。若有人繳的稅一年不到一千五百美元，差額就由政府補足。因為是強制性的，就不會出現逆向選擇問題。

接下來，你的醫療存款會自動轉入高利息的銀行帳戶，會隨著你年齡增加而逐漸累積。對大部分的人而言，年輕時的醫療支出都很低，所以你可以預期到了四十歲的時候，帳戶裡會有三萬美元，而如果你的醫療支出一直很低，加上利息，就會不止這個數字，也足以應付許多醫療照護的支出。萬一你必須面臨昂貴的治療，這筆錢可以交給巨災保險，你的負擔也會大大減輕。

當你到了退休年齡，醫療帳戶裡的錢也超過某個額度，你還可以將多餘的部分轉成退休金。此外，這些存款也可以在你死後轉入其他人的帳戶（通常是配偶或子女）。所以你在世時會有誘因謹慎使用帳戶裡的錢，除非必要，不會亂花。你可能會認真考慮要戒菸，因為長期下來，抽菸會增加你許多醫療開銷。

要是有一天你的驗光師告訴你，你有老年性黃斑部病變，但光動力療法可以讓你的視力多維持幾年……。唔，那就由你自己決定了。光動力療法的藥物維視達，每次療程的價格是一千五百美元，可以讓你不失明的機會增加四〇％～六〇％。你不必去理會什麼「調整品質後壽命」，畢竟用的是你自己的錢，由你決定。你甚至可以試試一些新藥——包括 Avastin，只要六十五美元（不過到目前為止，英國皇家盲人協會比較擔心的是，尚無證據顯示 Avastin 是否有副作用）。

有個例外是，如果你已經有過一次巨額醫療費用支出，接下來保險公司會希望以最省錢的方式給付你的治療，但你則希望得到最佳的治療——這樣的狀況很棘手，但是現有醫療體系中的每一項治療，也都要處理同樣的利益衝突。上述新的做法只是將這種利益衝突減至最低。

只要運用一些想像力和經濟學的概念，就可以用客觀的角度，思考如何修正我們目前問題叢生的醫療系統。前面提到的方法，在新加坡已經成功實施將近二十年了。一般新加坡人可以活到八十歲，新加坡的醫療體系（公家和民營）支出，也不過每人一千美元，每個新加坡人每年大約自付七百美元（美國人則平均要付兩千五百美元），政府則給付每人三百美元（比英國少五倍，比美國少七倍）。看來，微創經濟學還滿有用的。

| 第6章 |

# 爛投資和臭雞蛋

## 全球金融風暴是誰的錯？

本書的初版中，我在這一章詳細討論了一九九〇年代末期至二〇〇〇年代初的網路泡沫。然而，始於二〇〇七年的全球金融風暴，卻讓當年的網路股泡沫化顯得小兒科。因此在這本新版中，我們要再度臥底，解釋銀行為何鑄成大錯。

這是很大的挑戰，因為全球金融風暴不但嚴重，而且複雜得嚇死人。為了讓大家更容易了解這場風暴，我們就從一個簡單許多的例子開始吧——一盒雞蛋。

### 買到一整盒雙黃蛋，就能獲得一百萬獎金！

二〇一〇年初，英格蘭北部坎布里亞郡（Cumbria）的一位艾克森女士（Fiona Exon），買了一盒六顆裝的雞蛋，然後發現六顆全是雙黃蛋。報上說，這個機率是一百萬兆分之一。根據報紙訪問的雞蛋專家（一個叫做「英國雞蛋資訊服務中心」的單位，有人聽過嗎？）指出，任選一個雞蛋，打開來發現是雙黃蛋的機率是千分之一，因此，任意兩個都是雙黃蛋的機率，就是把兩個機率相乘，也就是一百萬分之一，依此類推，連續三個雙黃蛋的機率是十億分之一，連續四個是一兆分之一，連續五個是千兆分之一，而連續六個雙黃蛋就是一百萬兆分之一了。如果這個計算沒有錯，而且如果全世界每個人每天早上都買六顆雞蛋，那麼買到一盒六顆全是雙黃蛋的機率，大概就是每四百年才會有一次。

問題是，媒體報導了艾克森太太這個驚人的發現之後，有很多人都跳出來宣稱他們碰到過同樣的事。有回我受邀上一個全國性廣播節目，解釋其中的數學，有幾個聽眾就打電話進來，說他們也買到過一整盒六顆全是雙黃蛋。看來，這種事情很罕見，但似乎也沒**那麼**罕見。

上述的計算方法出了什麼問題？或許，英國雞蛋資訊服務中心錯了，雙黃蛋其實沒那麼罕見。不過我們姑且對英國雞蛋資訊服務中心寬容些，假設他們的算法是正確的，問題出在媒體誤以為：雙黃蛋不會一大批同時出現。事實上，雙黃蛋的確有可能一大批同時出現，而我們就得用另一套大不相同的計算公式。如果我們假設雙黃蛋**總是**和其他雙黃蛋一起出現，那麼要嘛就是一整盒都沒有半顆雙黃蛋（機率是九九．九％），要嘛就是六顆全都是雙黃蛋。雖然出現一顆雙黃蛋的機率不變，但只因為它們都是成批出現，所以六顆一起出現的機率就增加了一千兆倍。

除非我們開賭盤，否則這一切算法都只是好玩而已，不會有人實際去細究。但想像一下，如果有一家賣雞蛋的業者想出了一個行銷招數：誰買到一整盒雙黃蛋，就能獲得一百萬英鎊獎金。他計算過，每一顆蛋是雙黃蛋的機率只有千分之一，幾乎不可能有人真的能拿到這一百萬。但以獎金為招徠，每週能多賣出幾盒雞蛋，真是不賺白不賺。

當然，如果他算錯了，那他就會賠到破產。

雙黃蛋怎麼可能一大批同時出現？我上那個電臺節目時，有個人打電話進來解釋，說他以前在一家雞蛋包裝工廠工作。他和同事只要把雞蛋拿起來對著光檢查，就可以輕易找出雙黃蛋。他們習慣把雙黃蛋放在同一個紙盒裡，帶回家自己吃。如果他們吃不完，多出來的整盒雙黃蛋就會放回生產線，最後送到像艾克森太太這樣的消費者手中。

這大致上（非常粗略地）就是全球金融風暴所發生的狀況。至於怎麼發生的，請耐心往下看。

## 臭雞蛋和爛投資

本質上，全球金融風暴的發生，是因為銀行和其他金融機構在一些看起來不可能發生的事情上（就像艾克森太太買到一整盒雙黃蛋），押上了很大的賭注。最後發現錯了，錯在對於生產流程做了錯誤的假設。

這個「金融蛋盒」，就是「房貸抵押擔保證券」（mortgage-backed security），而裡頭裝的蛋，就是現在惡名昭彰的「次級房貸」（subprime loan）。銀行從原始承作房貸的公司那邊，買下了這些有風險的（或是「次級的」）抵押貸款，然後將這些貸款重新包裝為金融產品，買家可以得到往後的貸款償還款項，同時承受這些貸款可能違約不償付的風險。這種再包裝往往會重複很多次——第一次包裝稱為「住宅型房貸抵押擔保證券」（residential mortgage-backed security，或簡稱為RMBS），下一次包裝就是「擔保債權憑證」（collateralized debt obligation，或簡稱為CDO），往下再包裝就是「CDO再包」（CDOs-squared）和「CDO三包」（CDOs-cubed）。

這些住宅型房貸抵押擔保證券、擔保債權憑證和往下再包裝的，都是極為複雜的產品，但其目標卻很簡單：創造出一種金融資產，「保證」能帶來一筆安全且可預期的收入。接下來，這筆可預期的收入會在各銀行、退休基金、其他金融機構間買賣。問題是，當大家誤判了潛在的風險，這些金融資產的價值便會崩潰，而擁有這些資產的公司就會破產。

這些奇怪的房貸抵押擔保產品，到底是如何運作的？

我們先把前面說的「雙黃蛋」改成「臭雞蛋」。接下來，我們把一整批貸款想像成一籃子的雞蛋，其中有些是臭掉的（比方說，有五％），銀行把這一籃子雞蛋重新包裝成一盒六顆，自己留下一顆，剩下的其他五顆賣掉。這也意味著，那五顆蛋的價錢，包含了買到臭雞蛋的風險。我們假設，臭掉的雞蛋不會一整批同時出現，因此每盒出現至少一顆臭雞蛋的機率是二七％。要是第一顆雞蛋是臭掉的，那麼銀行自己率先倒楣，但這是他們樂意承受的風險，因為他們賣掉其他五顆蛋，已經很有賺頭了。

如果這盒裡面又有另一顆臭雞蛋，那麼這第二顆蛋的買主——稱為「初級投資人」（junior investor）——就是下一個倒楣的。我們計算了一下，出現第二顆臭雞蛋的機率只有三％再多一點，初級投資人用很便宜的價格買到這顆蛋，雖然有風險，但其實很值得。接下來，「高級投資人」（senior investor）則買了剩下的蛋，由於再出現臭雞蛋的機率很低，只有大約〇．二％，所以他們付的價錢最高，但他們並不介意高價，因為他們要的是安全且可預期的收入。

銀行重新包裝這一籃子雞蛋有其道理，因為有些投資人想要比較安全的投資、不介意多花錢，有些投資人則寧可冒一點風險，買較便宜的蛋。但為什麼要重新包裝兩次、三次，或四次，創造出CDO再包、CDO三包等等呢？

這是有原因的。第一顆蛋臭掉的機率最高，最後四顆蛋則幾乎可以確定是新鮮的。比較有意思的是第二顆蛋，這顆蛋比較安全，但也沒那麼安全，所以銀行可以拿六個「第二顆蛋」，重新包裝成另一盒。這時銀行同樣會留下重新包裝後的第一顆蛋，同時將這一盒中的「第二顆蛋」重新包裝，再讓另一批投資者買剩下四顆蛋。

整個過程可以重複很多次。每一次重新包裝，看起來都是完全合理的，確保偏好不同風險程度的投資人，都可以付出合理的價格。

接下來，就是這個重新包裝所隱藏的潛在陷阱了：如果銀行算錯，那麼隨著每一次的重新包裝，算錯的後果就會急遽放大。

還記得我們先前假設，籃子裡任意一個雞蛋臭掉的風險是五%。因此，第一盒雞蛋裡，第二顆臭掉的機率只有三%。然後接下來，這些臭掉機率為三%的第二顆蛋，就組成「擔保債權憑證」（CDO）的這盒，其中任意一個雞蛋臭掉的機率是大約一八%，而這盒中第二顆蛋臭掉的機率，則是大約一．五%。「CDO再包」這盒，是由臭掉機率一．五%的雞蛋組成，其中第二顆蛋臭掉的機率不到〇．三四%，風險已經非常小。

問題是：如果從一開始，臭雞蛋的機率不是五%，而是一〇%呢？這樣一來，「住宅型房貸抵押擔保證券」（RMBS）這一盒內第二顆蛋臭掉的機率並沒有從五%降到三%，而是從一〇%**提高**到一一．五%。往後每重新包裝一次，風險都會增加。現在CDO這盒裡面的第二顆蛋是臭掉的機率有一五%，而不是一．五%，兩者差異高達十倍。而CDO三包這盒內的第二顆雞蛋，臭掉的風險則是將近兩千五百倍。這風險高得可笑，但緊接著，沒有人笑得出來了。

## 號稱最安全的投資，最後變成最危險的陷阱

如果臭雞蛋是一整批同時出現，計算的方法也差不多（只是會複雜一點）。為什麼銀行裡的那些數學家，沒想到這些房貸會像後來那樣集體違約呢？也許，有人違約是因為離婚，有人失了業，還有人是因為生病，彼此一點關係也沒有，所以銀行相信這類問題造成的貸款違約只會零星出現，不會集體發生。只要這個假設正確，一再重新包裝貸款就極為安全，就像艾克森女士那樣，買到一盒六顆雙黃蛋的機率是一百萬兆分之一。

但如果房貸違約事件集體出現，就會釀成大災難，最後每顆蛋可能都是發臭的，看似最安全的房貸產品，最後可能會帶來嚴重損失。當然，銀行的那些數學家明白，某種程度的群集現象是有可能的，但群集程度很難衡量*，而且他們估計的基礎數據，顯然是取自某段全美房價上升時期。因此他們似乎沒算到當出現全國性房價下跌，就會使得房貸違約集體大量出現。

事後來看，導致房貸違約的原因簡直太明顯了。次級房貸仰賴的就是房價持續上漲，典型的次級房貸，銀行會在剛貸款的一段期間內，提供房貸戶很低的優惠利率，時間一到，貸款條件就會調整。原本雙方預期房子會增值，銀行就可以依據房子上漲後的價值，調整放款條件。問題是，當房價不漲反跌，銀行就不想冒險繼續放款了，這時候房貸戶會面對還款壓力，還不出錢

的，就會讓銀行沒收價值已經低於當初貸款時的房子。

於是這個ＣＤＯ重新包裝的複雜系統，本來是要保護投資人避開買到臭雞蛋的小小機率，結果卻反而使得問題更嚴重。因為算出來的數字是錯的，每個重新包裝的第二顆蛋非但沒有減低風險，反而**增加**風險。

實際上如何計算這些次貸商品，比我所講的要複雜太多了，前述只是高度簡化版。這些金融數學專家在現實中錯得有多離譜？為了讓大家有點概念，讓我們來仔細研究一下高盛（Goldman Sachs）財務長大衛・維尼亞（David Viniar）所說的話吧。

金融風暴剛開始之時，為了解釋該公司旗下的一檔基金為何突然大賠三〇％，他說：「眼前的狀況，就是連續好幾天出現了二十五個標準差的變動。」

維尼亞的意思是，高盛只是運氣不好。但到底有多不好？財務經濟學家凱文・道得（Kevin Dowd）計算過，要看到連續三天出現二十五個標準差的機率，大概是每 28,900,000,000,000,000,000,000,000,000,000,000,000,000,000,000,000,000,000,000,000,000,000,000,000,000,000,000,000,000,000,000,000,000,000,000,000,000,000,000,000,000,000,000,000,000,000,000,000,000,000,000,000,000,000,000,000,000,000,000,000,000,000,000,000,000,000,000,000,000,000,000,000,000,000,000,000,000,000,000,000,000,000,000,000,000,000,000,000,000,000,000,000,000,000,000,000,000,000,000,000,000,000,000,

000,000,000,000,000,000,000,000,000,000,000,000,000,000,000,000,000,000,000,000,000,000,000,000,000,000,000,000,000,000,000,000,000,000,000,000,000,000,000,000,000,000,000,000,000,000,000,000,000,000,000,000,000,000,000,000,000,000,000,000,000,000,000,000,000,000,000,000,000,000,000,000,000,000,000,000,000,000,000,000,000,000,000,000,000,000,000,000,000,000,000,000,000,000,000,000,000,000,000,000,000,000,000,000 年才會發生一次。

運氣不好，其實不是真正的理由。高盛是在某個地方、以某種方法弄錯了數字，然後他們所經手那些金融工具的極度複雜性，把錯誤惡化到難以收拾的地步。

為什麼金融機構要承作這些次級房貸？他們有大筆閒置的低息資金急著要貸放出去。至於為什麼有這麼多閒置資金？有人歸咎於西方國家中央銀行，有人認為要怪中國政府老是以最低利率

---

＊金融分析家和評論家保羅．威爾莫特（Paul Wilmott）提出了以下這個例子。假設你想衡量耐吉和愛迪達這兩家對手公司股價的群集程度（講得更正式一點，就是相關性）。一開始兩者不怎麼緊密相關，然後假設愛迪達所贊助的一個名人鬧出醜聞，影響愛迪達的形象。於是愛迪達的股價下跌，而耐吉因為市占率增加而股價上升——兩者形成負相關。接著再想像一下，拜精采的世界杯所賜，帶動名牌運動服飾的風潮，兩家公司的股價都上升了。所以相關性大或小、正或負，要看世界上發生了什麼事。如果你只看兩家股價的變化，很難搞清楚到底是怎麼回事，而如果你只看一段期間內的資料，你可能會武斷做出完全錯誤的結論。

貸款給美國。為什麼政府沒及時介入？因為政府對銀行太有信心，以為銀行知道自己在幹嘛。不光如此，銀行也很確定政府絕對不會讓他們倒，因此更大膽的冒更大風險。為什麼這些金融商品的風險被低估？因為這樣才符合許多人（房貸族、銀行還有分析師）的利益。為什麼銀行沒有設法保護自己，讓自己避開風險？其實有。他們設計出一種聰明的保險合約形式，叫做「信用違約交換」（credit default swap）合約，這基本上就是讓他們彼此掩護，或者把責任轉嫁給像ＡＩＧ這樣的保險公司。ＡＩＧ原本高枕無憂，結果卻承保了遠超過自己所能負荷的不當貸款之後，才發現自己置身於危機的中心。

## 便宜的紓困，昂貴的危機

雷曼兄弟公司破產沒多久，越來越多家銀行瀕臨倒閉邊緣。接下來的發展大家都知道了：儘管銀行貪婪又愚蠢，政府卻不能讓金融系統崩潰，所以他們就拚命用納稅人的錢救銀行，導致政府必須加稅、削減公共服務，也害老百姓至今仍在受苦。

真是如此嗎？其實真相沒那麼簡單。

金融風暴的確讓老百姓付出了昂貴的代價。在某些國家（例如愛爾蘭），對銀行業紓困直接造成了政府財政惡化。相對於整個國家的經濟規模來說，這些銀行很大，造成的損失也很驚人，根據二〇一〇年晚期的官方估計，盎格魯愛爾蘭銀行（Anglo Irish，避險基金經理人西歐．法諾斯〔Theo Phanos〕說它「大概是全世界最糟的銀行」）的放款金額有七二〇億歐元（約一〇二五億美元），損失卻高達三百億歐元（約四二五億美元）。這個損失比率簡直無法想像。同時這個金額，也是愛爾蘭國民所得總額的將近二五%——這還只是一家銀行的虧損而已。在英國，蘇格蘭皇家銀行（Royal Bank of Scotland）損失的金額也差不多：二〇〇八年就損失二四〇億英鎊（約四三〇億美元），二〇〇九年則是三十六億英鎊（約六十五億美元）。但蘇格蘭皇家銀行的規模要大得多，而且英國的經濟規模也比愛爾蘭大超過十倍。蘇格蘭皇家銀行的損失，占其放款總額的幾個百分點；盎格魯愛爾蘭銀行的損失，則高達近五成。

在愛爾蘭，政府對銀行業的紓困的確直接造成政府的債臺高築，但在其他國家，情況就比較複雜一點。例如在英國，前首相布朗（Gordon Brown）領導的工黨政府預算赤字達到一年約一千五百億英鎊（二四二〇億美元），平均每個國民每年欠款兩千五百英鎊（四千美元），但其中直接用在銀行紓困的金額很少。雖然英國納稅人的錢被拿去救銀行，但大部分的錢未來納稅人可能會拿得回來。而且政府介入的方式之一，是替銀行提供擔保，讓債權人願意繼續借錢給任何一家英國銀行，後來很幸運的，政府不但沒花到任何錢，最後國庫甚至還賺錢，因為銀行為這些擔保付了服務費給政府。還有一個方式，則是由政府挹注資本給銀行，換來銀行的股份，這項交易最後也可能會讓政府賺到錢。

那麼，英國政府為了救銀行，最後到底花掉納稅人多少錢？這很難說。根據二〇一〇年六月的預算估計，最終的花費可能是二十億英鎊（三十二億美元）。這只是概估，真正的數字有可能多出很多。但納稅人也有可能從紓困中賺錢：二〇〇九年是兩百至五百億英鎊（三百二十至八百億美元），二〇一〇年三月則是六十億英鎊（九十七億美元）。「其實在大部分危機中（這回和以前的都算），納稅人都會獲得償還。」英國央行金融穩定事務執行理事安德魯．霍爾丹（Andrew Haldane）說。

真正的代價，是對總體經濟的傷害。當銀行瀕臨崩潰，他們就會盡其所能的保留現金，以防止自己破產。這表示每一筆借款都受到檢驗，企業忽然發現借不到錢，消費者也感覺到同樣的壓力而減少花費，本來好端端的企業會被拖垮。霍爾丹認為，那場金融危機使英國的國民所得降低約一〇％——而且是長期的降低。「我們從過去的金融危機中知道，這種事情會留下永久性的疤痕。」

損失總額呢？霍爾丹認為可能至少是一兆七千億英鎊（兩兆七千四百五十億美元）——而且搞不好會高達八兆至九兆英鎊（十三兆至十四兆五千億美元）。如同他的結論，「這些金額很龐大。」這是因為經濟萎縮太嚴重，於是政府勢必要加稅，並降低政府支出，以達成預算平衡，而不是因為政府砸錢幫銀行紓困。

## 政府為什麼一定要救銀行？

其實我們該花點時間想想：如果政府不出面紓困，會有多少更糟糕的事情發生。當雷曼兄弟控股公司倒閉，他們的錢立刻被凍結，電話公司、電力公司以及提供廚師、清潔工、保全服務的公司，全都收不到錢，必須等到破產專家研究出公司還剩下多少錢可以分配、分配給誰。就跟一般破產案件一樣，可能要等很久才能解決，搞得大家都很慘。

而雷曼兄弟不同之處在於，該公司手上持有其他銀行的巨款。因為在危機爆發前，該公司跟其他銀行簽訂了幾十億美元的代操契約，賺賠要看石油、黃金、日本政府公債或其他金融商品的價格漲跌。但頓時之間，這些契約在一大片混亂中停擺，可能得花好幾個月、甚至好幾年都拿不回錢。

其他銀行顯然也有倒閉的危險，可能是受雷曼兄弟拖累，也可能他們自己也有跟雷曼同樣的問題。這些銀行彼此相關，只要一家（也或許不是一家，而是兩家、三家、四家）倒閉，其他也會跟著垮掉，我們日常生活所仰賴的金融體系也會隨之崩潰。

在正常的狀況下，大部分先進國家的支付系統都很強大而牢靠。比方在英國，除了一般預料中的正常支援措施之外，還有額外的安全防護，因為把你薪資撥入銀行戶頭的系統（BACS）、提款機連接到銀行的系統（LINK），以及其他各種處理商店簽帳卡和信用卡的系統，全都是各自獨立的，所以更加安全。例如當提款卡系統暫時故障，你還是可以在超市用簽帳卡付帳；或如果超市的系統暫時不接受簽帳卡，你也可以去提款機領錢，用現金買東西。

但有一種狀況，會讓所有系統都同時故障，就是：這些付款系統背後的銀行，全倒了。接下來會怎樣？想像一下，你等著薪水撥入銀行戶頭，但一直等不到——不是因為你的老闆破產，而是因為你老闆的銀行破產了。想像一下你在提款機領不到錢，因為提款機公司不相信你的銀行能拿得出錢。你帶著簽帳卡到超級市場，結果也一樣不能刷。不誇張的說，這簡直是西方文明的末日。難怪這麼多國家的政府別無選擇，只能把數以百億美元納稅人的錢拿去救銀行，好讓他們持續運作下去*。

所以，儘管責怪銀行搞到需要紓困的行為吧，但不要怪政府紓困。雷曼兄弟公司倒閉後不久，當時的財政部長亨利．鮑爾森（Henry “Hank” Paulson）於二〇〇八年十月十四日把一堆銀行老闆找來開會，拿出一千兩百五十億美元美國納稅人的錢，換來九家美國銀行的股份。其中某些銀行拿到的紓困金額高達兩百五十億美元，例如花旗銀行（Citigroup）和摩根大通銀行（JP Morgan）。同時財政部還對新發行的銀行債提供擔保。

何況，芝加哥大學的經濟學家彼得羅・維洛尼西（Pietro Veronesi）和路易吉・金葛雷斯（Luigi Zingales）研究了美國紓困的效果，他們推估鮑爾森的行動花了納稅人兩百至四百五十億美元。雖然說，這是一大筆錢，但美國那一年的預算赤字超過一兆四千億美元，這筆錢也不過就是一星期的平均赤字罷了。但由於鮑爾森送出的大禮，這些銀行的股票和債券持有人大約賺到了一千三百億美元。換言之，花下去的這筆稅金，每一美元平均創造出三到五美元的財富。可惜的是，增加的這些財富，全都屬於銀行股東。對於納稅人來說，當然很火大。鮑爾森送出這份大禮的三個星期前，全世界最成功的投資人巴菲特（Warren Buffett）才入股高盛，還拿到優厚的條件。維洛尼西和金葛雷斯認為，如果鮑爾森能成功要到巴菲特的條件，就能替納稅人賺到超過四百億美元。政府紓困的行動非常值得。只可惜鮑爾森沒能爭取到更好的條件。

＊在我的《迎變世代：臥底經濟學家，教你用失敗向成功對齊》（*Adapt*）一書中，我談到了一些方法，政府可以讓銀行倒掉，同時所有重要的基本功能仍可繼續順暢運作。

## 葛林斯班沒有錯估銀行的自私，而是錯估了他們的能力

探討這場金融風暴時，投資界有兩大信條也備受責難。其中一條責難有理，另一條就比較沒道理了。

第一個信條是「葛林斯班法則」（Greenspan doctrine）：政府的管制原則太寬鬆，才會讓這場金融風暴發生。「葛林斯班法則」主張，銀行資產負債表的最佳守護者是「利己主義」，政府應該保護消費者免於被騙，也要把騙子抓出來關進牢裡，但政府不必擔心銀行會害自己破產。金融風暴剛形成時，擔任美國聯邦準備理事會主席近二十年的葛林斯班是這麼認為的，不過後來他承認自己過去的看法是錯的。

我們可以理解，葛林斯班為什麼對銀行業者的自我毀滅難以置信。很多人都同樣感到難以理解，事實上大部分時事評論者花了好幾個月才恍然大悟，這場金融風暴的問題並不是銀行把垃圾賣給別人，而是銀行自己也在囤積垃圾。葛林斯班並沒有錯估銀行追求自利的動機，而是錯估了他們的經營能力。

其次，很多評論者也主張「效率市場假說」（efficient markets hypothesis）錯了。《泰晤士報》的大衛．懷頓（David Wighton）在二〇〇九年一月評論道：「在達沃斯（Davos）的世界經

濟論壇上，這個理論已經正式宣告死亡，沒有人表示哀悼。」同年六月，羅傑．洛文斯坦（Roger Lowenstein）在《華盛頓郵報》上撰文表示：「從好的一方面看，眼前的經濟大衰退，就可以徹底終結所謂『效率市場假說』的萬靈丹。」

但為什麼這場金融風暴應該歸咎於效率市場假說？要明白原因，我們先來探究這個假說的意涵。本質上，效率市場假說主張的是：理性、得到充分資訊的投資人所預見的一切，已經反映在資產的價格上。如果他們預期股票明天價格會上升，那麼理性的人今天就會買；而如果明天價格會下跌，理性的人就會今天賣掉。但這表示，任何預測這些股票明天會漲的人就是錯的：股票其實是**今天**就會漲，因為大家會搶著買，使得股價一直往上漲，漲到顯然明天不會再漲為止*。

矛盾的是，這個假說預測，如果投資人全都是理性、得到充分資訊的，那麼資產價格的變化，就應該是完全隨機的——因為當所有可以預測的走勢都被準確料中，剩下唯一能影響市場的

---

*嚴格來說，我描述的是「半強式」（semi-strong form）效率市場假說。「弱式」（weak form）是指投資人無法光憑過去的股價變化，去預測未來股價的變動，但接受投資人若是採取比較基本面的方法，例如去分析企業的財務報表和基本趨勢，就可能會賺得利潤。「強式」（strong form）的假說，則是指即使知道內部消息的交易員都賺不到超額利潤，因為他們的內線情報會很快走漏，成了公開的祕密。

力量，就是無法預期的消息。因此，股價應該會呈現數學家所稱的「隨機漫步」（random walk），每天都可能上漲，也同樣可能下跌。更準確的說，股票市場應該會呈現出「朝一種趨勢漫步」的狀態，指的是長期而言平均股價會緩慢上升。

這個假說的矛盾在於，如果資產的價格變化真的不可預期，那麼投資人就沒有誘因要保持消息靈通了。他們可能還不如完全隨機買股票。但如果每個人都是隨機買股票，那就為投資者提供了機會，可以藉著蒐集更充分的資訊，來勝過隨機買股的人。

## 在超市結帳，怎麼排隊最聰明？

就像在超市的收銀檯排隊，要排哪一列隊伍最快？按照效率市場假說，這個問題根本不必擔心：如果其中一個收銀檯看起來最快，大家早就去排，所以，你根本不用傷腦筋，隨便選一個收銀檯即可。

常在超級市場裡面趕時間的人，都知道這不完全正確：有些收銀檯會比較慢，因為排隊的人當中有人推著滿滿一車小東西，或是抓著一大疊折價券。話雖如此，其實我們也不必費事去分析哪個收銀檯最快，因為我們通常都會覺得自己所排的那一列很慢。

有很多證據顯示，投資股市也很類似。效率市場假說認為，沒有明顯的便宜可占，別想輕易預測，也不會有一夜致富的策略。效率市場假說教我們不要聽專家、基金經理人的甜言蜜語，不要管城市經濟學家的預測，甚至別想要買低賣高——因為實際上我們會在股市大漲時買進，然後在大跌時恐慌賣掉。相反的，我們應該小額的購買各種不同的股票，別期待發大財；我們應該多樣化投資，每樣的金額都不要太高，避免太自作聰明。過去，乖乖這麼做的投資人，績效也確實勝過那些高估自己選股技巧的人。

所以我的確認為，就這樣一筆抹煞效率市場假說，太過武斷了。這個假說依然是一個很有用的指引，讓我們能謹慎、務實的投資。

銀行把盒裝雞蛋賣給投資人的時候，都宣稱這些雞蛋既便宜又幾乎零風險。但任何一個相信效率市場的投資人都會問：「有什麼陷阱？」會這麼問的人，顯然就是那些與次級房貸市場**對賭**的人。麥可．路易士（Michael Lewis）的著作《大賣空》（*The Big Short*）中就有生動的一幕：葛瑞格．利普曼（Greg Lippmann）辦了一場晚宴，讓看好與看壞次級房貸商品的人都來參加。其中，少數看壞次級房貸市場的人認為必有陷阱，在他們眼中，那些盒子裡顯然裝著臭雞蛋，既然如此，為什麼還會有人看好而投資呢？當他們在晚宴中遇到了看好次級蛋盒的投資者，才發現還真的有人這麼蠢！

我也很好奇，為什麼金融風暴會讓人質疑效率市場假說，早在本書初版探討網路股泡沫化時，我們就知道這個假說有其限制。一九九〇年代後期，有些睿智的投資經理人就清楚看出網路股泡沫是泡沫，例如已故的東尼・戴伊（Tony Dye），在泡沫形成的早期就避開了網路股，最後證明他完全是正確的。

但他還沒來得及證明自己正確，就丟了飯碗。因為雖然最後證明戴伊是對的，但因為泡沫在破掉之前不斷膨脹，他的客戶也在過程中錯失了肥美的利潤。外界推測，戴伊是被迫離職，他的問題出在：沒讓客戶開心賺到錢。

那斯達克的高科技股和次級房貸抵押擔保證券一樣，兩者都被嚴重高估。在網路股泡沫不斷膨脹時，投資人很輕易就假設那些打造網際網路企業模式的經營者一定很厲害，後來碰到複雜度驚人的「CDO再包」和「CDO三包」等商品，投資人懷著同樣的想法，也因而被害慘了。差別在於，金融風暴的後果，遠遠大於網路股泡沫化——造成的經濟衰退時間長得多、傷害深得多、需要政府援助的規模也更大得多。等到一切水落石出，對全球經濟造成深遠而持久的損害，卻已經是無可避免了。

# 第7章

# 撲克、愛情與利率

## 賽局理論，如何價高者得？

有些人只知道價格，卻不理解價值。
——王爾德對憤世嫉俗的人所下的定義，現在泛指經濟學家

假設你請了一位經濟學家來幫你賣房子，他辦了一場不錯的拍賣會，跟你保證可以將房子以你認為的價值三十萬美元賣出。

拍賣會開始了，大家開始競標，但結果把你嚇呆了、也讓那位經濟學家很沒面子，因為房子居然還賣不到三千美元。害得你現在沒房子又幾乎沒錢，太太跟你離婚，你下半輩子只能住在陰濕的地下室裡。

就在這時，你隔壁鄰居剛好也要賣房子，找了另外一位經濟學家幫忙。這位經濟學家也設計了一場看來很不錯的拍賣會。鄰居本來也希望房子能賣到三十萬美元，結果大家不斷競標，價格越喊越高，最後房子以兩百三十萬美元成交。

太誇張了？一點也不。類似的事情真的發生過，但主角不是屋主，而是政府。你只要將上述的「房子」改成「空氣」——說得更具體些，就是無線通訊

頻譜。世界各國政府都會將頻譜使用權賣給電信公司。頻譜是有限的，而我們已經知道，只要擁有稀有性，就能賺錢。可惜，不是每一位經濟學家都懂得設計拍賣機制，把稀有性賣出好價錢。以上述賣房子的例子來說，有人拍賣結果還不到期望的一％，但有人卻能以超出預期十倍的價錢成交。

這不是運氣的問題，而是使用的方法有差而已。拍賣空氣（頻譜），就像賭撲克一樣，需要懂門道，而且賭注非常高。

## 你對別人的預測，會決定你自己的行為

很多認識數學家約翰・馮紐曼（John von Neumann）的人，都說他有「全世界最棒的腦袋」，有些人甚至將馮紐曼跟他在普林斯頓大學的另一位同事相提並論，那就是愛因斯坦。馮紐曼是個天才，傳說他有一種近乎超人的智慧。據說，馮紐曼曾受邀協助設計一種新型超級電腦，而新電腦必須能解答一個重要的數學新問題，是當時既有的超級電腦解不出來的。馮紐曼問了對方是什麼問題，接著在幾分鐘之內用紙筆解出來，然後婉拒了這個邀請。

馮紐曼在許多領域都有卓越貢獻：邏輯、集合理論、幾何學、氣象學以及其他數學相關領

域，另外他在量子力學、核子武器、電腦等領域的開發也扮演了重要的角色。不過，在此我們感到興趣的，是他身為賽局理論（game theory）創建者的角色。

對賽局理論學家而言，**在任何一場賽局中，你對另一個人行為的預測，會影響你自己的決定**，包括賭撲克、核武戰爭、談戀愛，還有拍賣會中的競標都是如此。

其實賽局理論的原理很簡單，以開車為例，就是一種很直截了當的賽局。如果我靠右行駛，你也靠右行駛，那麼我就能享受到好處（順利開車）；如果我靠左行駛，你也靠左，我同樣能享受到好處。可是如果我們其中一個決定行駛不同方向，我就會得到很壞的結果——被救護車送去醫院。如果我們相撞，你也會得到很壞的結果，但依據賽局理論，我通常並不理會你會得到什麼結果，唯有在「有助於我預測你的行為」時，我才會關心你會得到什麼樣的結果。

如以上所述，賽局理論通常會以一些小故事或軼聞趣事來陳述，但是這些故事會讓人忽略一件事：賽局是一種數學。偉大的賽局理論學家都是出色的數學家，例如馮紐曼，以及諾貝爾獎得主約翰．納許（John Nash，知名傳記電影《美麗境界》的主人翁）。納許以革命性的新方式預測賽局結果，就是來自數學的應用。

馮紐曼對撲克很著迷，在研究撲克時，他發明了一套數學工具，不但對經濟學家十分有用，還可以讓所有人藉此了解男女交往、演化生物學，或是美蘇冷戰。

撲克牌的基本原理很簡單：參與的玩家過程中都不能亮牌，直到最後攤牌時，牌最好的人就能贏得這一局，拿走所有累積的賭注。每一個玩家如果想玩下去，就必須持續下注，中途會有人放棄，寧可損失一點小錢，也不願意冒險輸掉更多。如果除了你以外的所有玩家都放棄，那你就可以贏得這一局，且不必亮底牌。

所以當你在玩撲克時，基本挑戰就是「算」出是否值得花錢繼續玩下去。機率理論幫不上什麼忙，因為光計算你手上的牌是否比其他人好並不夠，你必須分析其他對手下一步會怎麼做。下注少，就表示他的牌不好嗎？還是對方設圈套，想騙你多冒一點風險？下注多，是否又代表他有一手好牌，抑或只是虛張聲勢？同時務必留意，你的對手也在觀察你下注的情況，所以你一定不能被看穿。

撲克就是充滿了這類的連鎖預測：「如果他認為我認為他認為我有四張老K，那麼……」撲克是一種兼具運氣和技巧、充滿奧祕的遊戲：每個玩家都有其他玩家所不知的密招。像西洋棋就純粹靠技巧，一舉一動都攤開來，人人都能看見。但換了撲克，任何一個玩家都無法知道全部的真相。

這個時候，賽局理論就派上用場了。馮紐曼相信，如果能用數學分析撲克，就能將所有人之間的互動看得一清二楚。玩一場撲克遊戲的人不多，牌桌上有機運、祕密與算計，大家都想以智取勝。其實戰場上領軍的將士、戀愛中的男女，都需要類似的「手段」。**許多人與人之間的互動都可以視為一種鬥智，就像玩撲克一樣**。這些互動都是理論家所謂的「賽局」，並用賽局理論加以探討研究。

## 生活中要玩「經濟賽局」，就要有真金白銀

經濟生活也不例外。馮紐曼與經濟學家奧斯卡．摩根斯坦（Oskar Morgenstern）合著的《賽局理論與經濟行為》（*Theory of Games and Economic Behavior*）一書，於第二次世界大戰末出版，被視為賽局理論的聖經。自此之後，賽局理論和經濟學就關係緊密：絕大多數研讀經濟的學生都學過賽局理論，還曾有幾位賽局理論學家獲得諾貝爾經濟學獎。

現實生活中「經濟賽局」的例子太多了，例如房東與房客之間的討價還價、政府與工會的協商、中古車業者和買家等。當然還有產油國的算計：要遵守石油輸出國家組織減產的規定以抬高油價，還是讓其他國家減產、自己卻趁著油價上漲拚命提高產量？

另外一個本章要深入探討的例子，是握在政府手中、電信業者垂涎欲滴的無線通訊頻譜執照。執照數量有限。每一位競標出價的業者都知道，只要取得執照，就可以帶來利潤（也因此知

道頻譜執照很值錢），但沒人能確定到底利潤有多少。而政府的挑戰，是必須查明清楚哪些電信業者最能善用頻譜執照、執照對他們而言值多少錢。理想狀況下，政府會希望將執照發給最能善加利用的業者——既然要分配寶貴的公共財，他們也希望替納稅人爭取最大利益。

照馮紐曼的觀念來看，頻譜執照競標和玩撲克牌一樣，兩者都是賽局，而且過程中玩家都得投入大筆資金。如果沒有賭注，撲克就不是撲克了。錢，是賭撲克的關鍵。因為賭撲克的時候，**「下注」本身也會傳達「玩家手上是否有好牌」的訊息**，不賭錢，所傳達的訊息就沒什麼參考價值了——畢竟我們都曉得，空口說白話很容易，但是當你賭上真金白銀，任何舉動就會非常謹慎。

頻譜執照競標也是同樣的道理。研究賽局理論的經濟學家認為，公共財產（無論是鑽油權或無線通訊頻譜使用權）的分配，都應該以類似賭撲克的方法進行。為了避免競標廠商空口說白話，政府應該強制業者必須拿出一大筆錢來，這樣每一家參與競標的業者才會「說話算話」。

## 價值三十萬的房子以三千美元賣出，搞什麼飛機

一九九〇年代末期，美國政府聘請賽局理論學家協助出售頻譜使用權。這可不是一項簡單的任務：一家同時投標洛杉磯和聖地牙哥執照的電信業者，會希望同時取得兩地的執照，否則乾脆

都不要，因為兩個相鄰的系統，經營成本會比較低。但如果不知道聖地牙哥由誰得標，又如何能明智的競標洛杉磯呢？這個複雜的問題，當時交由一組複雜的賽局理論來解決，賽局理論學者為此，設計了一套拍賣規則。

剛開始，拍賣非常成功，政府也因此有了一大筆收入，但幾次之後就出問題了。學者們雖然正確掌握到問題的複雜面，卻犯了一些簡單的錯誤。

舉例來說，他們未規定競標金額必須是整數，不能有零頭。於是，電信業者們利用這個漏洞，在競標金額的零頭數字上填入電話區域碼，暗示自己對哪一個區域的執照有興趣。這樣一來，大家不必彼此對抗、積極搶標，就能用便宜的代價瓜分全美國的電信市場。也就是說，他們根本不必事先串通（那是違法的），拍賣規則設計上的漏洞，讓他們可以傳送清楚的暗號。

這似乎是作弊，但無法抓到證據。首次拍賣會過了三年之後，一九九七年四月一場拍賣會的所得，竟不到預期的一％。這就好像以不到三千美元，就賣掉你那原本值三十萬美元的房子。

我們似乎很難想像怎麼會發生這種事，但道理其實很簡單：如果只有幾個人想買你的房子，他們就可以講好不要互相競標，把價格壓到最低，最後以便宜價格買到房子的人，必須給其他人一些「補償」。最常見的補償方式，就是在以後的拍賣會上不出價競標。同樣的，電信業者似乎也找出了一種達成共識的方法，不彼此競標執照。這讓賽局理論非常難堪，頻譜執照就差一點免費送給業者了。政府就像個天真的撲克玩家，沒發現房間裡有隱藏攝影機，也因此不曉得其他玩家靠著一連串點頭、眨眼等暗號，正輪流贏走他的錢。他根本不知道，這是一場什麼樣的賽局。

## 手上的牌越爛，越需要你裝模作樣

大家現在一定都已經明白，賽局理論是一種數學，也是一門技藝。所有的賽局在推演出模型之前，都要先訂出一些簡化的基本假設，如果假設失誤（例如，以為競標者不會利用區域號碼傳遞暗號），就要從錯誤中推演出更好的解答。

最困難的挑戰之一，正是源自賽局理論本身：它是由納許和馮紐曼這種近乎超人的天才開發出來的。這是賽局理論的一大優勢，卻也是一大弱點，因為**賽局理論要成功，就得了解一般凡人的腦袋如何運作**。賽局理論是以數學方程式的解法，來表達人們可能會怎麼做。它的假設是：玩家們都超級理性，可以立即解出非常困難的問題。但如果要讓賽局理論成為實用的工具，用來解釋一般人的實際行為，這樣的假設看起來就顯得不切實際了。納許和馮紐曼也許可以當場解決這類困難的問題，我們其他人就做不到。

我們都沒有天才的腦袋，大部分人在玩撲克時，只要手上有一半好牌，就會開始試圖虛張聲勢。但馮紐曼為我們指出正確的玩法：**拿到一手爛牌時，才應該虛張聲勢**。馮紐曼的追隨者克里斯・佛格森（Chris Ferguson）在贏得二〇〇〇年的世界撲克大賽時，就證明了這一點。但是在家裡跟三、五好友打個小牌，並不是世界撲克大賽，碰到喝醉了又亂虛張聲勢的玩家，要怎麼利用賽局理論呢？

這當然不是要推翻賽局理論。建構模型時是有可能納入各種錯誤、疏忽、資訊誤判，以及玩家的各式各樣差錯，以符合馮紐曼那種超高標準。麻煩的是，要列入考慮的錯誤越多，賽局理論就會變得越複雜，也越不實用。對賽局理論學家而言，經驗和純理論一樣重要，因為如果賽局複雜到玩家無法搞懂，那麼這項理論就會幾乎失去實用性，因為它無法告訴我們玩家實際上會怎麼做。

一九九六年底，在一場針對賽局理論如何應用於拍賣會的研討會中，一位英國的重要拍賣理論學者也表達了同樣的看法。

保羅・克倫培勒（Paul Klemperer）在演講中途，沒收了兩位聽眾的皮夾，清點裡面有多少錢，然後問這兩位「受害者」，若要將兩個皮夾中所有的錢（金額不明）賣給出價比較高的那一位，最佳策略是什麼？

這兩位聽眾當場實在想不出來。難處在於，兩個人都不知道拍品的實際價值是多少，這也正是許多拍賣會（包括頻譜拍賣會）競標者的共同難題。兩位聽眾當然曉得其中一部分拍品的價值，因為他們知道自己的皮夾裡有多少錢，但是並不知道對方的皮夾裡有多少。頻譜拍賣會也有類似的問題：每個投標者都有自己的預測和計畫，但也只知道別人大概會有不同的想法。理論上，最佳策略就是利用其他人投標所透露出來的訊息，但這其實並不容易。

回到剛才皮夾的例子。有一個方法就是讓這兩人相互競標，直到競標價格到達自己皮夾裡的錢的兩倍。這一來，最後將會是皮夾裡錢比較多的那個人得標，而且他實際上付出的錢，少於兩個皮夾的錢的總和。只不過，他必須面對的風險是在拚命喊價之後，出價可能過高。

研討會上被沒收皮夾的這兩位老兄，可不是等閒之輩，他們是肯尼斯・賓默爾（Kenneth Binmore）和提爾曼・伯格斯（Tilman Börgers），都是拍賣會賽局理論的專家。不久之後，英國為了3G執照分配，將會組成一個學者團隊負責設計拍賣機制，而克倫培勒、賓默爾、伯格斯就是這個團隊的成員。

他們面臨了兩個很大的挑戰。第一個挑戰是，避免像美國政府一樣，被作弊的投標者以計謀擊敗；第二個挑戰則是，如果連他們自己都無法當場想出各自的最佳拍賣策略，又怎能預期一堆競標業者的行為會跟賽局理論預測的一樣？如果這些業者的行為果真無法預測，誰曉得會出現什麼狀況？

## 解決日常生活的疑難，並提供簡單明瞭的建議

二十世紀最有影響力的經濟學家約翰・凱因斯（John Maynard Keynes）一直渴望，有朝一日經濟學家不再以研究理論為主，而是「比較像牙醫」那樣接受一般人諮詢，解決日常生活的疑難，並給出簡單明瞭的建議。目前經濟學還做不到這一點，任何經濟學家如果想要有牙醫一半的功能，就必須將經濟學融入現實生活中的各種慘痛經驗：玩家會作弊、投標者會犯錯、外表會騙人等等。拍賣會就像玩撲克、西洋棋一樣，不可能永遠照著賽局理論學家的預料發展。

紐西蘭政府早在一九九〇年就開始拍賣無線電頻譜，當時協助策畫的一群經濟學家似乎不太了解現實世界的狀況，因此得到慘痛的教訓。例如他們舉行拍賣會時，沒有確定投標者是否有興趣、沒有設定底價，還採用了很新奇的「維克瑞拍賣」理論，導致了相當難堪的結果。

「維克瑞拍賣」是以發明者、諾貝爾獎得主威廉・維克瑞（William Vickrey）的名字命名，他也是最早將賽局理論應用於拍賣的重要貢獻者之一。維克瑞拍賣是一種「次高價密封出價拍賣」（second-price sealed-bid auction），所謂「密封出價」，指的是每個競標者寫下自己的投標

價，裝進信封袋，開標時將信封打開，最高價者得標。「次高價」這個奇怪的規則，則是指得標者要付的，不是自己的投標價，而是第二高價者的出價。

這背後的邏輯是這樣的：在「次高價」的規則下，任何競標者都不會有誘因去壓低自己的出價，因為壓低出價只會影響自己得標的機率，但不會影響成交價格。對理論學家而言，這一點也不奇怪：畢竟，在蘇富比（Sotheby's）或佳士得（Christie's）這類傳統的拍賣會上，價格也是由出價第二高者決定的，因為當原本出價第二高的人放棄繼續出價，競標就結束了。

對媒體和許多人來說，維克瑞拍賣真是怪得可以。在一般傳統的拍賣會上，永遠沒人知道最高出價者最多願意出多少錢，但是用維克瑞拍賣法的話，這個答案就是公開的。可想而知，紐西蘭人民想知道的是，為什麼出價十萬紐西蘭幣（約七萬兩千美元）的競標者，最後只要付六元紐幣（四塊多美元），或是為什麼某人明明出價七百萬紐幣（五百多萬美元），最後只要吐出五千紐幣（約三千六百美元）？儘管賽局理論家知道，一般而言維克瑞拍賣法的成交金額，不會比其他類型拍賣法低，因為維克瑞拍賣法不要求得標者付最高出價，就是鼓勵大家盡量出價競標，但看在媒體和民眾眼中，維克瑞拍賣法讓紐國政府臉上無光。

如果經濟學家渴望效法牙醫業，就必須仔細思考如何從錯誤中學習經驗，繼續從慘痛的教訓中，發現新的錯誤。

## 交易要成功，需要「夠認真」的競逐者

當年英國政府考慮以拍賣會出售頻譜使用權，是很大膽的一步。前面提到，美國的頻譜拍賣雖然剛開始很成功，後來卻因為設計拍賣會的賽局理論學者們設想不周全而失敗。另外還有紐西蘭政府，也讓自己淪為笑柄。但失敗的國家可不只美國和紐西蘭，澳洲也舉辦過電視執照拍賣，但因為拍賣規則有種種漏洞，被競標者加以狠狠利用，主事的內閣首長也因此下臺。既然拍賣有種種風險，英國為什麼還要這麼做呢？

和美國政府一樣，英國政府希望把執照賣給最能善用資源的公司，同時藉此機會賺點錢。當然，還有另一個沒有明講的目的：避免讓官員和政治人物下不了臺。對紐西蘭和美國的納稅人而言，拍賣進帳雖少，總好過將執照免費送出。不過對政治人物而言，將公共資產免費送出可以做人情、累積人脈，因此，學者們必須證明拍賣會確實比較好才行。

這就要仰賴賽局理論，來展現拍賣會的力量。其中，最重要的一項挑戰就是如何讓最合適的買家標得執照。執照的數量有限，如果其中一個執照落入 timharford.com 這個古怪的新公司*，沒有

---

*編按：本書作者的網站。

相關經驗，也沒有能力善用這個寶貴的資產，那就是可恥的浪費了。這些執照應該交給最有能力的幾家公司，以最低成本提供客戶最佳品質的服務。而這幾家公司之間的競爭，就會決定價格。

那麼，要如何找出最有能力的公司呢？一個方法就是直接去問他們，但是這些公司當然會吹噓和自誇。有的會說自己經驗豐富，有的會說自己的技術最新。但是哪家公司會說真話？畢竟空口說白話太容易了。

另一個似乎更可行的方法，就是委由一組專家評估，決定哪些公司最有資格。但現在全球手機科技快速進展，大部分專家都會跟業者有財務上的利益關係——哪個專家能完全跟業界不來往呢？就算能找到真正公正無私的專家，這種人反而會因為難以獲取業界的相關情報，而無法正確評估各種新科技的未來潛力。

賽局理論顯示，只要辦個拍賣會，就可以克服以上所有複雜問題。為了簡化起見，我們想像一個只拍賣一張執照的簡單拍賣會，就像傳統的拍賣會，讓競標者在現場喊價、越喊越高。不過，只有一點不同：**每一位留在拍賣會場的人，都願意付現場喊出的最高價；放棄競標的人，就必須離開會場，不能再進場**。這種稍微有點不同的拍賣會，比較容易用賽局理論分析，但同時也很接近現實世界裡許多執照拍賣的情況。

接下來，每位競標者都必須確實評估執照值多少錢。他們的創新想法越好、科技越便宜，標得執照後就能賺越多錢。當然，沒有任何業者能完全預估自己拿到這張執照之後能賺多少利潤，但是業者自己的判斷，會比任何外部專家的評估來得準確。

當拍賣會展開，價格就開始節節高升，一旦執照的喊價超過競標業者自己所評估的價值，他們就會開始退出，離開拍賣會場。第一批退場的，會是那些對自己的計畫和科技沒有信心的公司。如果價格一路上升，一直都沒有人離開會場，那麼所有競標者就會曉得，其他人也相當看好整體市場的前景（這種拍賣會跟蘇富比的傳統拍賣會不同，因為蘇富比拍賣會進行的時候，你永遠不知道哪些人還會繼續出價、哪些人只是看熱鬧）。相反的，如果有競標者早早就退出，其他競標者就會注意到，並調整自己先前的假設。這樣的拍賣會，巧妙整合了所有競標者的集體智慧。同時，也沒人有辦法說謊。空口說白話不用花什麼錢，但競標很昂貴。任何公司若看到執照的喊價尚低於心目中的預估價值，就不會退出；而一旦價錢喊得太高時，就不會繼續出價。在某種意義上，拍賣會就像是馮紐曼的撲克賭局：因為有損失金錢的危險，競標喊價就會非常小心。不過從另一個角度來說，拍賣會一點也不像玩撲克，因為競標者完全無法虛張聲勢。

這種拍賣會迫使每個競標者說實話，坦誠公布自己對這張執照價值的評估。同時，拍賣會也把所有競標者的觀點讓所有競標者知道，於是競標者得以修正自己的想法。而且，在同一時間裡，拍賣會的喊價還在不斷增加。

賽局理論顯示，這種簡單拍賣會帶來現金的能力，通常比其他協商類的方法更強大。不過，這點其實並不明顯。還有一種做法，就是賣家可以設定一個拍賣底價（公開或保密），低於底價就不賣。或者，賣家同時與幾位買家祕密協商，並且不讓買家知道協商的真實情況。或者，賣家也可以輪流對每個買家提出一個價格，而且不接受討價還價，不要就拉倒。另外還有很多很多方法，有這麼多各式各樣的可能，賣家怎麼知道哪一種賣法才是最有利可圖的呢？

關於這一點，賽局理論有直截了當的答案。在一九九〇年代中期，克倫培勒與傑洛米．布洛（Jeremy Bulow，他後來也成為這個拍賣會籌畫小組的一員）發表了一篇論文指出：只要能吸引一位認真的買家入場，簡單拍賣會就能比前述任何一種方法達成更高的賣價。

克倫培勒和布洛的這篇論文中，除了認為拍賣會可以達成更高賣價之外，最後還指出，拍賣理論學家專注的重點應該很明顯：**如果希望拍賣會成功，就要有很多夠認真的競標者**。

## 英國3G執照拍賣的成功祕密

這場英國拍賣會的籌畫小組自然卯足全力，以確定認真的競標者會來參與。

二〇〇〇年三月，已經有十三家競標者登記，各付五千萬英鎊的保證金，準備透過網際網路在遠端進行投標。早在拍賣會開始之前一年，籌畫小組就已經四處宣傳，也確定了英國是歐洲第一個拍賣3G手機執照的國家。看起來可望是一場競爭激烈的拍賣會。

籌畫小組注重細節到了走火入魔的地步。他們以電腦模擬來測試拍賣機制，還找了一群學生扮演電信公司經理人，以測試拍賣流程。他們仔細檢查拍賣會的種種細則，想找出漏洞並趕緊解決，甚至安排好如果有什麼可疑的問題，就將拍賣會延期。儘管看似有萬全的準備，但誰也不敢保證拍賣會成功。

這個拍賣會所設定的進行方式，是一連串短暫的回合（每回合約半小時），每回合各個競標者必須提出新的更高價或退出競標。不提出更高價的人就得退出，每位競標者在正式退出競標前，只有三次「不加價」（pass）的機會。剛開始每天有兩回合，但各競標者漸漸熟悉競標流程後，回合數也可以增加。每回合的結果都會立即在網路上公布，也就是說這場拍賣會的過程全世界都看得到。

最初，拍賣會的期望是能得到一大筆錢：約二、三十億英鎊，相當於那一年英國所得稅總額的百分之一。儘管拍賣籌畫小組很緊張，但也很興奮，因為除了四家市場上地位穩固的電信公司外，另外又有九家新公司加入競標，因此籌畫小組預期，拍賣會應該會成功。

籌畫小組認為，這九家新公司之所以有興趣加入競標，部分原因是提供拍賣的共有五張執照。原本工程師認為現有的無線電波只能容納四張執照，且均可涵蓋全國，而市場上已有四家地位穩固的電信業者，如果這場拍賣會只有四張執照提供拍賣，這四家業者應能輕易得標，其他自認沒有機會的業者，就根本不會參與競標。所以，當發現頻譜足以多容納一張執照時，籌畫小組的經濟學家們鬆了一大口氣。這一張多出來、稱為「執照A」的執照，就是要吸引尚未進入英國手機市場的新公司前來競標。

拍賣會的想法是，當大家競標執照A，會連帶提高其他四張執照的價格。依照拍賣規則，拍賣喊價低的競標業者，必須繼續出價或選擇退出，但只要繼續出價，改標另一張執照也可以。在這種情況下，所有業者都會選擇投標當時看來最有價值的執照。這就表示，當大家激烈競標執照A，會拉高其他執照的出價——每次只要執照A的價格高於其他四張執照，這四張執照看起來就比較划算。這會鼓勵新業者放手一搏，挑戰已在市場站穩腳步的公司，爭取這四家電信業者原先視為囊中物的執照。當這四家業者提高出價，其他新公司就會回頭改標執照A。

儘管同時拍賣五張執照的狀況解釋起來有點複雜，但競標者倒是很容易掌握最佳策略。因為不知道拍賣何時結束，所以競標者必須確認自己處在一個安心的狀態。最佳策略就是評估所有的執照，挑一張看起來最有價值的，提出更高的標價。如果覺得所有執照看起來都不值那麼多錢，那麼就應該退出競標。拍賣方式的簡單易懂，或許也是這麼多家公司決定參與的原因之一，而且不像世界撲克大賽或前述皮夾賽局，這場拍賣會幾乎是簡單得連傻瓜都能懂。

## 沒有人想當第一個退出競標的人

想像一下，假設這回輪到你的房子拿去拍賣，而這場拍賣會時間很長，持續了好幾星期。你聽說過關於其他拍賣會的失敗故事，所以很擔心賣不到期望的三十萬美元，甚至最後還會像你不幸的鄰居那樣，落得離婚又身無分文的下場。

拍賣會的第一星期，你真是如坐針氈，但出價慢慢開始上升，你的血壓也逐漸下降。最後出價喊到二十五萬美元——你知道無論如何，結果不會太壞了。

幾天之後，出價喊到三十萬美元，你露出微笑。從此之後，多出來的都是額外的紅利，說不定會賣到三十一萬、三十二萬，或甚至三十五萬。誰曉得？

然後價格還在繼續追高。到三十二萬了。然後是三十五萬，四十萬，五十萬。怎麼回事？會運氣這麼好？你簡直不敢相信。

英國的頻譜拍賣會就是類似的狀況，只不過價格多了一萬倍——不是三十萬英鎊，而是三十億英鎊。拍賣會的第一個星期很順利，因為規定競標者必須不斷出價，所以拍賣會的總收入不斷拉高。大約競標了二十五回合之後，每張執照的喊價已經高達四億英鎊。過了五十回合，總額已達三十億英鎊——也就是英國政府原先預期的價格（雖然競標者的保證金後來增加到一億英鎊，但現在相較之下就不算什麼了）。

這時，奇妙的事情發生了：十三位競標業者沒人退出，都還持續出價，執照的價格也因此節節上升，絲毫沒有慢下來的跡象。

拍賣會持續進行下去，媒體也開始關注起來。拍賣籌畫小組成員的照片出現在報紙上，記者設法解釋籌畫小組做了些什麼事，大家漸漸發現，有件值得關注的事情正在發生。

拍賣經過了第六十回合（總收益：四十億英鎊）、第七十回合（五十億英鎊）、第八十回合（七十億英鎊）。三月過去，四月來臨，價格仍持續上升。拍賣籌畫小組並未對外發表任何看法，但是私底下興奮又緊張。

這次拍賣會的成功，反而造成另一個問題：時間拖太久了。有人很擔心，萬一美國股市崩盤、牽連到英國，摧毀了競標者的信心，害整個拍賣會倉卒結束，那該怎麼辦？一億英鎊的保證金顯然太少了，要是競標者改變心意想要棄標，也不會在乎這一點保證金。

還是說，拍賣會要加速進行？

結果，這些擔心都是多餘的。四月三日上午，拍賣會進行了將近一個月，總收益已超過一百億英鎊（等於每個英國人平均可以分到兩百英鎊，或四百美元）之時，情況終於出現變化。第九十四回合結束之後，其中一個競標業者新月電信（Crescent）宣布退出。接下來，拍賣會開始迅速出現變化。同一天下午，進行至第九十五回合時，又一個競標業者3G-UK退出。次日上午的第九十七回合，第三個競標者頻譜公司（Spectrum）也放棄。還有一些競標者雖然沒有退出，但也開始不追高出價，而是祭出「不加價」這一招，拖延時間。到了第九十八回合，Epsilon也退出。次日四月五日的中午，One-Tel公司也放棄了。

前面九十三回合都沒有任何業者退出競標，接下來三天之內的八回合中，有五位競標者退出。現在只剩下八位競標業者。

為什麼一下子有這麼多人退出競標？也許是礙於面子：誰都不想成為第一個退出的人，但一旦新月電信放棄，其他一直苦撐的競標者自然抓住機會跟著走人。

## 三十萬的房子以兩百二十五萬美元賣出，這是在作夢嗎？

不過，賽局理論學家則有不同的解釋：競標者可以從其他人競標的情形，得知3G執照的可能價值。這也是公開型拍賣會機制透明化所帶來的好處。相較之下，另一個常用的競標方式「密封出價」拍賣（sealed-bid auction，讓每個競標者各寫下一個投標價格，裝在信封中交出去），會讓競標者在不明狀況中瞎猜，很可能還會導致投標價格非常保守，政府也因此損失許多收益。

但在公開的拍賣會中，即使價格高到超過任何人預期，當競標者看到其他十二個競爭對手仍然繼續喊出高價，也會產生同樣的信心，預料執照將非常有價值。當然，每家公司都有自己的計畫、技術合作夥伴以及銷售方案，也估算過執照的價值，但那都只是推測的，透明化的拍賣會能匯集所有業者的訊息，讓所有參與競標者參考。

新月電信的率先退出，等於是告訴其他競標者，他們認為不值得出更高的價錢。其他競標者會將新月電信的疑慮納入考量，這時，原本也已經有些猶豫的競標者會跟著退出。新月電信引發了一種擴大效應：每次只要有人退出競標，就會強化喊價過高的訊息。

當然，有的競標者退出，只是跟著大家走，但別忘了大家一起走是有道理的。透明化拍賣會的機制設計，就是要讓訊息流通，所以既然大家得到的訊息相同，會產生類似的想法也就不足為奇了。

接下來，儘管有一波業者退出，但拍賣會離結束還早得很。到了四月中旬，拍賣總營收已超過兩百九十億英鎊。政府的利潤幾乎已經可抵一整年基本所得稅收的一半，這也讓當時的英國財政部長布朗為了替次年的選舉暖身，撥出一連串慷慨的政府支出，卻無須大幅加稅或舉債。英國的民眾也因為電信業的急速發展以及拍賣籌畫小組的不辭辛勞，得到一份優厚的大禮。

最後三個退出的競標者，是在四月逐一出現的。四月二十七日早餐剛過，NTL Mobile 公司宣布退出，高潮頓時畫下句點。執照A最後由一家新加入手機市場的TIW公司以四十三億八千四百七十萬英鎊標得。沃達豐（Vodafone）挑戰英國電信（British Telecom）成功，標得執照B，成交價將近六十億英鎊。英國電信則順利標得一個較小的執照。這場拍賣會總共募得兩百二十五億英鎊，也成為近代史中規模最大的拍賣會。

如果你把你那棟三十萬的房子拿去像這樣結果超乎預期的拍賣會拍賣，最後的成交價就會是兩百二十五萬美元——第二天早上你還得捏捏自己，確定自己不是在作夢呢。

## 經濟學家終於對日常生活做出了貢獻

批評這場拍賣的人士認為，因為業者花了大錢競標執照，日後他們的3G服務就會收費很高。但真是如此嗎？我們看看下面這句話：

> 如果3G執照很昂貴，業者一定會向顧客收取較多費用。

聽起來好像很有道理，但是以經濟學家的角度來思考一下：如果3G執照很便宜，業者就會跟顧客收少一點嗎？如果政府免費送出執照，業者就會免費提供3G服務嗎？又如果政府不僅贈送執照還倒貼業者費用，業者是不是就會免費提供顧客無線上網服務，還附贈現金紅利？

本書第一章和第二章已經說明，在任何情況下，廠商都會盡可能收取最高費用。我們也知道，廠商收取費用的能力，取決於他們的稀有性優勢。

就英國而言，最關鍵的因素就是有五張執照。五張執照的數量夠少，足以給每家公司足夠的稀有性優勢，向顧客收取相當高的費用。如果執照只有兩張，稀有性優勢會變得更大，收費也會更貴。如果執照有二十張，稀有性優勢就會比較小，費用價格也會比較低。業者跟消費者收取的價格，取決於稀有性的優勢有多大，而非執照的價格。

在英國的這個例子，稀有性就源自於無線電頻譜的數量多寡（當時最多就只能提供五張執照）。執照取得成本對消費者沒有影響，但對納稅人就影響很大了，因為這項寶貴的公共資源為國庫賺得大筆收入。

在網路股崩盤之後那段期間，有些時事評論者抱怨說，高昂的3G執照價格害慘了電信業，而且減緩了3G服務的普及率。這其實並非事實：當時受影響最嚴重的，反而是沒參與歐洲拍賣會的美國電信公司，或是像NTL和 Telewest 這類陷入困境的網路服務公司，他們退出了3G執照拍賣會，根本沒花到錢。英國3G執照的得標者，例如沃達豐，依然是成功的企業，或許在電信通訊股泡沫化之後受了傷、也學乖了點，但依然營運良好。

此外，也沒有任何證據顯示執照拍賣影響了3G普及率。截至二〇〇六年為止，法國和德國的手機普及率幾乎一樣，儘管法國並未透過拍賣而發出執照，而德國則是透過拍賣賺進一大筆錢。後來事實證明，英國的3G市場商機很大。

這整個經驗，似乎也鼓勵各國政府繼續拍賣無線電頻譜的稀有權利。德國在二〇一〇年春天舉辦了4G頻譜拍賣會，但總成交額令人失望，可能是因為主要競標的都是市場上現有的電信業者，而且政府對於鄉村地區普及度的規定，可能令新公司望而生畏。印度在二〇一〇年五月舉行了一場3G拍賣會，結果收入是大部分分析家預期的兩倍：總共一百四十六億美元。

電信業者可能會暗暗詛咒英國的頻譜拍賣會，但一般大眾則應該慶幸有這樣的拍賣會。所有參與競標的公司都相信3G執照有巨大的稀有性價值，而這些拍賣會成功確保了這種稀有性價值能轉換成公道的價格。馮紐曼之後的經濟學者利用賽局理論，達到了經濟學有史以來最了不起（雖然不無爭議）的政策成就之一。經濟學家終於能像牙醫一樣，可以對日常生活帶來實際的貢獻了。

## 必須在片刻決定結果的銀行拍賣

英國北岩銀行（Northern Rock）於二〇〇七年九月中爆發擠兌潮後不久，英國央行為了挹注短期資金給銀行業，舉行了四次拍賣。但結果並不成功，於是英國央行總裁莫文・金恩（Mervyn King）打電話給克倫培勒尋求建議。

英國央行的目標說來簡單：如何把適當的金額、借給適當的銀行，但細節就很困難了。雖然許多銀行仍有很多有價值的資產，但銀行業之間的互信已被破壞，同業間連要拆借所需資金都很難。失去了向同業取得現金的管道，也造成北岩銀行的癱瘓。

為了解決這個問題，英國央行想借錢給銀行，但他們也不想隨便借錢給任何一家銀行，而是希望只借給基礎穩健的銀行，這就表示，銀行必須提供擔保品才行。擔保品是借貸的一種基本觀念，房貸就是有房子當擔保品的貸款，信用卡則是完全沒有擔保品的貸款。有較好擔保品的貸款，因為風險比較小，利率就應該較低。

另外，英國央行借出的總額也很重要：如果借出太多低利的貸款，銀行業者就會有多餘的便宜資金拿去亂賭；但如果借出太少，銀行就會有再度瀕臨倒閉的危險。

過去，英國央行只借錢給提供最佳擔保品的銀行，然後舉行拍賣會以設定利率。願意付最高利率的銀行，就可以拿到融通的現金。

但現在英國央行想舉行一個拍賣會，參加競標的銀行可以提供兩種不同型態的擔保品：一種是品質高的，比方德國政府公債；另一種是風險較大、價值比較不確定的資產。最理想的狀況是，藉由這次拍賣會，可以同時決定理想的貸款額度，以及高品質和低品質兩種擔保品的借貸利率。如果央行想自行決定利率，就有可能借出太少或太多。要是央行猜錯了兩種擔保品的放款利率差距，借出去的現金就會完全流向其中一種，輕則一切努力白費，重則引起市場恐慌。

另一個方法，是舉辦兩場不同的拍賣會，拍賣兩種產品——良好擔保品和高風險擔保品的借款。但這兩者彼此密切相關，銀行如果不知道一場拍賣的結果，就很難出價競標另一場。因此如果把拍賣會拆成兩場，那麼兩場拍賣會的競爭都比較不激烈，也比較沒效率。

還有另一個問題是：當你要提供各銀行現金時，銀行體系的狀況會影響這個拍賣會，這個拍賣會的狀況也會影響銀行體系，所以拍賣會要速戰速決才行。不同於3G拍賣會那樣拖上好幾個月，這個銀行拍賣幾乎必須是在片刻間決定結果。

克倫培勒提議的方案，是利用次高價拍賣（proxy bidding）。在一般的拍賣場上（比方說eBay或蘇富比拍賣會上的公開喊價），次高價拍賣的運作方式很簡單：競標者直接出價給代理人——或許是人、也或許是網路軟體，或是放在拍賣官桌上的書面委託單。其他任何人的喊價，如果都沒有高於這個出價的金額，最後就由出價者得標，但是支付的價格是次高投標金額。

現在我們來想像一個委託出價的狀況：拍賣品是三箱一模一樣的高級葡萄酒。你出價一箱兩百美元，但你只想要一箱。拍賣官會讓大家的出價一路追高，直到最後只剩三個競標者。當然，這三個人都要付同樣的價錢。如果其他人的出價都沒超過兩百美元，你就得標。

但情況有可能更複雜一點：假設如果夠便宜的話，你會想要**兩箱**葡萄酒。於是你填了兩張書面委託單：一張是兩百元，另一張是一百五十元。如果其他人都放棄了，只剩另外一個對手出到一百二十元，那麼你就得標，每箱付一百二十元。但如果有人喊價到一百八十元，你的其中一張委託單失效，但你還是能以一百八十元買到一箱葡萄酒。

接下來是比較奇妙的版本了：如果大家都知道拍賣官是個老實人，那麼他不必花時間在現場慢慢進行拍賣會。他可以先收集每個競標者的信封，裡面有一箱、兩箱、三箱的出價。然後他挑出三個出價最高的（有可能是來自同一個競標者，也有可能不是），然後三箱都收取**第四高**的出價即可。道理很簡單：如果在實際公開拍賣會上，當原本出第四高價的競標者放棄，拍賣會也會隨之結束。如此一來，動態的、公開喊價的拍賣會就被取代，成為一場幾乎只發生在瞬間的密封出價拍賣。真正重要的關鍵元素，都沒有什麼改變，但整場拍賣會可以加速完成。

然後我們再加上一點點變奏：現在，拍賣的是兩種年分的葡萄酒——有幾箱是普通年分，另外幾箱是好年分。現在你出價時，就得考慮你有多想贏得其中一種或兩種，又願意出到什麼價錢。但這是可以掌握的。之前，你出的價錢是第一箱兩百元，第二箱一百五十元。現在你遞出的是兩張「二選一」（either-or）的委託單，其中第一張是好年分三百元**或**普通年分兩百元，第二張是好年分兩百元**或**普通年分一百五十元。如果其他競標者很早就放棄，那麼你可能會競標到兩箱葡萄酒，但不會再多，因為你的投標方式是「二選一」，每張頂多只會標到一種。而你會贏得好年分或普通年分的葡萄酒，就要看每種葡萄酒競標的激烈程度了。

## 拍賣會上，什麼樣的策略會得標？

你可能會擔心，萬一競標者遞出好幾張彼此互相矛盾的委託單，拍賣官會搞混。沒錯，的確有可能如此，但其實沒影響。因為整場拍賣是以委託出價的方式，將傳統公開喊價轉為密封出價，拍賣官只要把所有出價輸入電腦，電腦就能判斷哪個競標人以什麼價格、標得哪種葡萄酒。

這就是克倫培勒替英國央行設計出來的「產品組合」拍賣法——只不過賣的不是葡萄酒，而是中央銀行所貸出的中長期貸款，擔保品有好壞兩種。克倫培勒做了兩個小修改，一個是利率採用得標者中最低的，而不是未得標者中最高的。回想一下紐西蘭政府採用維克瑞拍賣法所造成的丟臉結果，你就會明白採用此法的原因之一了。這個改變其實對拍賣結果沒什麼影響：競標的銀行會稍微保守一點，這樣在克倫培勒拍賣法的得標者最低價，差不多就會是維克瑞拍賣法的次高價（未得標者中最高價）。但這個拍賣法仍保留維克瑞式的優點，就是競標者遞出他們的委託單時，沒有什麼撒謊的誘因。

第二個修正很重要：英國央行事先承諾，挹注短期資金的總額度，將視競標的激烈程度，以及對高風險擔保品的接受度有多高而定（就像在拍賣兩種葡萄酒之前，拍賣官事先宣布有多少箱酒要賣，得看競標者的需求才決定）。這麼一來，央行在不清楚各銀行實際財務的情況下，就可以事先安排好：若銀行業體質健全，央行就會借出適量的現金，並堅持要有很好的擔保品；但如果銀行業對資金需求強烈，央行就會借出大額現金，並吃下較多高風險擔保品。

當時英國央行決定採取這套拍賣模型，一名央行執行董事稱之為「全世界央行首見」和「在以實際政策支持金融穩定度方面，跨出了一大步」。現在，英國央行都是用這種拍賣方式和銀行往來。

其實這種拍賣方式可以更廣泛運用。比方說，美國政府二〇〇八年跟一些陷入困境的銀行買下某些問題資產時，就可以透過這種拍賣法，讓政府從任何願意以最低價賣掉資產的銀行手上，買下可能數百或數千種不同類型的資產。當時克倫培勒和其他幾位拍賣理論學者，就向美國政府建議了這種拍賣法，但後來美國政府又改變政策方向，決定根本不要買這些問題資產。

這個拍賣機制也可以用於電力供應網絡，大型的產業用電戶可以競標得到天然氣、石油、核能發電這些比較可靠的電力，或是以風力、水力、太陽能這類可再生資源發電的、較為不可靠的電力，就看這些用電戶自己的考量。

雖然說，英國的3G執照拍賣會總成交價數百億英鎊，而且有長達七星期的媒體追逐熱潮，相較之下英國央行的拍賣受矚目的程度遠遠不及，但長期而言，兩者的影響力有可能同樣重要。

| 第8章 |

# 如果政府是盜匪……

## 貧窮國家為什麼貧窮？

杜阿拉（Douala）有「非洲的腋下」之稱，形容得真貼切。這個瘧疾肆虐的城市，恰恰位於狀似凸肩的西非下方，潮濕、沒魅力，而且很臭。但如果你住在喀麥隆，杜阿拉是你能大展拳腳的地方。喀麥隆真的是非常貧窮的國家，平均來說，當地居民的貧窮程度是其他國家老百姓的八倍，美國的五十倍。二〇〇一年底，我去了一趟杜阿拉，想了解杜阿拉為什麼如此貧窮。

我不確定是誰最早用「腋下」來形容這個城市，但如果是喀麥隆的觀光局，我也不會太驚訝。我們都知道，在大部分國家，國防部負責攻擊其他國家，就業部處理排隊領失業救濟金的人。而喀麥隆觀光部的職責比較特別：他們負責打擊國外觀光客進入喀麥隆的意願。

一位同事曾警告我，倫敦的喀麥隆大使館會百般刁難，所以去巴黎拿觀光簽證比較容易。後來我倒是省了不少工夫，因為有內線人脈：一個在喀麥隆的友人以當地半天薪資的代價，幫我弄到一個官方簽發的邀請戳記。帶著這個官方邀請戳記，我又花了相當於喀麥隆人五天的工資拿到簽證，過程中只需要跑三趟大使館，外加稍微卑躬屈膝。

## 有沒有什麼辦法，能扭轉這越來越窮的趨勢？

我和同伴待在喀麥隆三星期，沒看到太多觀光客。但我不想過度歸功於喀麥隆觀光局，因為**打擊觀光客意願這件事，其實要舉國一起努力才行**。根據國際透明組織（Transparency International）的調查，喀麥隆是全世界貪汙最嚴重的國家之一，一九九九年甚至高居貪汙最嚴重國家的第一名。我二〇〇一年去喀麥隆的時候，貪汙程度排名下滑到全球第五名，喀麥隆政府還為此高興不已*。

仔細想一想，你應該就會發現，要成為「全世界最貪腐國家」也得花點力氣。因為國際透明組織是根據國際之間的觀感排名，要成為第一名的策略，照理說要集中火力（例如在機場）向外國來的商人索賄。但是喀麥隆有關當局卻到處點火，貪汙大量遍及全國所有層面，而且並不只是針對外國人。也許正因為貪汙火力不夠集中，喀麥隆才會從第一名的位置下滑。

這並不是說，杜阿拉國際機場的運作狀況良好。差得遠了！機場又潮濕又混亂，儘管每天只有三、四班飛機，我們還是得在擁擠的人群中鑽來擠去。幸好，在炎熱的傍晚，我的朋友安德魯和他的司機山姆帶著我們出了機場，山姆很想迅速載我們去布埃亞（Buea）這個較涼爽的山坡小城，但「迅速離開杜阿拉」基本上是不太可能發生的事，因為這個有兩百萬居民的城市，並沒有真正的馬路。

在杜阿拉，典型的街道寬度（從這一邊的棚屋到對面的棚屋之間）是五十碼（約五十公尺）。這麼寬的距離並不是因為有林蔭大道，而是因為街上擠滿了小販，無精打彩的站在花生攤子或現烤香蕉攤子旁；還有些人三五成群，或是圍著一輛摩托車，或是喝著啤酒或棕櫚酒，或是生個小火煮東西。一堆堆的碎石瓦礫和大坑洞，是蓋到一半或拆除的建築。正中央是一道遍布凹坑的破馬路，二十年前曾是完好的道路。這條馬路上有四排車流，大部分是計程車。最外側沒在

---

*根據國際透明組織針對九十一個國家所做的調查，二〇〇一年的全球貪汙排名，喀麥隆和其他三個國家得分相同，位居第八十四至八十七名。二〇一〇年則是調查了一百七十八個國家，喀麥隆與另七國並列一四六至一五三名。或許這可以算是又進步了一些。

動、或者幾乎不動的車龍，是等著載客的計程車，而靠內側的計程車則在凹坑間和其他車輛之間穿梭，像是樂透箱裡的滾球一樣，難以預測會衝到哪裡。

在這裡開車沒有任何規則。有時開在路肩的超載計程車，會搖搖晃晃的往前，速度比內側堵塞的車流還快，因為一般車道的坑洞比路肩多。街上的噪音令人難以忍受，因為杜阿拉的男女老幼似乎都帶著手提音響出門，把音量轉到最大，而且開車的人似乎也把按喇叭當成溝通的工具。我成功地破解了幾種常見的喇叭語言：

叭——「你沒看見我，但是我的計程車上還有空位。」

叭——「我看見你了，但是我的計程車上已經沒有空位。」

叭——「我不能載你，因為我去的方向跟你不同。」

叭——「我可以載你……上車。」

叭——「快讓路，不然我把車子回轉過來撞你。」

杜阿拉以前有公車，但因為道路狀況太糟糕，公車再也無法行駛，所以只剩下計程車能上路。這些計程車都是非常老舊的日本豐田汽車，前面坐三個人，後面再擠四個人，車身跟紐約的計程車一樣是黃色，每一輛都漆著不同的口號，例如：「偉大的上帝」、「我們信奉上帝」或「上帝是動力」、「廢人」等。

見識過杜阿拉街景的人，都不能說喀麥隆的貧窮是因為缺乏創業家的進取精神。不過這國家的確是很窮，而且沒有什麼進步的跡象：近年有一些成長，但二〇〇五年的喀麥隆比一九八九年還窮。有沒有什麼辦法扭轉這個越來越窮的趨勢，協助喀麥隆變得富有一些？

這可不是個小問題。就如諾貝爾獎得主小勞勃・盧卡斯（Robert Lucas）說的：

> 人類福祉所牽涉到的問題之廣，實在令人瞠目結舌：光是想這些問題，其他的事都不必做了。

## 臺灣、南韓與中國可以，為什麼有些國家不行？

經濟學家以前一直認為，經濟富足來自三種資源的結合：**人造資源**（道路、工廠、機械、電話系統）、**人力資源**（勤奮工作和教育），以及**技術資源**（專業技能，或仰賴高科技機械設備）。因此很顯然，靠著投資在有形資源，並透過教育與技術轉移計畫來改善人力與技術資源，就可以讓貧窮國家變得富有。

這個看法有什麼不對嗎？似乎沒有，教育、工廠、公共基礎建設和專業技能，的確在富有國家很豐沛，貧窮國家則嚴重缺乏。但這個說法並不完整，缺了最重要的一塊。

首先，第一個問題是：如果這個說法成立，過去一個世紀以來貧窮國家就應該能追上富有國家，而且落後越多的國家，應該就會追得越快，因為在基礎建設和教育極度缺乏的國家，新投資的回報最大。投資富有國家的獲利就沒那麼多：這是所謂的「報酬遞減」（diminishing returns）。

例如，在貧窮國家開幾條道路，就可以開啟整個貿易的新局面；但在富有國家多開幾條路，只不過是稍微減輕塞車問題罷了。貧窮國家的頭幾具電話極其重要；但在有錢國家，電話只是讓學生上課時偷傳簡訊罷了。貧窮國家多一點教育，可以讓整個國家改頭換面；但有錢國家擁有高學歷卻失業的人一大把。還有，貧窮國家直接照抄外來科技，會比富有國家當初發明要簡單得多：杜阿拉的人民不必等著自己的國人發明內燃引擎，就可以享受計程車了。

從臺灣、南韓或中國的表現來看，這些國家的國民所得都曾經有一度每十年或不到十年就會翻一倍，前述窮國追上富國的理論，似乎很有道理。但實際上更多窮國的成長速度不如富國，像喀麥隆，甚至不進反退。

為了修補傳統說法的漏洞，經濟學家將「報酬遞減」模型和另一個也該列入考慮的「報酬遞增」（increasing returns）模型結合起來。根據結合後的新理論，有時候你擁有越多，就會成長得越快——只有少數人有電話是沒有用的，要大家都有電話才行；擁有汽車的人越多，道路才越能發揮功用；投資越多，新科技的發明也才越有機會。

這樣就可以解釋，為什麼富有的國家能保持富有，而貧窮國家卻落後得越來越遠。可是這樣一來，就無法解釋為什麼中國、臺灣、南韓（更別提波札那、智利、印度、模里西斯和新加坡）等國家卻持續往前邁進。全球經濟成長最迅速的國家，不是日本、美國、瑞士，而是上述這些充滿活力的國家。六十年前（中國是比較近期的事），這些國家還深陷於貧窮的泥淖中——缺乏人造、人力、技術資源，甚至連天然資源都很少，但後來卻越來越富裕。在成長過程中，這些國家都致力於改善教育、科技和公共基礎建設。

這是當然的。現在科技太普及了，而且越來越便宜，上述改變也正是經濟學家對每個發展中國家應有的期待。在報酬遞減的世界裡，最貧窮的國家可從新科技、公共基礎建設、教育獲得最多利益。以南韓為例，就以鼓勵外商投資和支付專利權使用費的手段取得新科技，投資的外商還可以將利潤送回自己的國家。但由於整體經濟成長，韓國的勞工和投資者的報酬，是這些使用費和外商轉出利潤的五十倍。

至於教育和公共基礎建設，因為報酬似乎很高，應該不乏投資人願意出錢支持基礎建設計畫，或借錢給學生，或甚至借錢給政府提供免費教育。不論是本地或外商銀行，應該都會排隊借錢給學生受教育，或是借錢給政府開闢新道路或蓋新發電廠。相對的，窮人或窮國應該會樂於接受這種貸款，因為他們對投資的報酬很有信心，覺得日後償還不會有困難。就算出於某些原因還不出來，第二次世界大戰之後成立的世界銀行（當時目標就是要提供貸款給各國進行戰後重建與發展），每年也會借出幾十億美元給開發中國家。顯然，缺的不是錢，而是投資的目標，或是報酬不如預期。

就連「報酬遞增」模型也指出，只要貧窮國家能大舉投資——例如投資工廠、道路、電力、港口，讓產品能順利製造並出口，就可能變得更富有。這個「大推動」（big push）投資理論，是由曾在世界銀行服務過幾年的經濟學家保羅．羅森斯坦—羅丹（Paul Rosenstein-Rodan）所提出的。過去幾十年來，無論是透過大推動或其他方式，許多原本貧窮的國家都已經迅速成長，那麼為什麼還是有這麼多國家沒跟上來？

## 占地為王的獨裁者，勝過四處流竄的盜匪

當我們的車子在車陣中顛簸搖晃的前進時，我想設法搞清楚這一切，於是，我問司機山姆有關這個國家的問題。

「山姆，這裡的道路有多久沒整修了？」

「十九年沒修過了。」（喀麥隆總統保羅．畢亞〔Paul Biya〕於一九八二年十一月開始成為國家元首，到我訪問喀麥隆之時，已經在位十九年。）

「這裡的人不會抱怨道路的狀況嗎？」

「會啊，但沒有用，政府說沒錢。可是有很多錢來自世界銀行、法國、英國和美國——但都進了政客的口袋，他們不會把錢花在道路上。」

「喀麥隆沒有選舉嗎？」

「有啊！畢亞總統總是以九〇%的高票連任！」

「九成的喀麥隆人民都投票支持畢亞？」

「才怪，畢亞很不受人民的歡迎，但他的得票率還是九成。」

不用太多時間，你就會發現喀麥隆人民有多麼痛恨這個政府。當地居民在和我聊的時候表示，政府的許多舉動根本是刻意設計來竊占老百姓的錢。很多人警告我，這個國家的政府嚴重貪汙，機場官員很可能會覬覦我身上的中非法郎，搞得我非常緊張。

假設政府居心不良，經濟學家曼庫爾．奧爾森（Mancur Olson）提出一個了不起的簡單理論，來解釋為什麼穩定的獨裁政府對經濟成長的幫助不如民主政府，但仍比無政府狀態好。奧爾森認為，**政府就像盜匪，誰手上的槍最大把，就可以掠奪一切**。這是奧爾森理論的基礎，你如果在喀麥隆花五分鐘四處看看，一定很能理解這樣的理論基礎。就像山姆說的，「有很多錢……但都進了政客的口袋」。

想像一下，鎮上來了一個獨裁者，任期只有一個星期——實際上也就是一個強盜頭子帶著一幫嘍囉，肆意掠奪，然後揚長而去。假設這個獨裁者不壞心也不好心，只是純粹追求自利，請問有什麼理由可以讓他不搜刮殆盡？答案是……沒有，除非他打算明年還要再來。

可是再想像一下，這個四處流竄的強盜頭子喜歡上當地的氣候，決定長住下來，蓋了一所宮殿，鼓勵手下的嘍囉好好利用當地居民。儘管聽起來太不公平了，但這個獨裁者留下來長住，對當地居民來說比較好。因為一個純粹追求自利的獨裁者明白，如果他要在當地定居，就不能破壞當地經濟，害人民挨餓，否則明年就沒有東西好搜刮了。所以，一個占地為王的獨裁者，會比四處流竄掠奪的江洋大盜要好一些。

也許看起來完全無關，但生物學上也有一種類似的情況：病毒和細菌的威力，往往會隨著時間而逐漸降低，因為最毒的菌株很快就會消失。梅毒於十五世紀末首見於歐洲，當時被形容為一種極為凶猛的疾病，感染上病毒的患者很快就會死亡。但在這種情況下，病毒沒法發揮太大威力，因為倘若要讓病毒有足夠的時間擴散，必須讓患者存活久一點才行。因此，後來變種的梅毒不會讓患者在短時間內死亡，反而傳染範圍更廣。

## 病毒要靠宿主活命，能下蛋的金鵝誰會想殺

這也讓我聯想到畢亞總統。我不確定畢亞是不是奧爾森所描述的那種純粹追求自利的獨裁者，如果是，就畢亞的自身利益而言，他就不應該過度掠奪喀麥隆人民，否則再過一段時間就沒有東西可以掠奪了。只要他覺得自己可以一直連任下去，就不會想殺掉這隻能下蛋的金鵝。就像病毒也要靠宿主活命，畢亞必須維持喀麥隆的經濟運作，才能持續從中汙錢。這就表示，一個想要掌權二十年的領導人，會比一個預期自己二十個星期後就拍拍屁股閃人的領袖更努力發展經濟。投票給「民選」獨裁者掌權二十年，也許好過二十年間政變不斷。

這麼說來，畢亞總統萬歲？

不。這並不是說，奧爾森認為穩定的獨裁政府會為國家做好事，他只是提醒我們，獨裁政府對經濟的損害程度，小於不穩定的政府。但對於一個國家的經濟和人民來說，像畢亞這樣有把握能一再連任的總統，仍然是極大的威脅。舉例來說，如果畢亞完全可以掌握喀麥隆的所得分配，可以決定以「稅收」的形式，每年竊占全國一半的所得，存進自己的私人銀行帳戶裡，這當然對

喀麥隆的人民不利，對國家長期的經濟成長也不利。想像一下，如果某位小生意人考慮投資一千美元，為自己工廠添購一部新的發電機，預期每年可以有一百美元的進帳。這個收益是一〇%，相當不錯。但因為畢亞可能會拿走其中一半，利潤就降到不太有吸引力的五%了。那個小生意人最後會決定不投資買發電機，於是失去多賺點錢的機會，這一來，畢亞也一樣蒙受損失。這就是我們在第三章所發現的現象：稅賦導致無效率，只是這個例子比較極端一點。

當然，畢亞自己也可能會投資，例如造橋鋪路以刺激商業發展。短期而言，這些投資相當昂貴，但有助經濟繁榮，讓畢亞日後有更多掠奪的機會。但接下來又會碰到同樣的問題：畢亞只能竊占一半的利潤，還不足以鼓勵他拿錢出來提供喀麥隆需要的公共基礎建設。

畢亞於一九八二年當上總統時，殖民時代留下來的道路尚可使用。如果當時喀麥隆沒有任何基礎建設，那麼做出某種程度的建設，就符合他的利益。但因為先前已有一些基礎建設，畢亞就得計算是否值得維修，還是靠前人留下的就夠了。一九八二年時，他大概認為這些道路可以使用到一九九〇年代——這是他合理預期自己能掌權的期限，所以畢亞就決定繼續只靠以前留下來的建設，不必再為人民投資任何基礎建設。只要能讓他度過任期，何必亂花自己未來的退休金呢？

我這麼說對畢亞總統有失公允？也許有一點。在二〇〇四年大選時（這是在我離開喀麥隆以後的事），畢亞贏得七五%的選票，許多觀察家認為還算合理。根據奧爾森的理論，想要在政策上贏得更多支持的領導人，就得將政府的錢花在能創造財富的產品與服務上，例如道路和法院，而且要少花一點錢在自己和好友身上。事實上，畢亞沒做到這一點，但還是能連任，這就讓我想到兩個問題：第一，喀麥隆的選舉是否沒有那些觀察家認為的那麼民主？第二，即使畢亞有意願提供創造財富的產品與服務，他是否做得到？

## 土匪、土匪，到處是土匪

也許畢亞的權力不若想像中那麼大。如果從布埃亞開車到更北邊的大城巴門達（Bamenda），最常見的方式是搭巴士。喀麥隆境內所有的長程客運，都是靠小巴士。這些巴士原先的設計是十人座，但如今每次都要載滿十三個付費旅客才發車。司機旁邊的那個座位比較大，所以也最搶手。車子非常老舊，但是整個系統倒還算運作順暢。

要不是當地政府的腐敗，喀麥隆的公車系統效率會好很多。有時候問題純粹源於漠視。比方從布埃亞到巴門達，最快的路線並不是直線，而是穿越法語區，因為那裡的道路品質比較好，開車只要往東兩小時，再轉往北兩小時，最後再往西兩小時即可抵達。另一條直線是穿越喀麥隆的英語區，路況非常糟糕，因此反而會慢許多。畢亞的政府往往忽視政治影響力較弱的英語區，以及該區的利益。居於少數的英語區居民抱怨，當有人捐錢要資助政府建造環快道路時，政府收了錢，卻根本懶得去執行英語區的建設工程。

此外，當地警方會刻意設置路障，恃強欺弱的憲兵老是醉醺醺的，他們會攔下每一輛路過的小型巴士，竭盡所能對車上的乘客索賄。通常不會成功，但有時他們就是非得拿到賄賂不可。我的朋友安德魯有回被憲兵拖下巴士，糾纏了好幾個小時。索賄的最後藉口，是安德魯沒帶黃熱病預防注射證明書，但那是進入這個國家才要檢查，搭巴士時根本不需要。那名憲兵很有耐心的解釋說，他得防止疾病進入喀麥隆。安德魯花了兩罐啤酒的錢，說服那位憲兵他已成功阻止了一場流行病，後來安德魯搭上了下一班巴士，但那已經是三個小時以後的事了。

這比奧爾森模式所預期的還要無效率。奧爾森本人也一定會承認，他的理論無論如何都低估了劣質政府對人民的傷害。畢亞總統必須讓成千上萬的軍警、公務員，以及支持他的人滿意。如果畢亞是個追求個人銀行存款極大化的「完美獨裁者」，他就會盡可能徵收傷害性最小的稅，再將稅收分給自己的支持者。但結果這個策略行不通，因為所需的經濟資訊和對經濟的掌握程度，遠遠超過窮國政府所能。替代的方法，就是政府非常容忍肆意貪汙的風氣。

貪汙不但不公平，也是一種極度的浪費。憲兵花時間騷擾旅客，他們得到的收益微薄，國家卻付出極大的成本——所有警力都花在索取賄賂上，沒有時間打擊犯罪。一趟原本只要四小時的車程，卻得花上五個小時。旅客也得為了保護自己，採取高代價的步驟：少帶一些錢、少出門，或挑選人潮比較多的時間才外出，還要隨身攜帶不必要的證明文件，免得成為被索賄的藉口。

路障和汙錢的警察，只是比較明顯的貪腐形式，喀麥隆整體經濟仍有種種看不見的問題。世界銀行有個「做生意調查計畫」（Doing Business Project），研究世界各國與經營企業相關的法規，結果發現，為了要做個小生意，喀麥隆的創業家必須支付的相關費用，超過喀麥隆人民平均六個月的所得（這個數字顯示在二〇〇九到二〇一〇年間有很大的進步。相較之下，我當初申請觀光簽證所花的錢簡直就微不足道了）。房地產買賣要付的官方費用，將近資產本身價值的五分之一。而為了討債告上法院的過程，往往必須花上兩年，成本是欠款的將近一半，還得經過四十三道不同手續才能完成。這些荒唐可笑的規章是執行的官僚所樂見，因為每多一道手續，就多一次索賄的機會。標準程序拖得越慢，大家就會越願意付錢以加速解決問題。結果，得到好處的官員當然會支持畢亞，讓他穩穩當當的繼續掌權。

這還只是其中一部分問題，另外還有勞工規章僵硬缺乏彈性，所以只有經驗豐富的專業人士才能得到正式的工作合約，女性以及年輕人只能在半黑市中求生存。官方的繁瑣手續打消了人民創業的念頭；法院程序緩慢，使得企業家不敢隨便接新客戶，因為他們知道一旦被坑，他們討起債來非常麻煩。

這類糟糕的法規，正是貧窮國家之所以貧窮的主要原因之一。富有國家的政府在執行這類基本流程時，通常都迅速又便宜，但是窮國政府則拖長這些程序，希望從中撈一點額外的油水。

## 每一個失能政府，都有獨特的失能理由

土匪政府、國家資源的浪費，以及繁瑣的規章，都是為了方便索賄而制訂——這些都是一個國家無法順利成長與發展的原因。過去十五年左右，專注於發展議題的經濟學家都有一句同樣的心得：「制度很重要。」當然，我們很難描述「制度」到底是什麼，要把壞制度變好，更是難上加難。

不過，情況正在改善中。奧爾森的土匪政府理論，以簡化的模型幫助我們了解，不同型態的政府有可能如何影響全國人民的動機，儘管這個理論不能為如何改善提供指引。

世界銀行的調查，也讓我們看見理想的好典範：簡單的商業法規。世界銀行這項「做生意」計畫顯示，其實只要公開宣傳一下，就可以帶來改變。例如當世界銀行公布衣索匹亞的創業家必須先付一般人民四年的薪資，在政府公報上刊登正式公告才能合法開辦企業。衣索匹亞政府因此

從善如流，決定廢除這項規定。於是登記的新企業數量立刻暴增將近五〇%。

不幸的是，改變其實很少這麼容易。雖然大家越來越明白，失能的政府是開發中國家貧窮的關鍵原因之一，但奧爾森的模型與世界銀行的調查無法解釋政府的失能。每一個失能的政府，都有自己失能的理由。

我所見過全世界最糟的圖書館，就是一個典型的失能案例。我抵達喀麥隆沒幾天，參觀了當地最有名的私立學校，相當於英國的伊頓公學（Eton）。這所學校的校區既熟悉又怪異：學校的操場四周都是低矮、簡陋的教室，讓我想起自己以前在英國念的學校。但是這所學校教師宿舍區的中央，那條鋪得亂七八糟的林蔭大道，我可就完全不覺得眼熟了。

該校的圖書館員帶我們參觀校園，她是英國海外志工服務社（VSO）的成員，該社致力於派遣有技能的志工到最需要的貧窮國家。校方吹噓他們擁有兩棟圖書館大樓，但那個圖書館員卻從頭到尾擺著臭臉——我很快就明白為什麼。

乍看之下，這圖書館給人的印象很不錯。除了校長宿舍之外，這一棟是整個校區唯一的兩層樓建築物，設計也很大膽：像是窮人版的雪梨歌劇院。屋頂是傾斜的，但不是一般從屋脊往下傾斜，而是往上傾斜呈V字形，就像一本翻開來的書。

儘管設計很有創意，但我很確定這棟建築物的壽命不會太長。在喀麥隆乾燥季節的熾烈陽光下，你很難一眼看出這樣的屋頂有什麼問題，但是負責設計屋頂的人似乎忘了，喀麥隆也有雨季。到時候雨是整整下五個月，而且雨量之大，連當地最大的排水溝都很快就滿溢出來。當這樣的大雨，碰上不利排水的屋頂——就像這個圖書館的屋頂，基本上就是條水溝，水會全部流到平頂的入口門廊，然後你就知道，所有的藏書都會泡湯。

這個學校的藏書還能完善保存的唯一原因，是因為這些書從來沒搬進這棟新圖書館。雖然校長一再要求，圖書館員仍拒絕將藏書從舊館移至新館。當我到新館參觀的時候，看到館內被蹂躪的狀況，真覺得該校校長不願面對現實的心態很嚴重。整個新館等於毀了。地上有無數水窪留下的汙漬；館內陣陣霉味，讓我聯想到歐洲的潮濕洞穴，而非赤道國家的現代建築物；牆壁的灰泥嚴重剝落，使得這棟完工才四年的新館牆面，看起來彷彿是有千年歷史的拜占庭濕壁畫。

這真是驚人的浪費：如果不蓋這棟圖書館，校方可以買四萬本好書，或是買電腦附帶上網設備，或是提供清寒獎學金，絕對都比建造一棟派不上用場的新圖書館要好。更別說這個學校從一開始就不需要新的圖書館——因為舊館已經很夠用，可以收藏學校現有的書籍三倍之多，而且不會漏水、淹水。

並不需要建造這棟新圖書館的事實，多少也能解釋圖書館的糟糕設計。畢竟，新圖書館的功能是多餘的，所以也不會有人太關心它能否發揮功能。但是話說回來，既然根本不需要再建造新的圖書館，當初為什麼還要建呢？

## 不是因為人民笨，而是……

「明明是無能，就不要歸咎於陰謀。」這句名言，據說是拿破崙說的，很多人也會有這種想法，很自然的就把一切歸咎於無能。去過喀麥隆的人也許會聳聳肩，把當地的貧窮歸因於喀麥隆人是笨蛋，這所新圖書館就是個好例子。然而喀麥隆人不比我們聰明，但也沒比我們笨，愚蠢的錯誤在喀麥隆實在太普遍，所以真正的原因不太可能是無能，而是有更深一層的理由。再一次，我們必須來談決策者的誘因。

首先，喀麥隆西北部絕大部分的教育高官都來自巴福特（Bafut）這個小鎮，這些官員控制了大筆教育系統經費，當地人常抱怨經費的分配是根據人脈而定。不意外的，上述那所名校的校長跟官員的關係當然很密切。為了讓自己的學校能改制成大學，她需要建一棟大小和品質都達到大學等級的圖書館建築。對這位校長而言，她才不在乎原有的圖書館已經夠用，也不會考量到納稅人的錢可以有更好的用法。

第二個原因是，這位校長和她的支出其實是沒人監督的。喀麥隆西北部的很多校長都擁有許多有力人士朋友，這位校長也不例外。教育系統中教職員的薪資和升遷並不是看表現，而是完全由校長決定。這所名校的教學環境很好，所以教職員格外希望能保住飯碗，這表示他們得討好校長。事實上，全校唯一有能力公然反抗校長的，只有那位圖書館員，因為她的頂頭上司是英國海外志願服務社，不是那位校長。她來到這個學校的時候，新館已經蓋好，幸好當時還來得及阻止校方將藏書移至新館，因而得以逃過被毀掉的下場。校長若非笨到不明白新館淹水的問題會毀了書，就是她根本不關心書，一心只想讓大家知道新館裡有書——後者似乎比較合理。

錢都在手上，也沒人敢反對，校長自然可以肆意進行新圖書館的興建計畫。她指派一名校友負責設計圖書館，大概是為了展現該校提供的教育品質。但只要真正關心圖書館是否能確實發揮功能的人，都能輕易看出設計上的種種瑕疵。問題是，有權力的人都從沒在乎過圖書館的真正作用，他們只想蓋些建築物，好讓學校符合大學的資格。

想想看這個狀況：經費的撥放是根據人脈，而不是真正的需要；蓋一棟建築物是為了名望，而非為了要使用；缺乏監督和究責制度；指派建築師的人只是為了作秀，對工程品質毫不關心。最後的結果當然毫不意外：一棟不該蓋的大樓不但蓋了，還蓋得很糟。

這個真實故事的啟示是這樣的：在開發中國家，追求自利又野心勃勃的掌權者，通常是造成浪費的元凶。不論權力的大小，全世界各地都有追求自利又有野心的掌權者。在許多地方，這種人有法律、媒體和民主政治下的反對派來制約，而喀麥隆的不幸在於，沒有什麼力量可以約束這種行為。

## 尼泊爾的水壩之謎

經濟學家艾莉諾・歐斯壯（Elinor Ostrom）深入研究過尼泊爾錯綜複雜的灌溉系統*，發現這個國家有古老的傳統水壩和水圳，也有一些現代的水泥水壩和水圳，由工程專家設計，並由國際大型捐贈組織出資。新舊相比，哪一種的運作更有效率？為什麼？

我頭一次聽到這個研究時，就覺得應該猜得到結論。從表面上看起來很明顯，用最棒的現代設計、材料、工程還有大筆資金做出來的灌溉系統，應該比一群農夫用泥巴和棍子做的系統要高強，對吧？

錯了。那麼，現在我們比較懂了。我們知道大型水壩建設工程，往往不符合實際需求，而一

* 我初次敘述歐斯壯的作品時，她是個偶像人物——在研究國家開發的學界，她大受崇拜，但並不廣為人知，就連經濟學其他領域的人也往往不曉得她。但現在狀況已經改變了：二〇〇九年她獲得了諾貝爾經濟學獎。

代代流傳下來傳統「小而美」的方法和常識，反而更有效率得多。對吧？

又錯了。尼泊爾的真實故事，要比上述兩個過度簡化的假設都要有趣得多。

歐斯壯指出一個明顯的矛盾之處。第一，專業設計建造的現代水壩，似乎反而降低了灌溉系統的效率。第二，這些捐錢建造的、或用現代建材予以強化的水圳，強化了灌溉系統，確實能輸送水資源給更多的人。

那麼，為什麼這些捐款可以建造出有效率的灌溉水圳，卻不能建造出有效率的水壩？很顯然的，除了現代專業科技和傳統智慧的老辯論之外，還有其他更微妙的因素。要是設法搞清所有牽涉的誘因，就會更明白真相。

先談很明顯的一個觀察：如果工程計畫的受惠者，就是當初籌建的人，那麼這項工程最可能成功。這直接就能解釋既有的灌溉系統為什麼占優勢——儘管它們充滿了傳統智慧，但傳統並非占優勢的主因，而是它們的設計、建造以及維護，都由使用的農民們負責。

相反的，現代的水壩和水圳，設計者是水壩失靈也不會挨餓的工程師，受委託建造的是飯碗不受工程成敗影響的公務員，而付錢的則是捐款代理組織的行政人員，他們只負責施工過程，不負責結果。這下我們能立刻明白，為什麼更好的建材和更多的資金，不等於工程一定成功。

我們可以更進一步觀察：灌溉系統必須維修，才能運作順利。但誰來維修？慈善組織和公務員雖然應該要持續監督，但他們都沒這個興趣。尼泊爾公務員的升遷主要是靠年資，再加上一些參與「著名」工程的經驗。因此，雖然維修可以讓農民受惠，對公務員卻是個沒前途的差事。哪個住在加德滿都的公務員願意遠離妻小，去監督一項永遠做不完的卑微任務？除此之外，公務員總是有機會拿賄賂，大型工程中拿回扣的機會，當然要比維修高多了。

就像公家單位一樣，經手捐款的代理組織在運作上的種種限制，也有利於大型工程計畫。所有的捐款代理組織都需要昂貴的計畫，因為如果捐款花不掉，就不太可能募到更多。還有許多的雙邊協助機構，例如美國國際開發署（USAID），就只能提供「國家限定」的協助型態：美國國際開發署通常必須使用美國生產的設備——往往是很重型的高科技機械。而既然推土機在建造水壩比在維修上更管用，所以結果又是有利於大型工程計畫。就算捐款代理組織並不偏好大型計畫，他們還是得仰賴當地職員和顧問取得資訊——這些人的誘因通常跟公家機關一樣。

這一切或許可以解釋：被委託負責工程計畫的人，為什麼不像農民那樣想建造好的、符合成本效益的灌溉系統。但這仍無法解釋歐斯壯的發現：捐款資助所蓋的水壩，實際上讓狀況變得更糟；此外，也不能解釋為何捐款資助的灌溉水圳，似乎運作得很好，儘管負責建造的人並不關心工程品質的好壞。

想了解為什麼，我們就得思考農民的角色。

一旦灌溉系統建造完工，除了農民以外，可能就沒有人對後續工程維修有什麼興趣了。這可能不是問題。以前還沒有任何現代化灌溉系統的時候，農民就得維護傳統的灌溉系統。他們既然能維護傳統的灌溉系統，難道不能也維護新的嗎？

維護工作有兩大部分：一是讓水壩保持完好，二是清理水圳的阻塞物。這是很繁重的工作。除非看得到好處，否則農民是不會費這個事的，這就帶來了一個潛在的問題：儘管所有農民都需要水壩保持完好，但比較靠近上游水壩的農民自然不太關心下游的水圳，所以他們何必費事幫忙疏通水圳呢？好在，大多數尼泊爾的農業社區都自有一套合作系統，合作原則也都大同小異，就是下游的農民會協助維護水壩，以交換上游的農民幫忙疏通水圳。到目前為止，都運作得不錯。

如果有人捐贈一大筆錢，資助新建了水泥水圳，那麼狀況可以獲得改善——新的水圳比較好，容納水量更大，也比較不必維護。但如果有大筆捐款要資助興建新的水壩，一切就崩潰了。不是水壩本身出問題，正好相反。水泥水壩所需的維護比傳統的水壩少很多，以往農民間互助合作的約定就再也行不通。傳統的協議破裂。上游的農民再也不幫忙清理水圳，以交換下游農民來幫忙維護水壩。現在上游農民不需要幫忙，所以下游的農人也就沒有可供交換的籌碼了。

這正是為什麼許多尼泊爾的現代灌溉系統，最後都是失敗收場，因為雖然系統的技術層面提升，但人為因素卻未被納入考量。

尼泊爾的例子再次顯示，如果一個社會無法提供適當的誘因，以激發人們的行為，就算提供再多的公共基礎建設，也無法使之脫離貧窮。**執行開發計畫的人，往往對計畫的成功沒興趣，但對收賄和工作升遷很有興趣**。既然大家根本不太關心開發計畫的效果，那麼沒能實現原先公開宣稱的目標，甚至是達到了讓官僚中飽私囊的**真正**目標，也就不足為奇了。即使工程計畫的目的，真的是為了發展，但賄賂和其他各式各樣扭曲的情況，也很可能會壞事。

## 國家不會滅亡，但會充斥掠奪風氣

發展理論專家通常很關心如何改善基礎教育，以及道路、電話等基礎公共建設，以協助貧窮國家變富有，這當然很合理。可惜的是，這些都只是問題的一小部分。

經濟學家分析統計數字，或者研究特定數據（例如喀麥隆人在本國的收入，以及移民美國的喀麥隆人的收入）之後，發現教育、公共基礎建設和工廠，無法解釋貧國與富國之間的巨大差距。因為差勁的教育體系，喀麥隆或許比應有的窮兩倍。因為惡劣的基礎公共建設，喀麥隆大概又更窮了兩倍。所以我們會預期，喀麥隆應該比美國窮四倍，但結果卻是窮五十倍。更重要的是，為什麼喀麥隆的人民似乎無力改變？各個社區難道不能改善自己的學校？帶來的利益不是會大過成本許多嗎？喀麥隆的企業家不能透過蓋工廠、取得授權技術、尋求外國合作夥伴等等方式，來賺取財富嗎？

顯然是沒辦法。奧爾森曾指出，最頂端的強盜政體阻礙了貧窮國家的成長。**如果一個窮國的統治者是盜賊，不見得會讓國家走向滅亡，因為統治者可能比較希望在推動經濟成長後，分到比較大的果實。但是整體而言，會形成普遍的掠奪風氣，因為獨裁者對自己的任期沒有把握，或是他為了繼續得到支持，就得讓其他人也跟著掠奪。**

處在財富金字塔底層的國家發展受阻撓的另一個原因，是整個社會的規則和法律並不鼓勵能促進共同福祉的工程建設或商業活動。創業家不會正式成立企業（因難度太高），於是不必繳稅；官員為了個人名利，會進行荒唐的工程計畫；學童也懶得學習，因為學歷和資格根本不重要。

貪汙和不正當誘因很重要，這並不是新聞。但扭曲的規則和制度，幾乎可以解釋喀麥隆和富有國家之間差距的所有原因。類似喀麥隆這類貧窮國家，就算缺乏公共基礎建設、投資低、教育少到不能再少，仍然不該貧窮到這種地步。更糟的是，種種要改善基礎建設、吸引投資、改善教育的努力，也會被貪汙網絡給攔截。

如果人民有接受良好教育的誘因，如果能力好就能出頭，找工作要靠好分數和真正的技能（而非人脈），喀麥隆的教育體系就會更好。如果投資環境好（無論對本國或外國投資人來說），而且利潤不會消耗在賄賂和官樣文章上，喀麥隆就會有更好的技術和更多工廠運作。該國在機械和電腦的投資太少，任何額外的投資應該都非常有利可圖——只要這些利潤不會被賄賂和官樣文章消耗光。

只要整個社會能獎勵有成效的優秀創意，還是能夠善加利用喀麥隆很稀少的教育、技術和公共基礎建設。可惜事與願違。

## 腐敗的根源是政府，但整個社會卻跟著受折磨

我們還是找不出一個適當的字眼，來形容喀麥隆以及全世界貧窮國家到底缺少了什麼，可是至少漸漸能了解那是什麼了。有人稱之為「社會資本」（social capital）或是「信任」；也有人稱之為「法規」或「制度」，但這些都是標籤而已。喀麥隆這些貧窮國家的問題是：是非錯亂，大部分人為了追求自己的利益，會做出直接或間接傷害其他人的事。創造財富的錯誤誘因，使得他們的腦袋扭曲錯亂，就像那棟圖書館的屋頂設計一樣。

腐敗的根源是政府，但整個社會卻跟著受折磨。大家沒有理由投資企業，因為政府不會保護你不受竊奪（所以，你還不如也跟著當強盜算了）。你也沒必要付電話費，因為沒人能成功的讓

法院起訴你（所以沒有人想開電話公司）。人民沒有必要受教育，因為工作機會不是憑藉能力取得（而且無論如何，你也無法貸款來繳學費，因為借出去的錢銀行收不回來，另外政府也沒提供好學校讓你念）。設立進口公司沒有意義，因為獲利的是海關官員（所以貿易很少，也因此海關進帳不夠，致使索賄更嚴重）。

現在我們開始明白，這個問題有多麼重要，但這個問題有抗拒解決的本質，所以解決過程將會緩慢而艱難。我們通常不樂見一個民主國家是靠武力建立的，這種民主往往也維持不了多久。我們不願看到協助一國發展的計畫，在繁瑣的行政手續中消失，但要確定錢都善加利用，要非常花時間。

這些問題都無法在一夕之間解決，但是有一些簡單的改革（再加上一點政治上的意願），可以引導喀麥隆這類貧窮國家朝正確的方向走。

其中一個簡單的改革方法，就是減少行政上的繁瑣手續，讓小型企業得以合法成立，創業家要擴充或貸款也比較容易。這類改革通常都只是一些小地方，雖然仍須仰賴明智且善意的政府，但其實只要有一位想法正確的部長有心就可以，並不需要整個公家機關全面進行永久的改革。

另一個可以選擇的方法，也是不可或缺的，就是尋求國際經濟體系的幫助。大部分貧窮國家的經濟規模都很小，例如撒哈拉以南非洲國家的整體經濟規模，就跟比利時差不多。像查德這樣的非洲小國，經濟規模甚至不如美國華府郊區的貝賽斯達（Bethesda），而其銀行業規模比世界銀行員工專屬的聯邦儲蓄互助社還要小。像查德和喀麥隆這些小國，不可能自給自足，他們需要管道取得便宜的燃料、原物料、國際銀行貸款以及製造設備，然而喀麥隆卻有很大的貿易障礙——其關稅高達一二．七%，高出世界平均值二．八%許多。這種障礙存在的目的，其實是為政府製造收益，或是保護與他們關係良好的企業。

小國的經濟無法自外於世界經濟而倖存。參與世界經濟體系，小國才能繁榮發展。下一章，我們就會拜訪一個小國家，看它如何在世界經濟體系中發展。

## 第9章

# 啤酒、薯條、全球化

### 平心靜氣談貿易保護主義

很久很久以前，有個叫布魯日（Bruges）的繁榮城市，位於祖文（Zwin）出海口，就在今天的比利時。布魯日是以一座九世紀末由法蘭德斯公國（Duchy of Flanders）的創建者所建造的城堡為中心，逐漸發展起來的。一個世紀後，布魯日成為法蘭德斯的首都，而且隨著貿易擴展到北歐，也變得富裕起來。布魯日是紡織中心，許多船隻會航行至祖文出海口買布料，同時帶來英國的乳酪、羊毛和礦產，西班牙的葡萄酒，俄國的毛皮，丹麥的豬肉，以及從義大利大城威尼斯與熱那亞交易來的東方絲綢和香料。法國的皇后於一三〇一年訪問布魯日，據說她當時曾評論道：「本以為只有我才是皇后，沒想到布魯日這裡有六百個跟我平分秋色的對手。」

雖然曾被法國人和布根地公國征服，但財富依然持續流入布魯日達兩百五十年。不論統治者是誰，布魯日依舊保持繁榮，它曾經是漢撒同盟（Hanseatic League）的貿易重心城市，工藝發達，當時還發展出新的產業（例如為產自印度的鑽石做切割），而且其人口是倫敦的兩倍。來自世界各地的上等貨物，都在一家酒館內交易，酒館的屋主就是商業家族凡・德・布爾斯（Van der Beurse）——有些人相信，這就是至今在歐洲仍慣稱股市交易所為bourse的原因。高高的船桅和寬闊的船帆，妝點著祖文出海口。

但到了十五世紀，奇怪的事發生了。祖文出海口開始淤塞，大型船隻無法在布魯日靠岸，因此，漢撒同盟沿著海岸往北搬到安特衛普（Antwerp）。布魯日很快就沒落，變成名副其實的一灘死水，甚至因此有了個「死城布魯日」的綽號。今天的布魯日彷彿是一件饒富古趣、保存完整的博物館珍藏，市區內充滿嘈雜聲，觀光客熱情拜訪這個十五世紀美麗而繁華、如今富裕與發展都隨著河流而乾涸的貿易古都。

後來，安特衛普仍經由須耳德河（Scheldt River）連結全世界，取代布魯日成為西歐最大的經濟強權。當時的富足盛況今天還清晰可見：安特衛普壯麗的主教堂成為天際線中最突出的主角。初次來訪的觀光客印象更深刻的，則是大廣場（Grote Markt）上那些雄偉的同業公會大樓，聳立在鵝卵石街道兩旁，高達五至七層樓，而且因為細長的建築設計以及鉛筆般窄長的窗戶，看起來更加高聳。儘管日後航空、鐵路、機械化的運輸工具出現，減低了這個城市的地理優勢，安特衛普仍是經濟龍頭，依然是世界鑽石首都，須耳德河口的大海港也仍二十四小時不停的忙碌運作。

布魯日和安特衛普這兩個對比鮮明的例子，傳達了一個簡單的訊息：想要成為有錢人，最好跟世界其他地方緊密聯繫。如果你希望一切不變，最好有個淤塞的港口，但如果想要有錢**的同時**一切維持不變，那麼你鐵定會失望。

## 上海星巴克不代表上海，上海也不代表全中國

坐在安特衛普，大口吞下淋著厚厚美乃滋醬的熱騰騰薯條，再配上一杯冒著泡的冰涼啤酒，是我人生的一大樂事。當然，身為經濟學家，我向來都會一邊喝啤酒、一邊想著世界貿易體系。

「富爾特一號」（Frituur No. 1）這家店的薯條，是全世界最好吃的，而搭配薯條的杜瓦啤酒（Duvel）在美國華府不難買到，雖可能要兩倍價錢，味道可是一模一樣。所以當我身在安特衛普、坐在大廣場旁喝著杜瓦啤酒時，就忍不住有點難過，因為一想到在自己所居住的城市也能買到這種啤酒，原先在安特衛普喝到的那種興奮感就降低了。當然，我在華府（而且沒喝醉）的時候，只會頌讚高貴又有魄力的進口商，把杜瓦、奇美（Chimay）、馬樂10（Maredsous 10）這

些比利時啤酒送到我住的城市，還期待偉馬力三麥金（Westmalle Tripel）這一款也能引進。

全世界在經濟上越來越相互依賴，最明顯的例子之一，就是在自己熟悉的地方，也能買到外國產品。這是福氣，也是不幸——福氣，是因為不必遠行就能享用到更多各式各樣的產品；不幸，則是因為在旅行時你會覺得外國看起來有點太熟悉了。從莫斯科的麥當勞到上海的星巴克，不都一樣嗎？整個世界好像變成一鍋國際化的大雜燴了。以前，海外貿易是佛羅倫斯、威尼斯、布魯日的專利，現在卻無所不在了。

如果你花太多時間在機場、連鎖飯店和各國首都，很容易就會有這種感覺。然而我們其實生活在一個大而多樣化的世界，你也許去過上海的星巴克，可是上海星巴克並不代表全上海，而上海也不代表全中國。如果「全球化」的定義是「每個地方都一樣」，那我們離真正的全球化還遠得很。當然，我們確實正在朝這個方向前進。

閱讀生物學家愛德華．威爾森（Edward O. Wilson）的書，讓我相信再過幾十代之後，全人類會變得「相同」，無論是在倫敦、上海、莫斯科或拉哥斯（Lagos），都會看到同樣的種族融合現象，也會出現前所未有的新人種——當種族融合的過程加速，「膚色、面貌特徵、才華，和其他受基因控制的特點，以更多組合紛紛出現，這是人類史上從未出現過的。」有人對於這樣的預測感到擔憂，但我個人倒是滿期待的。

世界各地的文化、科技、經濟制度、商品也一樣。一方面，彼此之間越來越相同；但另一方面，每個地方會展現出驚人的多樣性和新的混合。任何在華府享受衣索匹亞菜、在倫敦享受孟加拉咖哩、在安特衛普吃日本生魚片的人，都可以證實這點。而就跟種族融合一樣，經濟與文化的整合也會花上很長的時間。此外，新創意和技術總是會不斷出現。只要新的想法不斷出現，為緩慢的經濟整合注入新元素，全球化就絕對不可能將你我的周遭變得全都一樣。那些害怕全世界到處都相同的人千萬別忘了，新想法（無論你歡不歡迎）總是會迅速湧現，根本來不及被融合。

但或許評論文化和種族，已經超出我的專業領域太多。所以，我應該回到經濟學，才能發揮我個人的「比較利益」（comparative advantage）。

## 不要管別人，專注做你最擅長的事

比較利益是經濟學家思考貿易的基礎。我們先想像一下：我跟前面提到的生物學家威爾森，誰是比較好的經濟學作家？根據威爾森的著作《知識大融通》（*Consilience*）書封上的介紹，威爾森教授是「二十世紀最偉大的思想家之一」，同時「被認為是尚在人世最偉大的科學家之一」。該書談社會科學的那一章，是在訪談過一些舉世最偉大的經濟學家後寫成的，見解精闢深刻，讓我得知許多以前不曉得的經濟學方面的事情。所以答案是，威爾森應該是比我更好的經濟學家。

所以我很清楚自己比不上他。既然威爾森教授的書寫得比我好，那我為什麼還要寫一本有關經濟學的書？答案就是比較利益。因為比較利益，所以威爾森教授從沒寫過經濟學的書，而且我相信他永遠也不會寫。

「比較利益」這個概念，要歸功本書第一章的主角李嘉圖。假如威爾森跟我一起去找李嘉圖當經紀人，他可能會建議我們：「提姆，你寫生物學的書，一年可能只賣得出一本——而且還是你太太買的，不過你的經濟學還過得去，所以如果你專寫經濟學的書，我們預估每年銷售量會是兩萬五千本。威爾森教授，你如果寫經濟學的書，每年銷售量大概會是五十萬本，但何不專心寫生物學的書，賣到一千萬本呢？」

威爾森是比我好二十倍的經濟學作家，但是在李嘉圖的建議下，他專心寫生物學，這時他的成就是我的一千萬倍。就我個人來看，李嘉圖的建議是簡單明瞭的常識：威爾森選擇他要從事的行業時，不是根據他哪一行做得比我好，而是根據哪一行他做得最好。同時，李嘉圖也會建議我寫經濟學的書，並不是因為我是全世界最好的經濟學作家，而是因為經濟學寫作是**我**最擅長的。

不過，如果在美國與中國貿易的議題上套用李嘉圖的理論，就比較有爭議性了。「中國人的薪資比我們低太多了，」美國保護主義者說，「中國可以用比我們低很多的成本，製造電視和玩具和衣服和各式各樣產品。我們應該保護自己國內的製造商，對中國進口的產品課稅——或者乾脆禁止進口。」

美國也真的這麼做了。美國為了保護本國企業的利益（但不是美國人民的利益），以「反傾銷」法禁止中國貨進口。傾銷指的是把產品賣得很便宜，但這不是傾銷，而是競爭。比方說，如果中國的家具因為「不合理的」便宜而被禁止進口，那麼誰會得利呢？或許是美國的家具製造商吧，但絕對不是想買家具的一般美國老百姓。歐洲也有同樣情形，很多歐洲人買不起高畫質的大型電視螢幕，因為歐盟極力阻止這些產品從中國進口。還有鋼鐵，中國現在的產量比美國和日本加起來還多，卻被美國列入特殊貿易管制項目（通常是非法的）。此外，農產品的保護還更嚴重。

美國應該擋住進口，否則大量的便宜外國貨就會湧入，淹死本國產業嗎？不，美國要生產什麼產品與提供什麼服務，該思考的不是問哪樣比中國生產的更便宜，而是應該專注在美國自己最拿手的項目。

李嘉圖認為，貿易障礙——不論是對本國農民的補貼、對進口紡織品的管制，或是對進口電視機課稅——對美國人和中國人都只會帶來更糟糕的結果。重點不在於中國人是否比美國人更擅長製造任何東西，他們只需要繼續生產他們經濟體系最能發揮效率的產品，而美國人就算樣樣都（顯然）不如中國人，也應該繼續生產自己比較擅長的產品。這就是李嘉圖給我和威爾森的建議：我可能樣樣都不如威爾森，但我還是應該繼續寫經濟學的書，而威爾森則繼續專心寫生物學的書。然而，貿易障礙卻阻擋了這種符合常識的安排。

## 美元與人民幣，電鑽與電視

再舉個更有說服力的例子。假設美國工人花半小時可以生產出一把電鑽，或一小時生產出一臺平面電視，而中國工人可以花二十分鐘製造一把電鑽，十分鐘生產一臺平面電視，中國工人顯然就是「製造業的威爾森」。附帶一提，這個例子中的生產力數字是完全虛構的，實際上，開發中國家的工人生產力，遠不如已開發國家，他們之所以有競爭力，只因為工資低太多。低工資和低生產力之間，其實有很密切的關係。

如果中國和美國之間沒有貿易，美國製作一臺平面電視加一把電鑽就要花九十分鐘。同樣的兩項產品在中國只要花半小時。要是貿易保護主義者如願，兩國就要各自製造電視和電鑽了。

如果沒有貿易障礙，兩邊就可以互相交換，而且狀況都會更好。中國工人製造兩臺電視要花二十分鐘，美國工人製造兩把電鑽要花一小時。拿一把電鑽換一臺電視，讓雙方狀況都比原先好，因為都省了三分之一的時間。當然，中國工人比較有效率，所以可以早一點下班，或是多賺點錢，但這並不代表美國工人會因為貿易而有損失，其實正好相反。

沒錯，如果中國工人加班，不但可以完成自己的工作，還可以完成美國工人一整個星期的工作量。但中國工人何必這麼賣命呢？中國將電視外銷到美國不是出於好心，而是因為要交換美國生產的東西，就是電鑽——即使中國自己生產電鑽的效率，也比美國更高。

跟普遍認知相反的是，貿易並不會摧毀所有的就業機會，我們也絕對不會只進口而什麼都不出口。否則，我們就拿不出錢來買進口品了。若要進行貿易，美國人就一定要製造一些東西，賣到國外去。

這原本應該是再簡單不過的，但不知為何卻並非如此。以美國匹茲堡生產電鑽的工人為例，工人們的工資是付美金，廠房的租金是付美金，水電和電話費等開銷也都是付美金，但是外銷到中國的電鑽，在當地賣掉、或用來製造其他產品，則是以人民幣計價。製造成本以美元計算，收益則以人民幣計算，所以在整個過程當中，人民幣必須「換成」美元，好付匹茲堡工人的薪水。但當然人民幣不可能像變魔術那樣，自動變成美元，唯一可行的辦法，就是美國的進口商提供美元以交換成人民幣，再用這些人民幣去買進口商品——也就是用出口品，替進口品買單。

有些人可能會很驚訝，但經濟學談的就是事物之間的相關性：貨物、金錢都不會憑空出現或消失。如果美國不出口商品讓別國以美元購買，那麼除了美國自己以外，全世界沒有任何國家會接受美元付款。

在更複雜的世界裡，美元和人民幣，電鑽和電視，都不是直接交換。美國人將電鑽賣給沙烏地阿拉伯人，沙烏地阿拉伯人將石油賣給日本人，日本人將機器人賣給中國人，中國人則把電視機給美國人。我們可以暫時借錢*（美國現在的情況就是如此），或是創造資產，例如把電鑽工廠賣出去，而非賣電鑽。但循環流通的各國貨幣最後會完全相互抵銷。美國有能力買進口品的唯一前提，就是能製造出口品，才有錢支付進口品。同樣的道理適用於每一個國家。

## 別人朝你家丟石頭，難道你也要跟著丟？

另一個比較極端的例子，可以進一步釐清真相。假設有個國家非常堅持要自給自足，該國的貿易與工業部長說：「我們必須鼓勵本土經濟。」所以，該國禁止任何外國進口品，海岸巡防也努力查緝走私。這產生的一個後果是：以前很多進口的東西，現在都要自己生產，這樣當然可以鼓勵本土經濟。但另一個後果是：所有出口產業很快也會萎縮死亡。為什麼？

因為如果這個國家不能再以外國貨幣買進口品，那誰還會生產出口商品，換取外國貨幣呢？這種做法固然可以鼓勵一部分本土經濟，卻也會癱瘓另一部分的本土經濟。「禁止進口」的政策，同時也等於「禁止出口」。經濟學家阿巴・勒納（Abba Lerner）於一九三六年提出一個非常重要的貿易理論，稱之為「勒納理論」，說明對進口品課稅，就等於是在對出口品課稅。

勒納理論指出，限制中國電視機進口，以保護美國電視製造業的工作機會，就形同限制美國出口電鑽，以保護美國電視製造業的工作機會。其實，美國的電視製造業根本不是在跟中國電視製造業競爭，而是跟美國的電鑽製造業競爭。如果電鑽製造業比較有效率，電視製造業就難以存活；就像威爾森，因為他實在是太優秀的科學家，所以從一開始，他就不會朝他應該也頗有前途的經濟寫作發展了。

這當然會讓我們用新的眼光來審視貿易障礙，但仍不能證明貿易障礙會帶來任何傷害，畢竟，貿易障礙替美國電視製造業帶來的好處，可能大於對電鑽製造業的傷害吧？不，李嘉圖的比較利益理論告訴我們，答案是否定的。我們知道，在自由貿易的狀況下，中國和美國的工人都可

---

＊在此要特別留意。「我們可以暫時借錢」，指的不是政府外債，即政府（通常是每年）國內外借款之總額，而是以全英國的公部門與私部門為一整體，向國外投資者的借款總額。

以比管制貿易時更早下班，同時不會降低生產量。

就算我們依據常識來判斷，答案也是否定的。想粗略知道開放、自由的經濟體，比封閉型的經濟體要好多少，可以比較一下南韓和北韓，或是奧地利跟匈牙利。一九九〇年柏林圍牆剛倒塌之時，奧地利人的富裕程度平均是匈牙利人的二至六倍（看你如何衡量），一般南韓人頗為富裕，但一般北韓人則十分貧窮。北韓與世隔絕到很難查到任何經濟數字，所以也不曉得他們貧窮到什麼程度。

貿易障礙帶來的害處永遠大於好處，不光是被貿易障礙擋在門外的國家如此，設置貿易障礙的國家也一樣。不論其他國家是否選擇設置貿易障礙，對我們而言，沒有貿易障礙都還是比較好。偉大的經濟學家瓊．羅賓遜夫人（Joan Robinson）曾嘲弄說，只因為其他人朝自己的港口丟石頭，不代表我們也要丟石頭到自家港口裡。幾個世紀前，當祖文出海口逐漸淤塞時，布魯日的居民一定也明白了這個道理。

## 小麥變汽車：你的隱形競爭者是誰？

這並不是說，自由貿易對每一個人都有利。從國外進口更便宜、更好的產品，並不會導致國內所有的產業垮掉，否則我們就沒有能力進口了。但是，進口產品的競爭力，的確會改變國內經濟平衡。以先前提過的電視機和電鑽為例，雖然我們假設中國製造電鑽和電視機都強過美國，但美國還是生產電鑽與中國進行貿易。事實上，美國生產的電鑽是尚未貿易之前的兩倍，但美國的電視製造業的確被摧毀了。這對電鑽產業很好，但對電視製造業卻很糟。很多人會失業，他們必須學習新技能，去電鑽產業找工作。這說來容易，做來很困難，但整體而言，美國的情況將會更好，只是有些人會蒙受損失，而這些人就會咒罵自由貿易，要求對進口電視機設限。不過我們已經知道，這樣的要求就等於是要限制自己國家的電鑽出口。

任何歷史學者都不會忘記英國盧德分子（Luddite）的叛亂。盧德主義起源於一八一一年的英格蘭中部，當時織襪機和修毛機這類新科技開始出現，紡織廠技工情急之下，紛紛起而反抗搞破壞。盧德分子很有組織的摧毀工廠和機器（他們的口號是「砸爛機器」），並抗議新的經濟模式。盧德分子並不是什麼暴徒，正好相反，他們是因為飯碗受到重大威脅，才起而反抗的。

那麼，科技進步會傷害某些人嗎？當然會。

那麼，會讓英國人整體更窮嗎？這說法太荒謬了。儘管改變過程中有些人會失去工作，但很明顯，科技進步大大改善了我們的生活。

貿易，也可被視為科技的另一種形式。經濟學家大衛・傅利曼（David Friedman）發現，美國有兩種生產汽車的方式：一種是在底特律製造，另一種則是在愛荷華州「種植」。在愛荷華州，美國人利用一種「把小麥變成豐田汽車」的特殊科技——只要將小麥裝上船，送上太平洋，過不了多久，這艘船就會滿載豐田汽車而歸。這種在太平洋上將小麥變成汽車的科技，就叫做「日本」。也就是說，底特律汽車工人的直接競爭對手之一是愛荷華州農民。限制日本汽車進口，可以幫助底特律的汽車工人，卻傷害了愛荷華州的農民。

在一個文明而進步的社會中，禁止新科技或限制貿易並非解決之道。然而我們也不能忽略那些因為新科技、貿易或任何原因而失業的人，對他們的困境視而不見。真正的解決之道，是在進步的同時，也要協助那些因此受傷害的人，給予扶持和再訓練。

這也許聽來很殘酷。畢竟，任何人想工作卻沒工作可做，都是件令人難過的事。但為了自身利益而反對自由貿易的利益團體，卻過分渲染了貿易的負面影響。沒錯，從一九九九到二〇〇九年，全美民間減少了三億三千八百九十萬個就業機會，但是同一時期，卻也創造了超過三億三千七百五十萬個新的就業機會*。換句話說，在這十年間，全美國男女老少平均每個人少掉了超過一個工作機會，但也同時有相近數字的新工作機會出現。

整個經濟體系的就業變化很巨大。這三億三千八百九十萬個失業人口，無論是否與國外競爭有關，每一個都值得我們同情和協助。貿易也好，不貿易也好，就業機會的消失與創造，本來就是一個健康經濟體系的常態。

## 更多貿易、更多投資，要嗎？

雖然說，貿易使得美國這些國家更有錢，但並不等於說全球化就一定是好事。要公平解析全球化的每一項爭議，得寫另外一本專書才行。在有限的篇幅裡，我只能提出兩個有關全球化很常見的抱怨：第一，全球化破壞地球環境；第二，全球化傷害窮人。

在不致流於太過專業細節的前提下，我們首先要進一步釐清全球化的意思。即使撇開像美國電視節目、印度料理、日本武術的普及這類非經濟活動，除了貿易，還有許多國際經濟整合現象，這裡我要列出至少五種：一，財貨與服務貿易；二，移民；三，技術知識的交換；四，外商直接投資（也就是到國外成立或購買工廠與公司）；五，股票和債券這類金融資產的跨境投資。

許多針對全球化的討論，都將前述議題混為一談。冒著過度簡化的風險，我要先將移民、技

＊整體算下來，這十年間工作機會少了將近一百四十萬個，不過如果我挑的十年區間是以蕭條為始、繁榮為終，那麼整體就業狀況看起來就會比較樂觀了。

術交換、金融資產的跨境投資這三項撇開不論。不是這些議題不重要，而是在談到全球化的時候，大家通常比較不會想到這三者。移民的爭議性來自其他原因，一般而言，就是排外和自私。另一方面，也很少人會反對和平的科技知識傳播。金融資產的跨國投資這個主題，則引發經濟學家之間頗多技術性的爭論。這類投資對貧窮和富裕的國家都是很好的機會，卻也會帶來危險*。礙於篇幅，這三個趨勢我們就不再往下談了。

在大多數狀況下，談到全球化的爭議時，指的都是剩下的那兩個趨勢：更多的貿易，以及來自有錢國家企業更多的直接投資，例如在窮國設立工廠。儘管貧窮國家的外商投資，很大一部分的目的，的確是要將所生產的產品運回富有國家，但貿易和外來投資仍密切相關。一般認為，外商投資有助於貧窮國家的經濟成長，這是一個創造工作機會、學習最新技術的絕佳方法，而且又不必以自己有限的資金來投資。不同於投資股票、外幣或債券，外商直接投資不會說走就走——誠如經濟作家馬丁．沃夫（Martin Wolf）所言：「工廠又不會走路。」

雖然近年來貧窮國家的貿易與投資量都急速成長，但我們必須知道，絕大多數的貿易和外商投資，都是發生在最富裕的國家之間，而非富國與窮國之間。大家看著自己的耐吉（Nike）球鞋，或許會假設所有東西都是在印尼或中國製造的，但其實，有更多錢花在進口澳洲的葡萄酒、丹麥的豬肉、比利時的啤酒、瑞士的保險、英國的電子遊戲、日本的汽車、臺灣的電腦等，全都是由南韓的貨輪運送。

這些富裕的國家，大半還是跟富裕國家進行貿易。中國人口占全球二〇%，出口量卻只占全球不到一〇%，中國出口貿易的驚人之處，不在於其出口額的絕對數字，而是在於其成長的快速程度。墨西哥人口也超過一億，與美國這個全球最大的經濟體簽訂了自由貿易協定，但其二〇〇九年的出口額還不如小而美的比利時。再看看印度，儘管人口遠超過十億，但直到二〇〇六年，在現代世界的出口額才首度突破全球一%。

這些數字還僅止於有形貨物，如果我們看服務業，開發中國家這方面的貿易額更少。印度是例外，不過該國在二〇〇八年的服務出口額，仍占全球不到二・七%。

那麼最窮的那些國家，情況又如何呢？很不幸的是，富裕國家跟他們的貿易往來非常少——而且當全球其他各地貿易迅速擴展的同時，這些最貧窮國家的貿易大半只限於日用品。二〇〇八年，富有的「經濟合作與發展組織」（Organization for Economic Co-operation and Development，簡稱OECD）的進口額中，來自最落後國家的部分只占〇・八%（一九八八年為〇・六%，而一九九八年為〇・五%，隨著石油價格而起伏）。

---

＊這句話我是在二〇〇二年寫下的。如今在全球金融風暴的餘波中回顧，請原諒我當時的陳述過於保守。

外商投資也是類似的情況。不管是比較利益理論、一般常識還是經驗，全都告訴我們：貿易有助於經濟成長，外商直接投資跟貿易緊密相關，也同樣有利於經濟成長。然而這些好處，最貧窮的國家都沒享受到。這樣說也許有點簡化，卻是事實。

無論如何，貿易與外商投資仍然存在的問題是：對環境有什麼影響？當外商投資貧窮國家，帶來所謂的「血汗工廠」，工資低，工作環境也惡劣，又會造成什麼影響？

## 國際貿易有害環境，really？

先說環境問題。在第四章我們已經談過，經濟學的外部性概念為我們提供一個強而有力的工具，可以評估破壞環境的風險，而收取外部性費用，則提供了一個解決方式。大部分的經濟學家都了解破壞環境的風險，同時也希望在行動上保護環境。

然而，貿易與環境破壞之間的關係，卻禁不起仔細檢驗。一般來說，擔心的理由有三：第一是所謂的「向下競爭」（race to the bottom）：企業搶著到成本更低、環境法規更寬鬆的地方生產，而這些國家也訂定出寬鬆的法規迎合這些外商。第二，是實體貨物的運送勢必耗費資源，也製造汙染。第三個理由則是貿易促進經濟發展的同時，也一定會傷害地球。儘管每個理由乍看之下似乎都有些道理，但其實「貿易有害環境」的思考基礎很薄弱，也沒有什麼根據。

首先，說自由貿易會製造環境問題，是因為海外生產產品的環保標準比較低，或根本沒有環保標準。可是別忘了，絕大部分的貿易是在富裕國家之間進行，這些國家都有相似的環保規範。那麼在貧窮國家呢？環保人士范達娜．席娃（Vandana Shiva）宣稱，「汙染從富裕國家移動到貧窮國家，結果造成全球環境上的嚴重落差。」真是很強烈的指控，但果真如此嗎？

理論上，指控有可能是真的。能以較低成本製造產品的企業，就有競爭上的優勢。在自由貿易的世界裡，他們也可以自由移動，所以「向下競爭」不無可能。本書初版問世後，《國際開發學報》（*Journal of International Development*）刊出的一篇研究論文中，發表了一份有關汙染與外商直接投資的統計分析。作者群的結論是：有些證據顯示，中等收入國家的外商直接投資，會造成汙染惡化。

但要說全球化就是汙染增加的主因，也說不過去。企業的主要成本不是來自環保法規，而是勞工。如果美國環保標準真的這麼嚴苛，那為什麼大部分汙染密集型的美國企業，花在處理汙染的費用只占其企業收益的二％？而且大部分公司花得更少：平均大約占收益的〇．五％或〇．六％而已。企業外移，是為了尋找廉價勞工，而不是為了尋找可以汙染環境的機會。

而且，企業不會製造不必要的汙染，最先進的製造技術通常不但比較便宜，也比較環保。例如節能技術，不但省錢，又可以降低汙染，這也是為什麼許多公司將環保績效視為整體品質控管與效率的一部分。就算可以藉由降低環保標準而節省一些成本，許多廠商在海外各地的工廠，都一律採用已開發國家最新、最環保的技術，只因為這樣的標準化可以節省的成本更高。這就像大量生產十年前的電腦晶片，會比生產最新的晶片更容易、更便宜，但沒人會這麼做。現在就算想買以前的舊款電腦，也很難買到了。何況，廠商提高環保標準，也可以討好自己的員工和顧客。

所以，「向下競爭」在理論上有可能，但我們也大有理由懷疑其現實上真的如此。外商投資於富裕國家的產業，更有可能屬於汙染類型——外商對美國的投資，成長最快的正是汙染產業。相較之下，美國人對外國的投資，成長最快的則是低汙染的乾淨產業。換言之，外國人將汙染產業帶進美國，而美國企業則將乾淨產業帶給全世界。

看到這裡，你可能會不太相信自己的眼睛。對於那些向來有環保罪惡感的人，這些統計數字似乎很荒謬。但仔細想想並不荒謬：貧窮國家生產的是衣服、玩具、咖啡，而嚴重汙染的產業如化學產品的大量製造，則需要高技術、可靠的基礎建設，以及穩定的政治環境（因為牽涉到大筆資金投資）。何必為了節省幾塊錢的環保成本，將工廠搬到像衣索匹亞這類國家，而危及整個生產呢？

另一個評估外商在窮國環保績效的指標，是中國的汙染數字。左圖顯示，隨著中國經濟逐漸發展，中國的空氣汙染也持續改善。這段期間，外商在中國投資暴增，紛紛到中國設立工廠，有的是為了滿足中國市場，有的是想利用中國廉價勞工，再將所生產的產品出口到全世界。中國之外，我們也可以在巴西和墨西哥看見相似的模式。

這並不是說一切要歸功於外資。當中國變得更富裕，政府對外資的環保規定也會越來越嚴格。

我們當然不應自滿，但整體而言全球經濟並沒有上演「向下競爭」的驚人劇情。即使中等收入國家在全球化過程中有一些汙染增加的狀況，也必須權衡兩性平等、教育改善、壽命預期值增加等等收入增加之後所帶來的優點。整體而言，貿易保護主義者大肆宣稱「向

全球化造成汙染嗎？（中國的空氣品質和外商投資淨值）

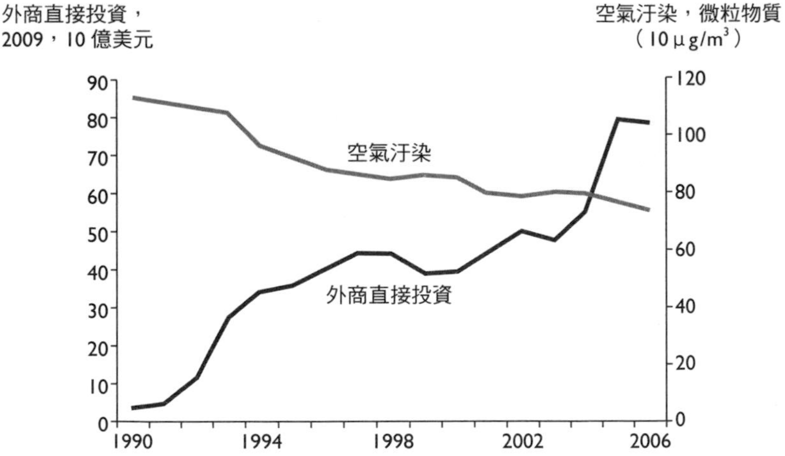


資料來源：UN Environment Program http://geodata.grid.unep.ch/ 與 http://databank.worldbank.org/2010

下競爭」，恐怕是太言過其實了，他們的意思，其實是要犧牲消費者與開發中國家的利益，來保護國內既有產業。

## 說要給農民的補貼，結果被有錢人領走

其實，貿易保護主義本身也可能付出龐大的代價。最明顯的例子，是歐盟的「多功能」共同農業政策（Common Agricultural Policy），這是一套以保護歐洲農民為目的，而設計出來包含貿易障礙和補貼的政策。贊成的人認為，這項政策應該能兼顧自給自足、安全性、環境績效，同時能照顧貧窮農民。可是事實上，這項補貼農民的政策花掉歐盟幾乎一半的預算，而農地最大的前四分之一農戶，就吃掉了三分之二的補助。比方說，英國第三有錢的西敏公爵（Duke of Westminster），從一九九九到二〇〇九年間，就拿到了超過六百五十萬歐元（九百萬美元）的補貼。英國女王得到的補助更多，光二〇〇九年就將近八十萬歐元（一一二萬美元）。

大體來說，歐盟的這個共同農業政策鼓勵密集耕作，造成的結果之一卻是食物品質欠佳，以及農藥、肥料的大量使用，同時不斷將食物傾銷到開發中國家，使得窮國的農產品價格下降，壓低了窮國農民的收入。此外，這項政策也不利於當前的世界貿易自由化趨勢——儘管還有很多黨

派怪罪自由化。如同沃夫在《金融時報》上的評論：「這項政策還真的是『多功能』：倒退、浪費、破壞環境和食物品質，而且阻礙全球各地的貿易自由化。」

此外，其他富裕國家（尤其是日本與韓國）也像歐盟一樣，給予本國農民特別優惠。「經濟合作與發展組織」的國家中，有將近四分之一的農民收益來自政府補助，如下圖顯示，農業補貼越多，肥料也用得越多。如果歐盟的共同農業政策及其他的農業保護主義廢止，那麼無疑的，耕作的密集程度會降低，全球環境也會大有改善。同時，歐洲的消費者和第三世界國家的農民，也可因此受益。

美國對本國農民的補助比較沒那麼多，

農業保護造成農耕集約化（農業保護和肥料使用）

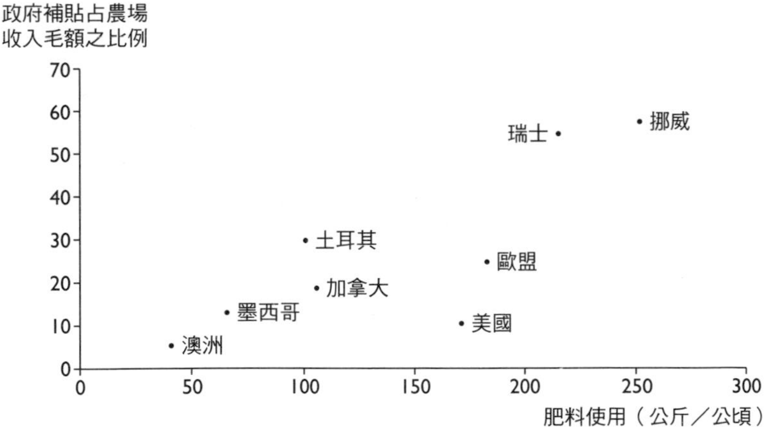


因數值範圍的關係，冰島（58%，3467 公斤）與紐西蘭（0.67%，1147 公斤）的數字未標示出來

資料來源：OECD Agriculture and Fisheries database; http://databank.worldbank.org

但在必要時仍然會採取貿易保護政策，因而造成了環境的破壞。一九九八年，美國國內的製糖業獲得十億美元的補助，其中一半被十七座農場拿走。由於這種保護政策所造成的扭曲，讓消費者付出了將近二十億美元的代價，其中一半純粹是不必要的浪費（幸好之後情形有了改善：二〇〇九年的補貼是四億七千萬美元，比一九九九年的顛峰時期少了三分之二）。這項保護政策毀掉了哥倫比亞的製糖業，有些業者改而生產古柯鹼。

當然，如果真的對環境有利，環保遊說團體仍會給予支持，但偏偏事實並非如此：在南佛羅里達州，集約耕作的蔗田所排放出來的化學物質，就破壞了大沼澤地（Everglades）。這並不是說，所有環境問題都可因自由貿易而自動獲得解決。以單一栽培（只種稻米、只種咖啡，或只種小麥）的趨勢為例，這種缺乏生物多樣性的狀況，會使得農作物更容易受到蟲害侵襲，也更容易受天氣變化的影響。

這似乎可以成為反對自由貿易的好理由（因為貿易越多，就越會鼓勵各國專注於栽培自己較具競爭優勢的單一作物），但是想透過貿易障礙來解決農耕集約化的問題，卻是下下之策。

首先，區域生物多樣性和全球生物多樣性都很重要，但是「國家」生物多樣性卻沒那麼關鍵，因為環境問題是無國界的。缺乏生物多樣性的確是個問題，而解決之道，應該是直接制定環保規範。想藉由貿易障礙以解決這個問題，就太荒唐可笑了。

當然，理論上我們總是可以找出替代政策（alternative policy），實際上也的確如此。用替代政策解決環境問題，會比任何貿易障礙更直接且有效率。著名的貿易理論學者賈迪希・巴格瓦蒂（Jagdish Bhagwati）便曾指出，環境問題「是不可能一石二鳥的」。貿易障礙是一種笨拙且具破壞性的手段，會損及原先追求的目標，例如健康乾淨的環境。

運輸成本是另一個例子。乍看之下，要減少貨櫃船和貨運飛機造成的汙染，限制國際貿易似乎是一個很好的辦法。但實際上，理想的解決之道仍應是收取外部費用，並採取直接規範。貿易障礙不利跨國貨物運輸，但是跨國本身並不會特別破壞環境。將一臺ＣＤ播放機從日本大阪港運到洛杉磯港口的運輸成本，低於從洛杉磯港口運到亞利桑那州，甚至也低於從洛杉磯港口運到洛杉磯市內的電子產品連鎖店。接下來，某個人開車到這家連鎖店買這臺ＣＤ播放機的運輸成本，通常還要更高，因為還要加上塞車和汙染的環境成本。

貨物運輸只在自己國家境內、不跨越國界，並不等於運輸的環境成本就會比較低。臥底經濟學家必須建議採取直接解決問題的政策：無論跨國或非跨國，外部性收費都可以鼓勵更環保的運輸方式。

## 貧窮與富裕，誰才是環境殺手？

第三個反對跨國貿易的論點是：貿易本身無害處，但是貿易帶來的經濟成長卻會破壞環境——也就是說，貿易讓人更有錢，因此會破壞環境。這個說法，倒是值得進一步探究。

我們今天最致命、最確定的環境問題（而且可能是未來最嚴重的環境問題，甚至造成氣候變遷的威脅），也是最貧窮國家頭痛的問題。其中一個例子，是燒柴式火爐帶來的空氣汙染，導致失明以及致命的呼吸道疾病。另外還有不乾淨的飲用水系統，已經造成數百萬人的死亡。**貿易有助於經濟成長，經濟成長可以解決這些環境問題**。

有些汙染問題，例如汽車排放的懸浮微粒，的確會隨著人們越有錢而變得越嚴重，但只是暫時的。通常，當人民平均收入達到五千美元之後（例如墨西哥），這個問題就比較不那麼嚴重了，因為此時人民有足夠的經濟能力，負擔更高的環保標準，而且人民也會期待有這樣的標準。貿易，不但可以藉由促進經濟成長，改善環境品質，在實施自由貿易後，通常代表政府不再補助汙染性高、地位特殊的產業（如石化業、煉鋼業），同時能引進更新、更低汙染的技術。

的確，一旦人民收入達到每人五千美元的標準之後，能源消耗、隨之而來的二氧化碳排放和氣候變遷的威脅都會提高，但其實全世界最富有的那些國家，每人能源消耗量似乎已經停止上升。畢竟我們的汽車和家用產品越來越有效率，當大家都擁有兩輛汽車和一棟有空調設備的大房子之後，實在想不出還有其他什麼地方需要消耗能源。

如果說，貿易會帶來經濟成長，然後導致氣候變遷，那麼如果我們夠誠實，接下來就會得到一個明顯的結論：我們應該減少國際貿易，確保中國人、印度人和非洲人繼續貧窮下去。問題是，任何環境災難（包括劇烈的氣候變遷）讓人類付出的代價，是否比三、四十億人口繼續貧窮要來得嚴重？答案不言可喻。

但這是否就意味著，我們必須在「讓很多人餓肚子」和「環境末日」之間做抉擇？完全不是如此，我們還有很多途徑，可以協助拯救環境。

外部性課稅已經讓美國的二氧化硫排放量降低（中國也採取了更直接的管制方法），同樣的政策可以用於減少二氧化碳排放，以及改善氣候變遷。我們可以從立即停止全面補助石化燃料著手，例如德國這個重視環保信譽、且堅定支持全球努力對抗氣候變遷的國家，過去為了避免國內煤礦業遭受國際競爭，就補助該國礦工達每人數萬歐元。該國最近通過一項法令，要在二〇一八年之前逐步廢除這些補貼。

所以，到底該怎麼看待環保人士對自由貿易的抨擊？我們已經探討過「向下競爭」即使有發生，也是很輕微的；又探討了高汙染產業仍集中在富有國家境內，而非貧窮國家；而且接受外商投資的主要貧窮國家如中國、巴西、墨西哥，其環保標準正在提高。我們也看到了，像農業、鋼鐵、煤礦等產業的貿易保護措施，其實對環境造成很大的傷害；我們還談到了課徵運輸燃料稅與自由貿易並不互相矛盾，而且比限制貿易更有利於環境。此外，我們也探討過，至少到目前為止，最嚴重的環境問題是由貧窮引起的，而非富裕。環保人士的努力方向，應該是主張立刻消除貿易障礙、提倡全球自由貿易才對。或許有一天，他們真會這麼做。

## 什麼！血汗工廠的好處是……

你這雙運動鞋好讚！可是……你會不會覺得有些內疚？

有些跨國企業一直被指控，在開發中國家提供的工作環境十分惡劣。比方說，耐吉就常常成為抗議活動的箭靶。美國麻省理工學院一位很有膽識的學生喬納．裴瑞提（Jonah Peretti），就透過耐吉為顧客專門訂做鞋子的服務，宣揚他的主張。他說：

> 耐吉標榜自由，還說如果你想有成就，就該靠自己打造。
>
> 我忍不住想到那些亞洲和非洲的工人，在擁擠的工廠裡為耐吉打造鞋子的畫面。

為了挑戰耐吉，我決定訂做一雙鞋子，上面印上「血汗工廠」字樣。

雖然經濟學家也覺得這故事很有趣，但耐吉可不覺得好笑，他們拒絕了裴瑞提的訂單。裴瑞提以及贊成他做法的人，成功吸引了大家關注這個事實：開發中國家的工人得忍受惡劣的工作環境、工時很長、工資少得可憐。但是，血汗工廠是全球貧窮的「症狀」，而非「原因」。工人們是自願去血汗工廠的，這表示——儘管難以置信——其他的選擇都更糟。而且他們並沒有離開，這些跨國工廠的員工流動率很低，因為雖然工作環境和待遇很差，還是比本國企業的工廠條件強一些。

而就算是在本地企業工作，也好過完全沒工作、擺非法路邊攤、賣淫，或在像馬尼拉這樣的城市垃圾場裡撿破爛。馬尼拉最著名的垃圾場煙山（Smokey Mountain）於一九九〇年代關閉，因為此處已經成為難堪的貧窮象徵，但其他垃圾場仍然繼續養活那些撿破爛的人，讓他們每天可以賺到最多五美元。二〇〇〇年七月，超過一百三十人死於馬尼拉柏雅塔斯（Payatas）的垃圾山崩塌事件。

而這些人就算是用這種方式在大城市裡勉強度日，也強過在鄉下等死。例如在拉丁美洲，大城市比較少出現極端貧窮的狀況，但在農村卻很普遍。只要稍微有點同情心，你一定會不忍目睹這樣的情況，你同時也應該認清：跨國企業並不是貧窮的罪魁禍首。

杯葛開發中國家製造的鞋子和衣服，不能解決貧窮問題。相反的，像南韓這樣對跨國企業開放的國家，會變得越來越富有。當更多跨國企業來設廠投資，就會彼此競相爭取技術最好的員工，於是薪資就會上漲。這並不是因為企業主大方，而是為了吸引人才，只好將待遇提高。

接下來，當地企業學習到最新的生產技術，也能擴大規模。漸漸的，大家就會越來越願意在工廠工作，並學習所需的技能，於是教育也改善了（雖然很多人離開鄉下，但留下來的人收入也因此稍微增加）。相較於非正式的地下經濟活動，正規的就業比較容易課稅，所以政府能增加收入，基礎建設、醫療設施、學校也因此變得更好，貧窮的情況減少，薪資增加。在扣除通貨膨脹的影響之後，南韓一般工人的所得是三十五年前上一代的五倍。南韓現在是世界科技的領導者，有足夠的財力像其他富有國家一樣，大力補助自家農業。至於血汗工廠，已經搬到別的地方了。

說到血汗工廠，我們很難無動於衷，問題在於：如何擺脫這種工作環境？大部分經濟學家相信，血汗工廠至少從兩個角度來看是好事：一，它比其他選擇（例如完全沒工作）要好；二，這是邁向更美好未來的第一步。

但很多人不這麼想。中間偏左的政治評論者威廉．格雷德（William Greider），曾讚揚紐約市議會在二〇〇一年通過一項決議，要求市政府只能向「待遇與工作環境合理」的工廠，訂購警察與消防人員的制服。但這種做法只會傷害血汗工廠的工人——他們會失業，回到垃圾堆裡。對馬尼拉的工人來說，實況正是如此。當然，這對富裕國家的紡織工人來說是好消息，因為訂單就會落到他們的工廠手裡。我認為紐約市議會的這項決議由美國紡織成衣工會起草，應該不是巧合，因為如果進口紡織品減少，受益的正是這群人。

## 醒醒吧，忙著顧三餐的小老百姓

美國前總統杜魯門曾經提議，要找一位「只有一面」的經濟學家——這種經濟學家不會在給了一個建議之後緊接著又說「可是另一方面……」。妙語如珠的另一位前總統雷根有一次則開玩笑的說，知名桌遊「全民猜謎大挑戰」（Trivial Pursuit）應該要有一個「經濟學家版」，裡頭有一百個問題，卻有三千個答案。

的確，經濟學家們有時會無法達成共識，但很少會有經濟學家不關心自由貿易的好處。幾乎所有的經濟學家都相信，全球自由貿易會是一大進步，就算有些國家拒絕降低貿易障礙，但不等於我們就得以牙還牙。

經濟學家估計，自由貿易帶來的利益非常龐大。例如一八五〇年代，日本在數十年的孤立之後，被美國強迫開放港口通商，開始把絲綢和茶葉外銷給全世界，換取國際上很便宜、在日本卻很昂貴的棉布和羊毛織品，日本的國民所得因此增加了三分之二。

自一九九四年起，烏拉圭貿易談判回合陸續降低世界各地的貿易障礙，估計全球收入因此增加了大約一千億美元。如果農工業產品與服務的關稅能降低三分之一，就能額外再產生六千億美元收益——大約是全球收入的二%。消除所有的貿易障礙，則可以讓全球收入增加六%以上。這些由經濟學家道格拉斯・爾文（Douglas Irwin）收集整理的數字，可能還只是保守的估計，因為只涵蓋最直接的部分，也就是讓原先受保護的市場引進更便宜的世界各地貨物。

很多人以為，貿易只對跨國企業有利，但其實正好相反，自由貿易下的國際競爭，也會摧毀大企業的稀有性優勢。自由貿易能鼓勵大家發展新的工作方式以及創新科技，有些人甚至相信，自由貿易可以促進和平，因為貿易關係越密切的國家，就越有足夠理由避免交戰。

如果自由貿易真有這麼多好處，為什麼世上還有這麼多貿易障礙存在？政治人物何不藉由降低貿易障礙，輕鬆獲取選票？為什麼當年日本要在**被迫**之下，才要採行一個幾乎讓國家收入翻兩倍的政策？

因為很不幸的，無論貧富，大部分國家總會有些影響力很大的利益團體，提出種種反對自由貿易的理由。

關稅會讓全國大部分人付出不情願的小小代價，因為進口品的價格會更高，而沒有投票權的外國人付出的代價又要更高一些。至於關稅的好處，則大部分都落入一小群團結的人手中——通常都是有組織的工會或大企業。

**如果選民得到充分的資訊，又很懂經濟理論，那麼在一個民主社會中，反對貿易的保護主義者就會得不到選票**。但如果人民不清楚自己為關稅所付出的代價，而且任何一種特定物品的關稅對任何一個特定選民的影響又很小，那麼選民可能根本不會想到，這項關稅原來只是某些人將貿易保護的行動，偽裝成抵制血汗工廠的正義之舉。缺乏資訊選民的惰性和膽小，降低政府改革的決心，但利益團體卻很清楚自己可以從貿易保護中獲利，也知道為了爭取他們自己的利益，值得付出大筆錢去遊說政府。

按理說，相較於民主意識薄弱或甚至不民主的國家（如喀麥隆），利益團體在健全民主國家的影響力應該比較小。因此如果說貿易障礙的存在，有部分是受到利益團體的影響，那麼越民主的國家，貿易障礙就應該越低。

數字顯示正是如此。二〇〇八年，美國的平均關稅是一．四九%。歐盟的平均關稅是一．一五%。高收入的國家一般是平均一．七六%。中國和印度這兩大經濟體，則分別是三．九%和六．一%。而我們已經知道，貧窮又貪腐的悲慘小國喀麥隆，根本無法擺脫關稅的重擔，平均超過一二・七%。

## 經濟越封閉，政權越……穩固！

話說回來，就算我們可以對自己的政治人物施壓、降低關稅，貧窮國家的政府也應該擔負同樣的責任才對。為什麼他們要維持對老百姓有害的關稅？或許，在國際上越孤立，越有利於政治穩定。全世界在位期間最久的幾個領導人，像北韓的金正日、辛巴威的穆加比（Robert Mugabe），以及古巴的卡斯楚（Fidel Castro），沒有一個會因為經濟上的孤立狀態，而失去政治上的強勢地位。伊拉克的海珊（Saddam Hussein）政權在經歷十年的國際經濟制裁後，似乎越來越穩——他最後垮臺是因為外力，而非內部改變。緬甸和北韓被國際鎖友，其政權卻穩定得令人洩氣。

這解釋了當年日本為什麼非要等到美國強迫，才會走向貿易自由化。該國當時的孤立政策，並非為了日本人民的利益，而是為了統治者德川幕府的利益。歷史學家珍娜・杭特（Janet Hunter）曾指出：

政治控制的機制建立在一套嚴厲的法規上，目的是將一般人民身上發生的所有社會、政治、經濟的變化降至最低……。一六四〇年之後，透過鎖國政策，切斷幾乎所有跟外界的接觸，就將可能傷害到政權的外國影響力降至最低。

儘管這些謹慎的措施，成功的確保德川幕府掌權長達兩個半世紀，但他們無法期望所有社會、經濟和政治的狀況都不變……。隨著與美國和歐洲帝國主義強權的重新接觸，情勢迅速發展到危機關鍵……。從一八五三年起，因美國要求締結正式關係而產生危機……，德川幕府隨之迅速走下坡。

利益團體一直在嘗試左右美國的貿易政策，也成效不一。設立貿易障礙必須由國會通過，而國會議員要捍衛自己選區人民的利益，於是他們會保護愛荷華州的農業、賓州的鋼鐵業、佛羅里達州的製糖業，或是密西根州的汽車製造業。透過彼此換票，他們就可以不斷的通過關稅法案，如果總統要跟別的國家簽訂降低關稅的協定，這些國會議員就會拒絕同意。

當總統的人，通常會傾向於支持自由貿易，因為他們需要全國的選票，所以比較不可能偏袒那些有利於特定區域的貿易保護主義。一九三四年羅斯福總統說服國會，賦予他以及之後的總統簽訂對外貿易協定的權力，往後的二十年，美國關稅就從四五%降至一〇%。現在美國總統有制定貿易政策的責任，關稅更是一路下降。

當然，美國總統還是無法完全避開利益團體的政治操作，例如近年佛羅里達州選票對總統大選的重要性大大提高，也確保了佛州製糖業者受到保護，但全國都要因此付出代價。沒有任何政治制度是完美的，但是民主政治卻比其他制度更擁護國際貿易，因為降低貿易障礙對一般老百姓有好處。

## 「公平貿易咖啡」、「非血汗工廠製造」很讚，但能解決問題嗎？

你應該已經知道，我超愛咖啡和啤酒。我最喜歡的咖啡產自帝汶，最愛的啤酒產自比利時。也因為帝汶採咖啡的農人和比利時釀啤酒的工人，我的人生可以如此幸福。希望我已經說服你，他們的人生也因為我而更幸福。經濟學家們最常研究的現象之一，就是如何讓每個人都是贏家。

然而，總是有人贏得多、有人贏得少。我的生活過得不錯，比利時人也差不多，但帝汶人卻不是如此。當然，如果沒有貿易，他們的日子會更不好過。但光是如此，並不足以讓我們安心，忘記他們的存在。

咖啡農很窮，是因為他們沒有稀有性的優勢。能栽種咖啡的地方很多，而且種植一般市場所需要的咖啡沒什麼高深技術，因此咖啡農都沒有影響市場價格的力量。即使某些國家能一致對外採取行動，他們還是沒有稀有性的優勢。最大的幾個咖啡業者曾經嘗試這麼做，組成了一個控制全球三分之二咖啡產量的卡特爾（cartel），也就是咖啡生產國家聯盟，結果仍然失敗並解散。這是因為每當這個卡特爾成功抬高價格，所有國家的農民很快就會發現，接著爭相開始種植咖啡。越南就是一個很好的例子。一九八〇年代時，越南幾乎沒有人種咖啡，但現在越南是全球第二大咖啡生產國。若要以同業聯盟的方式利用稀有性優勢，成功的前提就是讓新的生產者無法輕易加入市場。

別忘了，貧窮農民能如此輕易種植咖啡的原因之一，就是因為法國與佛羅里達州不產咖啡，所以這些農民都沒興趣去鼓動提高咖啡關稅。咖啡生豆也比較不受貿易障礙的限制，所以當很多國家都對牛肉、稻米、穀類設立貿易障礙，連帶效果之一就是造成貧窮國家的農民只能種植咖啡，問題是，光靠種咖啡不夠養活所有的人。

因為咖啡種植的進入門檻很低，我敢說：**除非大部分人都變得有錢，否則咖啡農永遠不會有錢**。一旦能靠種咖啡賺大錢，其他農民或血汗工廠的工人就會放下手上的工作，跑去種咖啡。這麼一來，咖啡價格一定會下跌，直到血汗工廠的工人們成為有技術的藍領階級，得到好待遇，他們就不會想要成為咖啡農了。

我們應該知道的是：把焦點放在「公平貿易咖啡」或是「非血汗工廠製造的衣服」的做法，永遠無法大幅改善數以百萬計的人民生活。雖然有的做法比較有破壞性（例如倡導紐約市政府不要向貧窮國家訂購制服），有的做法的確能讓少數咖啡農多賺一點錢，又不會造成嚴重傷害（例如鼓勵購買標榜公平貿易咖啡的品牌），但仍然無法解決基本問題：咖啡生產量過剩。咖啡種植不太可能成為有吸引力的行業，會踏進這一行的，永遠會是陷入絕望而別無選擇的人。貧窮國家唯有靠大規模的發展，才能提升赤貧人口的生活品質、抬高咖啡的價格，並改善鞋廠的薪資與勞工水準。

這樣的發展，可能成真嗎？當然能。開發中國家數十億人口如今比上一代富裕，壽命預期值和教育程度都改善了。自由貿易只是其中一部分原因，還有許多更重要的理由。開發中國家的經濟要大幅成長，還必須進行許多不同的改革。

有一個國家就做到這點，他們比史上任何國家擁有更多人民、改革的速度更快，而且起跑點更惡劣。本書的尾聲，就要來談談這個國家。

## 第10章

# 中國如何致富

### 邁向更多選擇、更少恐懼的未來

「天啊。」我說。

那是二〇〇三年，我跟太太法蘭站在上海市中心的人民公園裡。人民公園就像是二十一世紀的紐約中央公園，讓我想起第一次去曼哈頓那種眼花撩亂的感覺。走在人民公園裡，可以充分體會上海的摩天大樓所帶來的視覺震撼。

其中一棟堪稱當今的克萊斯勒大樓，引人注目的尖頂是四根鏡面尖錐往上交會於一點；整棟大樓的上半部環繞著軸心旋轉四十五度，所以上半的四十五層樓和下半的四十層樓成斜面交叉。另一棟大樓上，在距離地表六十層樓處有一個巨大玻璃中庭。

也不是所有建築設計都那麼令人驚豔，例如有一棟大樓上有個圓頂，看起來很像是從五〇年代飛碟電影中偷來的。舉目望去，少說也有三十棟摩天大樓，其中約有六棟的規模令人驚嘆。這些，都是全新的大樓。

「天啊。」法蘭說。

「你上一次來上海是什麼時候？」

「十年前。」

「當時哪幾棟已經蓋好了？」

她想了一下。「你看見那一棟了嗎？」

「那個四四方方、四十層樓高的辦公大樓嗎？」

「不是。是旁邊下面那一棟。」她指著一棟十二層樓高的紅磚建築，四周被更現代化的建築包圍著，看起來更加矮小。

「我看到了。」

「十年前最高的就是那一棟。」

「我的天。」我說。

上海的蓬勃實在令人驚豔。才不過十年，建商已經將上海打造成另一個曼哈頓。我不知道紐約客會作何感想，但身為倫敦人的我，覺得自己像個進城的鄉巴佬。

然而上海原本可能跟現在截然不同。二十世紀的大部分時間，中國比喀麥隆還窮。一九四九年，中華人民共和國建國時，這個全世界最大的國家飽受內戰蹂躪，由共產黨獨裁統治。一九五〇年代晚期，政府的政策失敗導致數千萬人民死於饑荒。一九六〇年代，文化大革命摧毀了大學制度，數百萬計受過教育的人被迫下鄉勞改。在經歷了這一切之後，中國是如何搖身一變，寫下歷史上最成功的經濟神話？

## 毛澤東大躍進的鬧劇與慘劇

去一趟上海，已經足以讓人很想知道這個問題的答案。而答案的線索，在全中國各地都找得到。我在搭乘火車前往內陸城市鄭州時，就發現了幾個線索。

火車本身，就是第一個線索。中國的火車變快、變舒服了，而且比英格蘭的火車還準時，中國的公路和鐵路網看起來狀況極佳。第二個線索是：中國的教育系統似乎很成功——我在車上和一名年輕的經濟學博士下西洋棋，被他很有禮貌的痛宰一番。他從來沒有出過國，但是英文講得很不錯。第三個線索是雖然火車上很擠，小孩卻很少，也沒有大家庭。中國的「一胎化政策」所創造出來的社會，讓女性有時間工作，而且目前占人口最多的壯年人（不是老年人或小孩），正在為未來而儲蓄。這些龐大的儲蓄，提供了發展公路、鐵路等等建設的資金。中國擁有經濟成長傳統模型所需的人力資源、基礎建設，以及金融資本。

不過這些資源未必能被善加利用。我們已經知道，如果缺乏正確的誘因，這些資源就會被浪費掉。

最浪費的經典案例，就發生在毛澤東時代。中國初期的經濟發展有兩大重點：一是大量投資在煉鋼等重工業，二是應用特殊農業技術以確保中國糧食供應充足。採取這樣的政策很合理，中國北方各省盛產高品質的煤，按理說可以做為經濟改革的基礎。對經濟大國如英國、美國和德國來說，煤、鐵、重工業一直都是工業革命的基石。同時，中國政府也必須優先發展農業，因為全國的可耕地數量，只能勉強餵飽高達數億的人口。火車駛向鄭州時，我望著車窗外、全中國人口最稠密的省分河南。

中國這兩大重點發展計畫，被稱為「大躍進」，卻是全世界有史以來規模最大的經濟大崩壞。毛澤東制訂的經濟政策，暗藏著一個前提：只要夠努力，什麼都能實現。政府下令村民在自家後院建造煉鋼熔爐，卻沒有礦砂可以放進去。為了達到國家要求的產量，有些村民就把現成的鐵或鋼——工具，甚至門把——拿去熔掉。就連毛澤東的私人醫生都懷疑，這種「熔了刀子來造刀」的政策。結果，這些煉出來的鋼根本不能用。

如果這樣的工業政策是場鬧劇，那麼農業政策就是悲劇了。大躍進使得當時許多農人不再耕作而投入煉鋼，或是去建築水壩、鐵路這些公共工程。毛澤東還下令農民撲殺會吃掉莊稼的鳥，結果導致害蟲數量暴增。毛澤東自創了一套農業技術，以密植和深耕來增加農產量。稻秧種植的間距太密就活不了，但急欲討好毛澤東的共黨官員們，就在他面前演出農業、工業都很成功的假戲。毛澤東搭乘火車出外視察他的政策成果時，當地官員就在鐵路沿線建造煉鋼熔爐，又從數哩外買來稻株，按照規定的密度重新種植在鐵路兩旁的稻田裡。另外還得配合使用電風扇，保持空氣流通，免得稻株腐爛。

可想而知，穀物產量減少了，但要不是國家堅持政策可行，也不至於釀成大災難。當時的國防部長由於在一次部長級的會議中提出饑荒的問題，因而受到懲罰。一些職位較低的官員因為否認農產過剩，而遭到酷刑。但在農作歉收的同時，中國一九五八到一九六一年的穀物出口量居然倍增，以象徵其農業政策的成功。

我們今天舒舒服服的搭火車經過的河南省，在四十五年前，儘管國有糧倉存有足夠的糧食可以餵飽人民，卻一直閉門不開，因為政府認為民間的糧食還有剩餘。但實際上，老百姓活活餓死在雪地裡，有些屍體無人掩埋，有些屍體則被餓得走投無路的家人吃掉。

據估計，當時饑荒的死亡人數在一千萬到六千萬人之間，大約是英格蘭的總人口，或是美國加州和德州的人口總和。中國政府日後公布的數字是三千萬人，卻將死亡理由歸咎於當時惡劣的氣候。

在本書第三章所提到的「真相的世界」中，不可能發生這樣的大災難。那樣的世界裡，人當然還是會犯錯，說不定比中央集權計畫下的問題還要多。但是錯誤都不嚴重，在市場經濟制度中，我們把這類錯誤稱之為「實驗」。當創投資本家拿錢投入實驗，通常不會指望有很多成功的實驗，可是一旦有一場實驗成功，就會有人發大財，也為整個經濟體帶來創新。如果實驗失敗（這是難免的），有些人會破產，但不會有人因此喪命。

只有命令式的計畫經濟制度，才能以這麼致命的規模去推動實驗，並壓制有事實根據的批評（無獨有偶，蘇聯總理赫魯雪夫訪問美國一趟之後，也犯了跟毛澤東一樣的錯：他下令在蘇聯的農地，改種他在美國愛荷華州看到的玉米。結果當然也是釀成一場大災難）。我們應該記住，儘管市場失靈有時會帶來嚴重的影響，但絕對不會出現像毛澤東統治下的那種慘劇。

## 鄧小平把中國帶入了「真相的世界」

一九七六年，在害自己的人民歷經其他更多苦難之後，毛澤東過世。經過了短暫的過渡期，一九七八年十二月，毛澤東的追隨者被鄧小平及其支持者取代。之後才過了五年，中國經濟就有了驚人的變化。原本令決策者頭痛的農產量，成長了四〇％。

為什麼？因為新的領導班子將「真相的世界」帶進中國。就像我們從喀麥隆的情況所發現的，關鍵在於「誘因」。鄧小平掌權以前，中國農業的生產方式，是在各地以二、三十戶人家組成一個生產隊，然後根據生產隊的生產成績，分配每個人的「工分」。個人不太有機會透過額外的努力或巧思，改善自己的處境，所以大家也就不會努力或發揮巧思了。政府會從其他農產過剩的省分，購買糧食來重新分配，但是收購價格非常低，導致土地肥沃的省分不願意盡力利用耕地，許多農村勞動人口失業。原本設計來提升中國的農產量、讓這個國家自給自足的系統，卻造成了反效果。中國一九七八年的人均糧食產量，跟一九五〇年代實施大躍進政策之前一樣低。

鄧小平上臺後，沒有時間浪費在這種愚行上頭，他立刻展開了改革計畫，宣布「社會主義不代表貧窮」。為了改善農業，他必須找出正確的誘因。一開始，他先將糧食的國家收購價提高了將近四分之一，生產超量的糧食收購價則上漲了超過四〇％，大幅提高了土地肥沃區增產糧食的誘因。

同時，少數生產隊也開始進行實驗，將土地轉給個別家庭承包。中國政府並沒有禁止、反而容許這種創新的實驗，看看是否奏效。從生產隊承包土地的個體戶，有種種誘因努力工作，也會想出更聰明的工作方式，因為只要成功了，他們就能直接受惠。

結果，農產量立刻增加，這項實驗也在全中國遍地開花：一九七九年只有一%的生產隊採用「家庭承包責任制」，到了一九八三年，有九八%都採用這個制度了。

這些改革也跟其他一些自由化政策相連結，例如政府允許糧食作物的零售價上漲，生產糧食的誘因又進一步提高；各區域間買賣糧食的禁令廢除，各地因此得以發揮本書第九章所提到的「比較利益」；上繳國家的責任額制度，也很快就完全廢除了。

改革的成效非常驚人：農產量在一九八〇年代的前半期，以每年一〇%的速度成長。更令人驚嘆的是，這些增加的產量，一半以上都不是因為工作得更辛苦，或是使用更多農耕機械，而是因為採取更有效率的農耕與收割方法。生產力提升的原因，很多應該直接歸功於廢除舊有的集體制度。改革五年之後，農民們的平均實質收入是過去的兩倍。鄧小平運用市場和價格的力量，真正做到了毛澤東時代無法實現的「大躍進」。

只要回想本書第三章和「真相的世界」，就能充分了解上述的這些統計數字。或許是機緣湊巧，加上刻意的放手，以及精心設計，鄧小平把中國農業帶入了「真相的世界」。在這個世界裡，有好點子的人、運氣好的人、辛勤工作的人就會成功。壞點子很快就會被揚棄，好點子則會迅速傳播開來。農民會去種更多經濟作物，不容易耕種的農作物就少花點力氣。這一切，都是引進價格制度的結果，並不令人意外，中國開始邁向所謂的資本主義道路。

這趟資本主義之旅不會僅止於稻米。農業改革的成功，讓鄧小平可以繼續掌權。接下來的目標，是經濟的其他層面，以及像鄭州這樣的城市。

## 今日的儲蓄和投資，會讓你明日更富有

鄭州不像上海那般令人目眩。這是個簡陋擁擠的城市，雖然是全國鐵路的一大樞紐，卻有一種與世隔絕的感覺——我們在鄭州待了快一星期，沒有看到其他外國人。但是跟上海一樣，鄭州也有其令人讚嘆之處。這個城市的面積與倫敦差不多，被西方旅遊指南書描述為「城市規畫不佳的例子」。不過，從鄭州倒是可以發現，中國經濟革命並不局限於沿海省分。一棟棟四十層高的大樓，矗立在龐大的火車站旁；市區內有許多現代化銀行、大型百貨公司、飯店、水泥高架道路。到處都是廣告。

建造這些大樓、鐵路和公路，需要龐大的投資。對於像鐵路、工廠、住宅、辦公大樓這類投資的結果，經濟學上有個專有名詞，叫做「資本」。所有建設發展都需要資本。資本可以來自國內外希望獲利的投資大眾，也可能來自政府——不是將人民的稅收拿來投資，就是透過強制人民

儲蓄以募得這些資金。

一般來說，如果你希望明天比今天有錢，就應該將手上的錢拿去投資，而不是拿去做眼前的消費。錢可以投資在教育、房子上頭，也可以存在銀行。不論是哪一種，若是你今天少花錢，把錢拿去投資，明天就會比今天有錢——只要你投資得好（在自家後院打造一個煉鋼熔爐就不是好投資，建造一棟屋頂會漏水的圖書館也不是）。

眾所皆知，很多國家的經濟發展，都是基於同一個簡單的原則：今日的儲蓄和投資，會讓你明日更富有。太平洋沿岸迅速成長的經濟體，儲蓄率一直都很高。但我們在第八章也討論過，光有儲蓄還不夠。市場經濟無法讓人民多儲蓄多投資，喀麥隆大部分人民就根本不會費事去存錢，因為他們很少有公路這類基礎建設可投資，也沒信心去開工廠或開店。少數的例外是手機產業，因為藉著銷售預付卡可以回收資金，因此賺了大錢。許多貧窮國家想尋求外國投資，但其實連自己的人民都沒信心，急著把錢拿去海外投資。也難怪喀麥隆的儲蓄率會這麼低，其中投資在國內建設的比率還更低。如果無法提供一個穩當的投資環境，喀麥隆政府就很難鼓勵投資。

中國的社會主義政府，要取得資金沒困難。在實行市場經濟的國家，政府無法要求人民多儲蓄、多投資，但社會主義的經濟制度卻可以，也常常這麼做。資金來自政府的計畫，幾乎所有的儲蓄都由政府或國營企業拿去投資。而無論是政府或國營企業，都是把人民口袋裡的錢拿出來、代替他們投資。而且在中國，可供投資的資金很充裕：三分之一的國民所得都存了下來，而不是花掉，這幾乎是喀麥隆的兩倍。

剛開始，中國的資本投資還有相當不錯的回報。一九五〇年代初期，中國的當務之急是重建公共基礎建設和工業，當時每投資一百元人民幣，就能為全國年度總產出增加四十元人民幣，報酬很驚人。這不令人意外，中國政府的任務相當明確：要修復戰爭與革命所造成的傷害。這一切，只要政府下令就做得到。

接著，真正棘手的問題來了。撇開大躍進和文化大革命所造成的混亂不談，中國政府發現，他們越來越無法從投資獲得回報。到了毛澤東於一九七六年過世之時，每投資一百元人民幣，只能為國家年度總產出增加十八元，比二十年前少了一半以上。由於政府和國營事業把很大一部分全國所得拿來相互投資，所以這種投資效率上的減半，是很可怕的浪費。

## 只要五百天，投資就能回本……

一個滿懷同情心的觀察家可能會認為，在完成最重大的投資之後，投資報酬率下降是無可避免的。對日本或美國這些先進經濟強國而言，或許的確是如此，但是一九七六年的中國還是窮得要命，很少人擁有汽車、電話、電力或自來水，在這麼窮的國家，正確投資這些現代化生活的基本設施，就可以帶來非常高的回報。可以投資的機會太多了，但是政府當局卻不知道從何著手。

如果政府明確知道該命令人民製造、建造或種植什麼，問題就不難解決。但隨著人口成長、科技進步，共產主義的經濟體系卻與價格制度漸行漸遠。

真正的市場經濟變化很快。在一九七〇年代的南韓，八〇％到九〇％的工人、土地和資金所投入的領域，都不同於一九六〇年代。在一九六〇年，農業產出占南韓經濟的四五％，製造業產出則不到一〇％；到了七〇年代初期，製造業的比例已經超越農業。更重要的是，在這些產業中，工人們接受訓練與再訓練，有些公司新創，有些公司倒閉。南韓以前的主要出口產業是製造玩具和內衣褲，現在則是記憶晶片和汽車。要是在一九七五年，南韓政府想根據一九六〇年的過時資訊來規畫經濟的話，結果就會是個大災難。幸好，這樣的事情並未發生。這種蠢事留給了北韓去做。北韓、蘇聯和中國這些計畫經濟制度，就是缺乏做出正確決定所需的資訊。

喀麥隆的人民和企業缺乏投資的誘因，但中國不同於喀麥隆之處是，毛澤東時代的中國從不缺乏誘因——畢竟，領導人握有人民的生殺大權。但光有誘因還不夠，本書第三章談到過，種種市場所創造出來的「真相的世界」能帶來好結果，不光是因為這樣的世界能提供誘因，也因為這樣的世界能透過價格制度，為各種財貨與服務的成本與效益，帶來相關的資訊。

在蘇聯和中國的社會主義制度下，人們雖然有足夠的誘因，卻缺乏正確運用誘因的必要資訊。像南韓這樣的國家，會回應世界市場的需求，但中國人回應的卻是毛澤東的需求——把莊稼種植得更密集、撲殺鳥類、熔掉家中的工具去製造新工具。

為了充分運用巨額的可投資資本，中國政府開始逐漸朝市場制度轉型。農業改革的成功先奠定基礎，接著便進行更複雜也更深遠的整體經濟改革。鄧小平掌權十五年之後，投資的回報是以前的四倍：每投資一百元人民幣，中國的年度總產出就能增加七十二元；每項投資僅需五百天就能回本。這樣的結果不是因為中國政府縮減投資量，並慎選最佳投資計畫。恰恰相反：投資規模甚至超越七〇年代。

中國的經濟有驚人的成長並不奇怪，令人好奇的是，他們的投資如何達到這麼高的報酬？

## 人口會成長，科技會進步，政府呢？

就像當年蘇聯底下的各個經濟體，中國過去的工業也是由政府控制。比方說，政府計畫中指定某個煉鋼廠必須生產特定數量的鋼，這些鋼會有某個特定的用途，然後某個標準數量的煤（據說每煉一噸鋼需要〇・八公噸的煤）就會送到煉鋼廠去，好讓他們使用，如此這般等等。所需的種種計算非常複雜，就算資淺官員們會照實提供成本和品質方面的資訊也一樣（每個官員都有誘因宣稱，他們能掌握的機械欠佳、材料不足、品質不理想等等，同時又宣稱儘管如此，他們的產出卻龐大又品質一流。沒有真相的世界，你就是不可能得知真實的情況）。但是，先撇開毛澤東致命的烏托邦狂想不談，上述的制度的確可以勉強順利維持一段時間，因為政府每一年都可以參考上一年度的計畫。

隨著經濟成長與變化，要調整所需產量並做出明智的資本投資，整個過程會變得越來越困難：這就是為什麼中國在一九七六年投資的報酬率，會比五〇年代低這麼多。換了市場經濟體系之後，表現就會好很多。然而建立市場經濟體系不是容易的事，如果沒有支持市場的種種制度，市場就無法運作良好。在市場經濟中，要有銀行提供商業貸款，要有契約法解決爭端，還要讓人民相信自己的利潤不會被政府沒收。

這些制度當然不可能在一夕之間冒出來。而且，原先在社會主義經濟下，有許多從事非生產性活動的勞工，必須分階段讓他們調整適應，或者讓他們接受某種補償，否則他們可能就會餓肚子。衝擊最大的就是工業，因為工業與原先的計畫經濟制度最密切，是政府用來製造儲蓄的手段，也是政府大部分投資的源頭。

要是鄧小平當時決定放棄計畫經濟，一夕之間轉為市場經濟制度，結果很可能會為了確定種種財產所有權而手忙腳亂、金融業崩潰（因為許多公家銀行的貸款永遠無法回收）、大規模失業，甚至饑荒。可以想像，情況或許很快就會好轉，但也可能沒有轉機（前蘇聯政府在一九九〇年代的「電擊療法」導致經濟崩潰，就是一個例子）。

更重要的是，這種極端的改革會冒犯到太多既得利益者——包括許多老百姓，所以在政治上根本不可行。鄧小平在毛澤東當黨主席的時代曾兩度被整肅，但最終還是成為中國的領導人，他深知為政之道。

所以，鄧小平和志同道合的改革派，採用了一個比較嘗試性的策略。一九八五年，經濟改革計畫的規模凍結，政府規定的生產量固定，不再隨著經濟成長而增加。國營企業可自行決定是否要提高產量。經營有效率的煤礦公司會發現，有效率的煉鋼廠需要多買些煤來製造更多的鋼，賣給經營有效率的營造公司。至於那些經營沒效率的企業，則沒什麼搞頭。

結果這個策略非常管用，原因有幾個。首先，策略很簡單易懂，而且凍結計畫規模的承諾可信。這樣有可信度的承諾是很重要的：如果決策者老是看到市場出現成長的資訊，就試圖擴大並更新經濟計畫，那麼市場很快就不會再製造出正確的資訊。工廠廠長要是察覺自己先前任何成功的改變，都會被併入明年計畫中，就會停止創新，繼續沿用安全的老方法即可。

第二，因為經濟計畫的規模固定不變，就保證了某種穩定度。有工作的勞工不會失業，處境保證不會變壞，但如果有任何成長，勞工的處境就有可能變好。許多人都抓住了這個可能性，寧可在紡織工廠的惡劣環境裡長時間工作，就算得離鄉背井、遠離家人，也好過之前在家鄉最偏僻、最貧瘠的土地上掙扎求生，甚至連求溫飽都不可得。

第三，市場的運作，正符合必要的邊際法則。別忘了，要衡量一個經濟體的效率，真正重要的是邊際成本和邊際效益。假設一個工廠的廠長正在考慮是否應該多生產一公噸鋼，因為多出來的利潤可以自己留著，不必上繳給國家。如果他知道邊際成本（也就是多生產一公噸鋼的成本），也知道能賣到的市場價格（反映了這額外一公噸鋼對別人的利益），那麼他就可以做出正確的決定：只要市場價格高過邊際成本，就生產這額外的一公噸鋼。而這家工廠的產量就是有效率的。

至於原先既定要生產的鋼，其產量是否有效率並不重要。十噸中的九噸鋼只要生產出來、並按照計畫上繳就行，會影響效率的，則是生產第十噸鋼的決定。這意味著：有效率的工廠會擴大生產，以滿足額外需求。生產了第十噸鋼之後，還可以繼續生產第十一噸、第十二噸。這些額外增加的需求，來自經濟體內不斷擴張的產業，他們真正需要的是市場上更多的原料供應，而不是政府的計畫。

相反的，效率不佳的廠商就不會成長。雖然說，只要政府持續透過經濟計畫補貼他們（在一九九〇年代，這些補助也陸續停止了），這些廠商還是能繼續生產下去，但到了二〇〇三年，中國的經濟規模已經成長超過一九八五年經濟計畫凍結時的四倍，於是這些績效不佳公司的重要性便相對快速萎縮。中國的經濟成長也脫離了原本的規畫。

我們知道，市場制度會破壞廠商的稀有性優勢。大部分廠商會面臨競爭，而競爭不太激烈的產業，則比較容易吸引新競爭者加入。由於有競爭，再加上新廠商可以自由進入，就會破壞廠商的稀有性優勢，提高生產效率、鼓勵新創意，消費者也有更多選擇。

中國的改革派必須鼓勵新廠商加入市場，破壞稀有性優勢，同時又不能採用急速自由化這個危險而不可預測的策略。中國政府想改善公營部門的績效，於是引進新的公營企業成為競爭者，然後逐步培育民間產業，並慢慢開放國際競爭。如果這種方式行不通，總還有其他的方法。其中最重要的競爭者，剛開始是地方政府經營的「鄉鎮企業」。說是「鄉鎮企業」，其實它們往往是龐大的產業巨獸。後來，民營企業與外國企業也獲得許可成立，並漸漸成長。

直到一九九二年，中國民營企業與外國企業的工業產出，僅占全中國的一四%，而國營企業則占了將近一半，其餘大部分，則是地方政府經營的鄉鎮企業所貢獻的。中國的經濟奇蹟其實跟私有化的關係不大，關鍵不在誰擁有企業，而是企業必須在一個比較自由的市場中競爭，壓制稀有性優勢，並帶入「真相的世界」中的資訊和誘因。

本書第一章曾提到，高利潤通常來自於稀有性的優勢。當有越來越多競爭者加入，國營事業的稀有性優勢降低，我們就可預期這些國營事業的利潤會下降。事實的確如此。中國企業在八〇年代享有很高的利潤，許多產業的利潤甚至高達五成（在競爭頗為激烈的經濟環境中，預期利潤不會超過兩成，通常還會低很多），所有利潤都會收歸國有並再投資。但隨著經濟改革逐漸產生效果，這些產業的利潤也開始下降。一九九〇年代間，企業的平均利潤率下降了超過三分之一，最有利潤的產業則下降了至少一半。這一切，要歸功於減少浪費，讓中國消費者花的錢更值得，也讓中國成為世界市場上一個潛力雄厚的角色。

## 中國為什麼需要世界？

歷史上，中國曾幾度與世隔絕。但現在已經不是如此了，在遠離海岸的內陸城市如西安、鄭州，都不難找到可口可樂、麥當勞、撞球間和網咖。在上海，你幾乎躲不掉這些熟悉的品牌名字。凡九〇年代去過上海的人都可以告訴你，這一切都很新。遲至一九九〇年，中國還只是全球貿易場景中的一條小魚，美國和德國的出口額幾乎是中國的十倍。但到了二〇〇九年，中國卻成為全世界最大的出口國，同時也是全世界第二大進口國。這並非偶然，中國在世界經濟舞臺戲劇性的登場，是其經濟改革的結果之一。

中國為什麼需要世界？中國有十幾億人口，似乎比其他國家更有自給自足的條件。但是在一九七八年時，中國的經濟規模很小，還不如比利時，而改革派了解，加入世界將會有所幫助。中國有三點優勢：第一，中國的勞動密集產業，可以在世界市場占有一席之地，像是玩具業、鞋業、成衣業。第二，這些出口所賺進的外匯，可以用來購買原物料與發展新科技等，協助經濟發展。

第三，藉由邀請外資進入，中國人可以學習到現代的生產與商業技術，這對於一個數十年來都是共產主義統治的國家極其重要。二〇〇九年，所有開發中國家的外商直接投資裡，中國和香港就吸引了將近四〇％（亞洲另一個大國印度，近年終於急起直追，但仍然只有一一％，遠遠落在後頭）。如同我們在第九章談過的，這種資金的好處之一是無法說走就走——這種情況曾於一九九七年亞洲金融風暴時發生在中國的鄰國身上，先前的熱錢（如貸款）在一片恐慌中迅速被抽離亞洲。

真正重要的，是專業知識與技術。美國和日本在中國投資交通運輸和電子業，讓中國成為高科技產業的製造地。這些投資所帶來的影響，可以從統計數字中看出：中國成了全球最大的消費性電子產品製造國，全球一半以上的ＤＶＤ放映機和數位相機，現在都是中國製造的。在中國各地，也能看到外國投資所帶來的影響。我在鄭州坐公車時，周圍一堆人用我從沒見過的高科技手機在講電話，而且要幾個月之後，我才能在自己的國家看到同樣的手機。引進新科技的外商投資人希望投資有好獲利，但誰都看得出，大筆的錢都落入中國消費者的口袋中了。

中國的經濟改革能一直保持在正確方向上，外商投資是一大因素。外資廠商不光帶來資本，也不光是帶來專業技術以及與全球互動的管道，他們也同時藉著與中國本土企業的競爭，迫使本土企業不斷改進效率。

## 外資為何投資中國？

如果外資真的對經濟這麼有幫助，中國是如何吸引外資的？

首先，這跟運氣有點關係：與喀麥隆完全不同，中國有廣大而成長迅速的國內市場，看在外資眼中永遠是一大誘惑。喀麥隆的領導人無論再怎麼聰明，也無法複製這點——這個國家天生就是沒那麼好命。

其次，中國對教育的重視，可就跟運氣無關了。一九七八年時，中國已經累積了一批為數龐大、有技術、有生產潛力的勞工，只等著計畫經濟體瓦解的那一天，就可以把他們的才能全力投入經濟體中。

不過話說回來，印度也有龐大、成長中的國內市場，以及受過良好教育的人才，統計數字顯示，儘管印度的外包業做得相當成功，但直到近年才終於吸引到比較合理的外商投資數量。

此外，中國還有一些先天優勢，是印度沒有的。通常加入國際經濟網絡的過程會很辛苦，但中國卻憑著與香港和臺灣的連結，使得這個過程更順利、更有效率。在中國孤立於全球市場之外的年代，香港和臺灣就已經成功融入國際經濟體了。儘管中、港、臺的經濟制度不同，但三地商人間有緊密的親友網絡。這些社會連結，有助於彌補中國改革早期在法律系統上的問題。中國曾經（現在仍是）努力想改善財產權與契約法的商業架構，這些都是成功的經濟體所必需的。如果沒有這樣的架構，做生意就很難有信心。你怎麼曉得你的合作夥伴會不會坑你？如果地方政府官員可以沒收你的利潤和財產的話，你怎麼可能覺得安心？

對來自港臺的創業家而言，人脈關係就意味著他們可以信賴彼此的口頭承諾，沒有法律依據也沒關係。有正式的合約當然更好，不過要是很有賺錢的機會，生意人的口頭承諾就夠了。而中國的情況也就是如此。中國和香港尤其配合得天衣無縫，中國廠商可以製造出廉價的商品，但不習慣操作國際貿易，於是就利用香港貿易商在這方面的專業本領。在一九八〇年代，中國對香港的出口激增，然後香港再轉手將貨物出口至全球各地。臺灣在一九九〇年代也加入其中，當時經濟學家德懷特・柏金斯（Dwight Perkins）觀察指出：「香港與臺灣傑出的行銷才能，成功的結合了中國大陸的生產製造能力。」

## 來一趟深圳，才曉得什麼叫有錢人

印度缺乏像香港和臺灣這樣的夥伴，而且有很長時間也不怎麼歡迎外商。著名的印度經濟學家巴格瓦蒂，曾描述該國政府一九六〇到一九八〇年代的政策是「三十年狹隘與自給自足的政策」。換句話說，當時的印度政府對市場經濟很不友善，並全力阻止貿易和投資。

相反的，中國不但努力吸引外資，也盡可能與香港和其他鄰居打交道。中國的計畫，就是打造「經濟特區」，例如深圳。在這些經濟特區內，計畫經濟的一般規則不適用於外商投資人。同時，經濟特區的公共基礎建設也能迅速改善，這個方法完美的讓中國與香港、澳門、臺灣的關係更加完善。

這些經濟特區只設在鄰近香港、澳門的廣東省，以及靠近臺灣的福建省。一九九〇年，進入中國的外資一半以上來自小小的香港，而美國和日本的投資加起來，只占四分之一。更甚者，將近一半的外商投資都集中在廣東，福建則是外商投資第二大省分。跟香港接壤的深圳，在一九八〇年被規畫為經濟特區時，還只是一個小漁村。二十年後，才蓋到一半的摩天大樓硬生生被拆掉，好重新建造更高的摩天大樓。中國人說，「來一趟深圳，才曉得什麼叫有錢人。」

儘管中國仍然專制，經濟特區卻成功吸引了許多投資人，也不會搞得整個中國大陸一團混亂。經濟特區也成為一個立足點，可以將經濟改革推廣到全國。只要用在外資廠商的規則似乎行得通，行政官員就將之套用在經濟特區內的本土企業，接著又套用在特區之外的本土企業。中國其他沿海省分眼看著福建、廣東的經濟蓬勃成長，也紛紛要求設立經濟特區。

## 結語：經濟學關心的，最終還是人

這一章的標題是「中國如何致富」。這句話，言過其實了，中國還沒富裕——到目前為止還沒。但是中國的財富增長速度，的確超越歷史上任何一個國家。這種成長無法保證能持續下去，很多觀察家都很擔心，中國各銀行的負債問題，以及中國房地產市場泡沫化的可能性，但至少就經濟成長來說，到目前為止，還不錯。

這樣的經濟成長，為社會帶來了劇變。中國人民因此感到困惑，許多人失業、與現代化的中國脫節。一群四川省的工人甚至相信，毛澤東死後還在陰間經營工廠（當然是按照社會主義原則在經營）。據說有些工人因此自殺，就為了加入毛澤東的生產行列。

一些當代的中國電影也描述了這類困惑且痛苦的情節。很多電影像《洗澡》、《幸福時光》，就描繪了某些人為了到深圳尋找機會，因而與家人分隔兩地。這些電影刻畫出來的是痛楚，而不是富裕。新誕生的機會，摧毀了人們舊日的生活。另一個常見的主題，則是徹底的迷惘。電影《十七歲的單車》中，男主角是一個騎單車送快遞的小子，他發現自己的單車其實是贓物，而他努力的想融入資本主義制度，最後卻落得悲慘的下場。在感動人心的喜劇《幸福時光》中，一群因為工廠倒閉而失業的好朋友，為了要照顧一位失明的女孩，假裝他們在經營一個小旅館，卻沒想到真的去做生意可能還比較容易。只有那個成長於一九九〇年代的女孩，才能看清自己其實有能力養活自己。

經歷變革並不是一件簡單的事。一九七〇年代在中國農村長大的青年男女，都是農村生產隊的成員，他們賺取「工分」，遵照上級指令做事，也照上級的命令搬家，生活基本所需都由生產隊和國家提供。他們的下一代成長在一九八〇和一九九〇年代，此時中國已經不一樣了。生活依然辛苦，但是人們比較有錢，選擇也多很多。土地很值錢，有些人做了上一代不能做的事：賣掉土地，搬到大城市裡找工作，遷移，拆散了家庭。

正當新的機會出現之時，某些國營企業也被逐漸淘汰，因而使得舊有的安全網變得破爛不堪。同時，工廠的工作環境十分惡劣，工資低、工時長，工作環境也並不安全。英國廣播公司的記者曾報導一則李春梅（音譯）的故事，她在二〇〇一年末連續值班十六小時後猝死，她的同事發現她倒在洗手間的地上，鼻子和嘴巴都流著血。還有周先平（音譯），因在油漆工廠工作誤觸高壓電纜，導致雙腳殘廢。這，就是經濟成長必須付出的代價嗎？值得嗎？

經濟學家如保羅・克魯曼（Paul Krugman）、沃夫和巴格瓦蒂，都一再強調中國的血汗工廠比其他選擇要好。但這個觀點並不受歡迎，英國《衛報》週刊評論了沃夫的著作《新世界藍圖》（*Why Globalization Works*）後，曾刊出一封憤慨的讀者來函，說要想像沃夫被迫去血汗工廠工作的模樣。

這封信的惡毒程度，就像是希望那些穿著印有「毛澤東」字樣T恤的人被活活餓死。沃夫的看法是正確的，血汗工廠至少比其他更糟糕的選擇要好一些，也是朝更佳處境往前踏了一步。毛澤東的「大躍進」，反而躍入了地獄裡。

我拿現代中國與毛澤東的烏托邦相提並論，是有道理的：富裕、成長快速的國家，都接受了我們在本書所介紹的經濟學基本原理：打擊稀有性優勢和貪汙，改正外部性，盡可能提供最多資訊，找出正確的誘因，跟其他國家往來，以及最重要的：擁抱市場。

喀麥隆的貧窮，付出了人命的代價，因為貧窮會害死人，也奪走了人民的自主權和能力，讓他們無法為自己的人生做出有意義的選擇。共產主義時代的中國和蘇聯，常常純粹因為經濟失靈，害死了幾千萬老百姓。經濟學很重要，看看喀麥隆、蘇聯、毛澤東時代的中國，和美國、英國、比利時的對比，真是再明顯不過了。

最終，經濟學談的還是人——這也是經濟學家最不擅長說清楚的一件事。至於經濟成長，則關乎每一個人的生活是否能變得更好，擁有更多選擇、更少恐懼、更少辛勞和艱難。我跟其他許多經濟學家一樣，也相信血汗工廠比其他更糟的選擇好，而且毫無疑問，比在大躍進時期挨餓好、比活在「現代」北韓好。但我如此熱誠支持中國的改革，也是因為我相信，這一步是讓他們邁向更理想生活的過程。

這就是為什麼當我發現財富（儘管分配非常不均）已經從上海、深圳這些「黃金海岸」緩緩滲透到中國內陸時，覺得很振奮。一九七八至一九九五年這段期間，中國有三分之二省分的經濟成長，比世界上任何一個國家都還要快。

最重要的是，中國人民已經感受到差異。中國企業在付了很多年的低廉工資之後（因為中國移動性民工的供應量似乎源源不絕），黃金海岸的工廠開始找不到工人了（外資企業的薪資稍微高一點，比較容易找到工人，員工流動率也較低）。在二〇〇二到二〇〇六年間，平均薪資每年上漲九％（而且城市地區上漲一一％）——這些數字的衡量單位是美元，而非當地的人民幣。罷工現在三不五時的發生，在二〇〇八年一月實施新的勞動法規之後，現在勞工在簽訂合約時有了更多權利。這一切所造成的結果，就是更高的薪資，以及更好的工作環境。

但這些往前邁進的步伐，不光是透過罷工和修改法律達成的。雇主們也必須面對新的事實：當中國經濟逐漸發展，勞工就有更多、更好的選擇，不必忍受虐待人的環境。

二〇〇三年，楊莉（音譯）做了許多中國勞工會做的決定：她離開家鄉，到珠江三角洲的一家血汗工廠上班。一個月後，在值完十三小時的班後，她決定回家鄉自己做生意，開一家美容院。「在工廠裡，每天只是工作、工作。」她說：「我回來這裡過得挺舒服的。」楊莉的父母曾歷經文化大革命，她的祖父母則熬過了大躍進。到了楊莉這一代，她有了真正的選擇，而且現在的中國，這些選擇就意味著生活有了品質。她試過在血汗工廠工作，但待不下去，現在她總說：「這美容院，我隨時都可以收起來不做。」

經濟學，談的就是楊莉的選擇。

# 致謝

謝謝 Peter Sinclair 帶領我進入經濟學的世界，以及 Tony Courakis、Simon Cowan、Stan Fischer、Bob Garhart、Paul Klemperer、Brendan McElroy、Hyun Shin、Bill Sjostrom 和其他許多人在這一路上給予我的協助。感謝他們所有人。

在殼牌石油公司（Shell），Ged Davis 讓我在寫作本書初稿期間不必全職工作。他的不情願讓我受寵若驚，同時也感謝他的支持。殼牌石油公司的其他同事則是給了我許多鼓勵，尤其是 Betty-Sue Flowers、Anupam Khanna、Cho Khong、Michael Klein、Doug McKay，以及 John Robinson。

在《金融時報》，Pilita Clark、Andy Davis、Chris Giles、Andrew Gowers、John Kay、John Willman 和 Martin Wolf 給了我許多機會，並確保我充分善用這些機會。

David Bodanis、Felicity Bryan、Penny Dablin、Moore Flannery、Juri Gabriel、Mark Henstridge、Diana Jackson、Oliver Johnson、John Kay、Cho Khong、Paul Klemperer、Stephen McGroarty、Doug McKay、Fran Monks、Dave Morris、Rafael Ramirez、Jillian Reilly、John Robinson、Tim Savin、Martin Wolf和Andrew Wright的指教，讓這本書更完善。

我的經紀人Sally Holloway太了不起了。另外我很幸運能與我的英國版編輯Tim Whiting和Iain Hunt，以及北美版的編輯Tim Bartlett和Kate Hamill合作，這四位都表現得極其出色。

最重要的，要感謝Paul Domjan、Diana Jackson、我的妻子Fran Monks，以及Dave Morris與Jillian Reilly在感情上的支持。尤其要感謝Andrew Wright這位天才，沒有他的話，這本書永遠不可能完成。還要感謝David Bodanis的鼓勵，要是沒有他，這本書永遠不會開始。

## 增訂版補充

感謝Cosmina Dorobanțu和Kelly Chen為增訂版提供了出色的研究協助。Cosmina不只更新了許多過時的統計數字，也發現並修正了初版中幾個丟臉的統計數字錯誤——她是唯一發現的。一如往常，Andrew Wright敏銳的編輯功力真是無價。最重要的，對於眾多讀者的熱心、提問，以及評語，我感激不盡。

# 註

## 前言　全世界沒有人能獨力煮出一杯卡布奇諾

西布萊特（Paul Seabright）的引文，是出自他的著作 *The Company of Strangers* (Princeton: Princeton University Press, 2004), 15。

啟發卡布奇諾故事的，我原以為是一則流傳在經濟學家之間的民間傳說。後來我發現了原版，是 Leonard Read 所著 *I, Pencil* 一書裡的一篇文章，並可參見以下網頁：https://www.econlib.org/library/Essays/rdPncl.html。

## 第 1 章　誰賺走了你的咖啡錢？

李嘉圖（David Ricardo）有關經濟租的敘述，請參見 *On the Principles of Political Economy and Taxation* (London: John Murray, 1817)。這本書網路上也可以找到：http://www.econlib.org/library/Ricardo/ricP.html。有關屯墾者在不同農地上耕作的例子在 chapter 2, sections 2.3-2.5。

約翰．凱（John Kay）將李嘉圖的理論應用於企業的例子，請參見 *Foundations of Corporate Success* (Oxford: Oxford Paperbacks, 1995)。

有關犯罪組織的經濟學，請參見 Steven D. Levitt and Sudhir Alladi Venkatesh, "An economic analysis of a drug-selling gang's finances," *NBER Working Paper Series 6592* (June 1998)，以及 Thomas Schelling, *Choice and Consequence* (Cambridge, MA: Harvard University Press, 1984), chapters 7 and 8。

一杯咖啡之隱含成本的計算，參見麥克曼納斯（Brian McManus）"Nonlinear pricing in an oligopoly market—the case of speciality coffee", *The RAND Journal of Economics*, Vol. 38, No. 2 (Summer, 2007), pp. 512-532。高租金對咖啡公司利潤的影響，參見 Astrid Wentlandt, "Avoiding a coffee has-been," *Financial Times,* August 7, 2002, 19。

有關移民與薪資關係的討論，以及相關統計數字，參見沃夫（Martin Wolf），"A Matter of More Than Economics," *Financial Times,* April 14, 2004，以及 George Borjas, "Economics of Migration" (working paper, Kennedy School of Government, Harvard University, Cambridge, MA, 2000)。本書的相關內容簡化了這個問題，若要全面討論移民的影響，就還要考慮資本的投資和很多其他因素。MeasuringWorth.com的Measuring Worth 資料庫顯示，一九七〇到二〇〇九年間的消費者物價上漲了四五二%，非技術性勞工的名目薪資上漲率相近，是四六八%。相對的，人均名目ＧＤＰ則是上升了八一六%。

其他統計數字來源：

經過倫敦滑鐵盧車站的人數來自 Network Rail，http://www.networkrailstations.co.uk/index.cfm?fuseaction=retail.statistics。

辦公室租金數字來自 Insignia 物業顧問公司，刊載於 *The Economist*, April 20, 2002, 116。

牛奶價格來自 Dairyco.org.uk 與 *Farmers Guardian*。

## 第 2 章　超市不想讓你知道的祕密

我計算公平貿易咖啡的額外補貼費用，數字來自 Cafédirect 的網站 http://www.cafedirect.co.uk/fairtrade/gold_prices.php。精確的數字要視咖啡豆種類和國際價格而定（Cafédirect 會有保證最低收購價格，所以當國際價格特別低的時候，額外補貼費用就會上升）。更多關於公平貿易咖啡市場的討論，請參見 Tim Harford, "Fair Trade Coffee has a Commercial Blend," *Financial Times*, September 12, 2003, 15。

有關亞馬遜書店的「加價券」，詳情請參見 "Keeping the customer satisfied," *The Economist*, July 14, 2001。

瓦里安（Hal Varian）對差別定價這個主題向來充滿洞見。透過定期特價活動的差別定價模型，細節請參見 Hal R. Varian, "A Model of Sales," *American Economic Review* 70, no. 4 (September 1980), 651-59。Varian 的教科書 *Intermediate Microeconomics,* 4th ed. (New York: W. W. Norton, 1997) 也廣泛討論了這個主題，包括關於法國火車的那段引文，原文作者為十八世紀法國經濟學家 Emile Dupuit，由 R. B. Ekelund 英譯，"Price Discrimination and Product Differentiation in Economic Theory: An Early Analysis," *Quarterly Journal of Economics* 84 (1970), 268-78。高科技商品差別定價的精采故事出自 Hal Varian and Carl Shapiro, *Information Rules* (Cambridge, MA: Harvard Business School Press, 1999), 59。另一個很棒的資料來源是 Preston McAfee 的文章 "Price Discrimination"，刊載於 *Issues in Competition Law and Policy 465*，http://www.

mcafee.cc/Papers/ PDF/ABAPriceDiscrimination.pdf。

我會知道電影院的爆米花為什麼賣得這麼貴，是從藍思博（Stephen Landsburg）的著作看到的：*Armchair Economist*（New York: Free Press, 1993。繁體中文版《生命中的經濟遊戲》，時報出版）。另外餐廳裡的葡萄酒為什麼賣得這麼貴，是跟我的前同事 Bill Sjostrom 討論出來的。

## 第 3 章　自由競爭很好，但公平與正義呢？

有關華府棒球場的討論很多，不過可以參見以下幾個例子："Washington, D.C. asks for private stadium funding," *Sports Illustrated*, December 23, 2004; "Baseball's coming back to Washington," *Washington Post*, September 30, 2004, http://washingtonpost.com/wpdyn/articles/A60095-2004Sep29.html；以及 Dennis Coates, "The D.C. Baseball Stadium Sideshow," *Washington Post*, November 7, 2004。

籃球員張伯倫的例子參見諾齊克（Robert Nozick）著作 *Anarchy, State and Utopia*（Oxford: Basil Blackwell, 1974。繁體中文版《無政府、國家與烏托邦》，時報出版）。伍茲的贊助收入請參見 *Daily Telegraph*, July 21, 2010, http://www.telegraph.co.uk/sport/golf/tigerwoods/7903222/Tiger-Woods-still-the-worlds-highest-earning-athlete.html。

其他統計數字來源：

石油大王洛克斐勒是唯一付最高所得稅率的人，資料參見 Cato Policy Analysis no. 192, http://www.cato.org/

pubs/pas/pa-192.html。

英國因寒冷而死亡的老人數字，請參見 *Age Concern*, press release, March 7, 2003。

有關英國汽車族所付環境稅的資訊，請見：*Tax by Design* from the Institute for Fiscal Studies, Table 10.1, http://www.ifs.org.uk/mirrleesreview/design/ch10.pdf。美國的數字引用自 Department of Transportation "Highway Statistics 2008"。其中各州政府稅收七百二十億美元，聯邦政府稅收三百二十億美元。

## 第 4 章　塞車又汙染，有解嗎？

許多有關塞車和汙染的成本的統計數字，尤其是英國的部分，參見 David Maddison, David Pearce et al., *Blueprint 5: The True Costs of Road Transport* (London: Earthscan Publications, 1996)。

英國環境稅對不同族群（如窮人或鄉間居民）之影響的探討，參見 *Blueprint 5* 中 Johnson 等人提出的數字："The Distributional Consequences of Environmental Taxes," *Institute for Fiscal Studies Commentary* 23 (1990): 55；以及 S. Smith, "The Distributional Consequences of Taxes on Energy and the Carbon Content of Fuels," *European Economy Special Edition* (1992)。另一份較為晚近、針對倫敦的研究是 Ian Crawford 的 *The Distributional Effects of the Proposed London Congestion Charging Scheme* (briefing note, no 11, Institute for Fiscal Studies, Oct. 2000)。在美國的分配後續影響請參見 Howard Chernick and Andrew Reschovsky, "Who Pays the Gasoline Tax"，刊載於 *National Tax Journal* 50, no. 2 (June 1997): 233-59。某些州有更晚近的資料，呈現出來的狀況也是類似，例如德州的資料：https://comptroller.texas.gov/taxinfo/incidence/table33_66.html。

有關人們對自己生命的估計價值，可參見以下這份相當專業的研究，Kip Viscusi and Joseph Aldy, *The Value of Statistical Life: A Critical Review of Market Estimates Throughout the World* (AEI-Brookings Joint Center for Regulatory Studies, Related Publication 03-02, Jan. 2003)。

關於紐奧良的「駱駝背式」屋宅（Camelback house），請參見傅利曼（David Friedman）的 *Hidden Order*（New York: HarperBusiness, 1997, 91。繁體中文版《傅利曼的生活經濟學》，先覺出版）；有關窗戶稅則是參考：David Smith, *Free Lunch* (London: Profile Books, 2003), 148。

有關美國的汙染排放許可，請參見 Paul L. Joskow, Richard Schmalensee and Elizabeth Bailey, "The Market for Sulfur Dioxide Emissions," *American Economic Review* 8, no. 4 (Sept. 1998): 669-85。中國的相關試行方案參見 "A Great Leap Forward," *The Economist*, May 9, 2002。全球層級的試探性規畫方案請參見 Peter Cramton and Suzi Kerr, "Tradeable Carbon Permit Auctions", *Energy Policy*, 30(2002), 333-345. http://www.cramton.umd.edu/papers2000-2004/02ep-tradeable-carbon-permit-auctions.pdf。本書第七章所介紹那場拍賣會的設計者克倫培勒（Paul Klemperer）也協助英國政府設計一場拍賣會，以展開其汙染排放許可方案。

任何人若懷疑我說經濟學家也會關心環境問題，大概會對此感到很驚訝：有史以來最早的環境保護論者之一，就是最早且最有名的經濟學家之一馬爾薩斯（Thomas Malthus），他研究人口過剩的著作發表於一七九八年，即*An Essay on the Principle of Population*（London: Murray。繁體中文版《人口論》，五南出版）。啟發這一整章內容的，是另一位名氣略遜一籌的劍橋大學經濟學教授庇古（Arthur Pigou），他的巨著*The Economics of Welfare*（London: Macmillan, 1920）詳盡闡述外部性理論，以及為外部性訂定價格的解決方式。另外，我說經濟學家不太在乎國內生產毛額（GDP），有些讀者可能會懷疑這個說法。那麼，請參考以下這段出自藍思博的著作《生命中的經濟遊戲》的引文，這段很有代表性的文字簡潔地解釋了大部分經濟學家所相信的：

> 國民生產毛額（GNP）是最常被報導的整體經濟指標。嚴格來說，這個指標有一些明顯的缺陷。它算的是一經濟體內所有財貨與服務的產出價值，在海灘上放鬆所花掉的時間價值則不計算在內。……另一個缺陷是，財貨與服務的產出增加可以是好事，也可以是壞事。營造業生意大好，蓋了數千棟討人喜歡的新住宅，是件好事；一場颶風摧毀了數千棟房子，於是營造業生意大好，只因為要盡快趕建出取代的房子，好讓災民有棲身之處。但GNP的計算對這兩者都一視同仁。

其他統計數字來源：

美國因懸浮微粒所造成的死亡數字，參見美國國家環境保護署（EPA）所印行的宣傳小冊子*Diesel Exhaust in the United States*。

英國汽車駕駛人所付的稅，請參見D. Newbery, "Fair and Efficient Pricing and the Finance of Roads," *Proceedings of the Chartered Institute of Transport* 7, no. 3, 1998，被引用於G. Roth, "Road Pricing in a Free Society," *Economic Affairs*, December 1998。美國駕駛人所付的稅，參見U.S. Department of Transportation, http://

www.fhwa.dot.gov/ohim/2000hfbt.pdf。

倫敦交通局（Transport for London）會針對塞車稅的影響，定期在官網發表最新資料。

有關中國努力推行二氧化硫排放權交易的其他細節，參見 Julia Tao and Daphone Ngar-yin Mah, "Between Market and State: Dilemmas of Environmental Governance in China's Sulfur Dioxide Trading System," *Environment and Planning C: Government and Policy 2009,* Vol. 27, pp. 175-88，以及 Zhang Bing, Yu QinQin and Bi Jun, "Policy Design and Performance of Emissions Trading Markets: An Adaptive Agent-based Analysis," *Environmental Science and Technology 2010,* Vol. 44, pp. 5693-9。

## 第 5 章　買中古車、上館子，為什麼老是踩雷？

有關中古車市場裡的爛車以及不對稱資訊，最經典的論文是艾克羅夫（George Akerlof）的 "The Market for "Lemons": Quality Uncertainty and the Market Mechanism," *Quarterly Journal of Economics* (August 1970)。艾克羅夫的著作 *An Economic Theorist's Book of Tales* (Cambridge: Cambridge University Press, 1984) 一書中，有許多他截至當時最有趣的論文，比方說，有關種姓制度的經濟理論。

在談話中，約翰．凱讓我明白「遊客陷阱」地帶爛餐廳的解釋要比表面上更微妙。當然，遊客看得出高價位和低價位餐廳的差別，就像汽車市場，買家可以分辨出法拉利和福特車的差別。但無論是餐廳或汽車，無知的買家都無法在一些明顯的類別中區分好壞：漢堡店有好的、也有爛的，就連法拉利，如果是二手車，也有可能是爛車。

不同國家的醫療支出數據是引用自 David M. Cutler, "A Guide to Health Care Reform," *Journal of Economic Perspectives* 8, no. 3 (1994): 13-29。Cutler 也談到了 Karen Donelan、Robert Blendon、Cathy Schoen、Karen David 與 Katherine Binns 所進行的醫療系統滿意度調查："The Cost of Health System Change: Public Discontent in Five Nations," *Health Affairs* 18, no. 3: 206-16。得到的回應有：「整體而言，醫療系統運作得相當好，只需要做少數變動，就可以運作得更順暢」（我會形容這些受訪者是「滿意的」）；「我們的醫療照護系統有一些優點，但為了要運作得更好，必須做一些徹底的變革」；「我們的醫療照護系統有太多問題了，非得砍掉重練不可。」

世界衛生組織（World Health Organization）的網站提供了歐洲各國醫療系統的豐富資訊，同時該組織的 *World Health Report 2000* 內，也提供世界各國公共與私人醫療照護成本的詳盡統計數字。

美國提供納稅人的醫療照護系統成本分析參見 S. Woolhandler and D. Himmelstein, "Paying for national health insurance—and not getting it," *Health Affairs* 21 (August 2002): 88-98，各種行政成本來自哈佛醫學院的新聞稿 "*New England Journal of Medicine* Study Shows U.S. Health Care Paperwork Cost $294.3 Billion in 1999 Far More Than in Canada," August 20, 2003。

美國普查局（US Census Bureau）有關美國醫療系統的二〇〇三年指標數字，公布於其二〇〇三年的新聞稿及網站。

老年性黃斑部病變之治療的評論文章參見 Miriam Karmen, "AMD Therapies: Comparing Costs and Quality of Life," *EyeNet* magazine, October 2006。線上版網址：https://www.aao.org/eyenet/article/amd-therapies-comparing-costs-quality-of-life。

Leksell 伽瑪雷射刀（Gamma Knife）的討論，參見 *Honolulu Star Bulletin,* May 25, 2001, http://starbulletin.com/2001/05/25/news/index.html; Steve Goetsch, San Diego Gamma Knife Center, http://www.medphysics.wisc.edu/medphys_docs/seminars/goetsch.html.htm; *Hawaii Business*, http://www.hawaiibusiness.cc/hb72001/default.cfm?articleid=26; and BBC Online News, September 8, 1998, http://news.bbc.co.uk/1/hi/health/166993.stm。伽瑪雷射刀的製造商是 Elekta (www.elekta.com)。

新加坡醫療系統的介紹請參見 T. A. Massaro and Y. Wong, *Medical Savings Accounts: The Singapore Experience*, National Center for Policy Analysis report, no. 203 (April 1996), http://www.ncpathinktank.org/pub/st203?pg=12；以及 R. Taylor and S. Blair, "Financing Health Care: Singapore's Innovative Approach," https://openknowledge.worldbank.org/handle/10986/11299?locale-attribute=en。

## 第 6 章　爛投資和臭雞蛋

現在有太多關於這場金融危機的好書可以列舉，但若是要尋找通俗易懂的介紹，我全心推薦蘭徹斯特（John Lanchester）的《大債時代》（*Whoops!*，早安財經出版）、路易士（Michael Lewis）的《大賣空》（*The Big Short*，早安財經即將出版）、索爾金（Andrew Ross Sorkin）的《大到不能倒》（*Too Big to Fail*，經濟新潮社出版），以及邰蒂（Gillian Tett）的《瘋狂的金錢》（*Fool's Gold*）。路易士刊登於《浮華世界》（*Vanity Fair*）二〇一一年三月號的"When Irish Eyes Are Crying"，引用了法諾斯（Theo

Phanos）有關「最糟糕的銀行」談話，是必讀文章。同樣必讀的還有郃蒂深具先見之明的文章“The Dream Machine” (*FT Magazine*, March 24, 2006)。至於比較專業性的參考書，我最喜歡的是 *Squam Lake Report*，書中收錄了多篇短論，也可在網路上查到。

另外讀者可能會對我的《迎變世代》（*Adapt*，早安財經出版）這本書有興趣，其中有一章從核子反應爐心的熔毀和工業事故（如二〇一〇年墨西哥灣漏油事件）中吸取了一些意想不到的教訓，並將之應用在金融系統中。

艾克森女士（Fiona Exon）的蛋：好幾份報紙都報導了這個事件，其中之一是“Woman's Amazing Trillion to One Find” by Andrew Hough, *Daily Telegraph*, February 2, 2010, http://www.telegraph.co.uk/news/newstopics/howaboutthat/7127206/Womans-amazing-a-trillion-to-one-find-all-eggs-in-box-had-double-yolks.html。我那些關於雙黃蛋出現機率的小小計算，其（過分簡化的）假設是：世界人口仍維持目前水準。感謝 Alex Tabarrok 整理出一個迅速可用的電腦試算表，讓我修改後使用。Microsoft Excel 裡的關鍵計算式是 [1-BINOMDIST(x,6,y,TRUE)]，其中 x 代表雞蛋在六粒裝蛋盒中的位置（我的案例中是設為 2），y 則是這個雞蛋臭掉的機率。一開始是〇．〇五，然後此計算式可以遞迴應用，計算出 RMBS、CDO、CDO 再包等等違約的機率。Tabarrok 的原始試算表可在下面這個網址下載：http://www.marginalrevolution.com/marginalrevolution/2010/05/the-dark-magic-of-structured-finance.html。

維尼亞（David Viniar）的壞運氣：Peter Thal Larsen 的報導中引用了維尼亞說的那段話，*Financial Times*, August 13, 2007, http://www.ft.com/cms/s/0/d2121cb6-49cb-11dc-9ffe-0000779fd2 ac.html。計算維尼亞先

生到底運氣有多差的那篇學術短文是：K. Dowd, J. Cotter, C. G. Humphrey and M. Woods, "How Unlucky is 25-Sigma?" *Journal of Portfolio Management*, Volume 34 (Number 4), 2008, pp.76–80. http://www.nottingham.ac.uk/business/cris/papers/2008-3.pdf。

這場金融危機的成本：我訪問霍爾丹（Andrew Haldane），是在二〇一〇年十二月二十日星期一 BBC Radio 4 的節目 *More or Less* 中。討論鮑爾森（Henry "Hank" Paulson）的紓困請參見 Tim Harford, "Why U.S. Banks and Taxpayers Owe Big Thanks to Hank," *Financial Times*, January 23, 2010, http://timharford.com/2010/01/why-us-banks-and-taxpayers-owe-big-thanks-to-hank/，以及 Veronesi, Pietro and Zingales, Luigi, "Paulson's Gift"（December 1, 2009). Chicago Booth Research Paper No. 09-42. http://ssrn.com/abstract=1498548。英國政府的預算中，包括採取各種干預措施以支援銀行系統的直接成本預估值。二〇一〇年六月，這些預估值是二十億英鎊，此數字隨著時間逐漸大幅縮減。二〇一一年一月，我訪問 LINK 的 Edwin Latter 和 U.K. Payments Council 的 Paul Smee 討論英國支付系統的健全程度。

葛林斯班承認錯誤，參見路透社（Reuters）記者 Mark Felsenthal 的報導 "Greenspan "shocked" at credit system breakdown," *Reuters*, October 23, 2008。

## 第 7 章　撲克、愛情與利率

William Poundstone 所著的 *Prisoner's Dilemma* (New York: Doubleday, 1992) 一書中，有更多關於馮紐曼（John von Neumann）以及賽局理論用於冷戰的內容。賓默爾（Kenneth Binmore）的著作 *Fun and*

*Games* (Lexington: D. C. Heath, 1992) 第十二章，有針對 Emile Borel、馮紐曼、奈許（John Nash）、Lloyd Shapley 之撲克模型的分析。賓默爾就是後來負責設計英國 3G 拍賣機制的團隊領導人。

美國的頻譜拍賣請參見 John McMillan 的 "Selling Spectrum Rights," *Journal of Economic Perspectives* 8, no. 3 (Summer 1994): 145-62，以及 McAfee and McMillan 的 "Analysing the Airwaves Auction," *Journal of Economic Perspectives* 10, no. 1 (Winter 1996): 159-75。McMillan 也從澳洲和紐西蘭的失敗學得教訓。勾結理論的解釋參見 *The Economist*, "Economics Brief," May 17, 1997。並非所有經濟學家都認為這個拍賣結果是勾結造成的——這也可能是對執照一個戲劇性的重新估價。

英國拍賣會的設計團隊是由 ESCRC Center for Economic Learning and Social Equilibrium (ELSE) 所邀集。參見 www.paulklemperer.org 和 http://else.econ.ucl.ac.uk/research/spectrum.shtml 的論文與當時新聞稿。克倫培勒（Paul Klemperer）的著作 *Auctions: Theory and Practice* (Princeton: Princeton University Press, 2004)，尤其是第六章，有關於頻譜拍賣的豐富資料。此書敘述各方分析師對拍賣收益（二十至五十億英鎊）的預測（187）；拍賣結果則是這個金額的五到十倍。書中也有克倫培勒對拍賣會的辯護（207），原先是發表於報端的文章："The Wrong Culprit for Telecom Trouble," *Financial Times,* November 26, 2002。一份後續研究發現，沒有任何證據顯示頻譜拍賣危害消費者：M. Park, S-W. Lee, Y-J. Choi, "Does Spectrum Auctioning Harm Consumers? Lessons from 3G Licensing," *Information Economics and Policy* (2010), https://yonsei.pure.elsevier.com/en/publications/does-spectrum-auctioning-harm-consumers-lessons-from-3g-licensing。

維克瑞（William Vickrey）談拍賣的經典論文是“Counterspeculation, Auctions and Competitive Sealed Tenders,” *Journal of Finance* 16 (March 1961): 8–37。

布洛（Jeremy Bulow）與克倫培勒的這篇論文，談拍賣相對於其他磋商形式的優點：“Auctions vs. Negotiations,” *American Economic Review* (March 1996): 180-94，以下網站亦可找到：www.paul-klemperer.org。

英國頻譜拍賣的歷史仍可在以下網址找到：http://www.ofcom.org.uk/static/archive/spectrumauctions/3gindex.htm。

談危機拍賣那部分的根據資料包括：與克倫培勒、Anthea Milnes 的討論“Creating Confidence in Cash,” *Blueprint* (October 2010)，以及克倫培勒的論文“The Product-Mix Auction: A New Auction Design for Differentiated Goods,” *Journal of the European Economic Association* (2010)。

## 第 8 章　如果政府是盜匪……

喀麥隆的貪腐程度是由國際透明組織（Transparency International）評分：www.transparency.org。

盧卡斯（Robert Lucas）談經濟成長重要性那句令人難忘的話，是出自“On the Mechanics of Economic Development,” *Journal of Monetary Economics* (1988)。

喀麥隆選舉過程的合法與否還有待討論。在我與司機山姆談話的當時，畢亞總統最近的一次選舉結果，是一九九七年的總統大選贏得九三％選票，但這次選舉遭到對手抵制。在我訪問過喀麥隆之後，二〇〇四年十月，畢亞又以七五％的得票率贏得總統大選。許多外國觀察家認為這次的選舉還算公平（參見 http://news.bbc.co.uk/2/hi/africa/3746686.stm）。ＢＢＣ的記者們則持懷疑態度；他們推斷很多人民不知道這次選舉，或者認為自己的票會被做掉，於是沒投票。ＢＢＣ報導說，儘管官方宣布投票率很高，但投票所排隊的隊伍很短。該國有投票資格的人民數字是八百萬，但登記選民數只有四百萬。http://news.bbc.co.uk/1/hi/world/africa/3732512.stm。我自己對喀麥隆民主的悲觀看法，是透過與喀麥隆的公民交談而形成，他們和山姆一樣，認為喀麥隆的民主是騙人的。

奧爾森（Mancur Olson）的理論詳見他的著作 *Power and Prosperity* (New York: Basic Books, 2000)。世界銀行每年會在經商便利度報告中，評估官方繁文縟節的程度，https://www.doingbusiness.org/en/rankings。

喀麥隆的每人平均國民所得資料可在世界銀行網站查到。http://data.worldbank.org/indicator/NY.GNP.PCAP.CD/countries/1W-CM?display=graph。以圖表集法（Atlas method）計算，一九八九年為九五〇美元，二〇〇五年為九一〇美元。二〇〇九年為一一七〇美元，這個成長令人鼓舞，但截至目前仍非常短暫。

關於尼泊爾的水壩，所有你想知道的資料都在歐斯壯（Elinor Ostrom）的文章 "Incentives, Rules of the Game, and Development" (Annual Bank Conference of Development Economics, World Bank, May 1995)；尼泊爾二〇〇六年仍處於內戰狀態，還有其他原因讓公務員不離開加德滿都。不過在歐斯壯研究的時候，讓公務員卻步的原因並非危險，而是乏味。

其他統計數字來源：

南韓從外商投資所得到的利益，請參見 Bohn-Young Koo, "New Forms of Foreign Direct Investment in Korea" (working paper no. 82-02, Korean Development Institute, June 1982)。

在本書初版中，喀麥隆的貿易障礙更嚴重。之後略有好轉，但我也使用了我認為更好的貿易障礙衡量法，就是世界銀行的 Tariff rate, applied, weighted mean, all products 系列。喀麥隆仍是全世界關稅率最高的前四分之一國家。此數據來源是 https://data.worldbank.org/indicator。

## 第9章　啤酒、薯條、全球化

全球化與貿易是近年一些優秀書籍的主題，本章的觀點和統計數字大量來自沃夫（Martin Wolf）的 *Why Globalization Works*（New Haven: Yale University Press, 2004。繁體中文版《新世界藍圖》，早安財經出版）、Philippe Legrain 的 *Open World* (London: Abacus, 2002)、爾文（Douglas Irwin）的 *Free Trade Under Fire* (Princeton: Princeton University Press, 2002)，以及巴格瓦蒂（Jagdish Bhagwati）的 *Free Trade Today* (Princeton: Princeton University Press, 2002)。傅利曼（David Friedman）的著作 *Hidden Order*（New York: Harpercollins, 1996, 65-77。繁體中文版《傅利曼的生活經濟學》，先覺出版）中，有一章是談貿易理論的，非常精采。

威爾森（Edward O. Wilson）談同質化的內容，出自他談比較利益的精采敘述。參見其著作 *Consilience—The Unity of Knowledge* (London: Abacus, 2003), 304。

證明對進口品徵稅就是對出口品徵稅的原始論文是勒納（Abba P. Lerner）的“The Symmetry Between Import and Export Taxes,” *Economica* 3 (August 1936): 306-13。

有關移民、資本流動、技術轉移，在此我暫不討論。若想得知進一步資訊，請參見沃夫的《新世界藍圖》，或是 Stanley Fischer 的一份演講稿“Globalization and its challenges”，http://www.iie.com/fischer/pdf/fischer011903.pdf (delivered to the American Economics Association, January 3, 2003).

席娃（Vandana Shiva）對環境隔離政策的觀點出自“On the edge: living with Global Capitalism,” Will Hutton and Anthony Giddens, eds.，被引用於 Philippe Legrain 的 *Open World* (London: Abacus, 2002)。

美國在國外投資之汙染程度的統計數字來自美國普查局，以及 R. Repetto and J. Albrecht，兩者都被引用於 Legrain 的 *Open World*。墨西哥與中國的汙染數據取自 D. Wheeler, “Racing to the Bottom: Foreign Investment and Air Pollution in Developing Countries,” *Journal of Environment and Development* 10, no. 3: 225-45，並在以下這篇概述中提到：Dasgupta et al., “Confronting the Environmental Kuznets Curve,” *Journal of Economic Perspectives* 16, no. 1 (Winter 2001): 147-68。圖表的數據取自世界銀行：http://databank.worldbank.org。二〇〇五年美國人口普查報告顯示，所有美國產業花了總計二六六億美元在減輕汙染上，同時該年的貨物總值則是超過四兆七千億美元。參見 http://www.census.gov/prod/2008puba200-05.pdf。

以下這篇論文提出國外投資導致汙染的一些證據：Robert Hoffman, Chew-Ging Lee, Bala Ramasamy and Matthew Yeung (2005), “FDI and Pollution: A Granger Causality Test Using Panel Data”, *Journal of International Development*，Vol.17，pp.311-17。

有關農業補貼請參見沃夫 "Weeding Out Subsidies," *Financial Times*, November 5, 2002，以及爾文 *Free Trade Under Fire*, 61-62。製糖業補貼的最新數字出自ＯＥＣＤ的 Producer and Consumer Support Estimates 資料庫。

裴瑞提（Jonah Peretti）是在以下文章說出他的故事："My Nike Media Adventure," *The Nation,* March 22, 2001，https://www.thenation.com/article/archive/my-nike-media-adventure/。馬尼拉垃圾廠煙山（Smokey Mountain）的例子出自克魯曼（Paul Krugman），"In Praise of Cheap Labor," *Slate,* Thursday, March 20, 1997, http://web.mit.edu/krugman/www/smokey.html。垃圾山崩塌的新聞出自 *The Economist*, July 13, 2000。格雷德（William Greider）在以下文章中解釋他支持紐約市對進口衣服的規定："No to Global Sweatshops," *The Nation*, April 19, 2001。有關跨國公司比本地企業支付更多的薪資，且提供更好的條件，爾文和 Philippe Legrain 都有很好的論據和資料支持此一觀點。

杭特（Janet E. Hunter）描述貿易障礙的政治經濟學，可以解釋日本德川幕府時代穩定的原因，參見以下著作：Janet E. Hunter, *The Emergence of Modern Japan* (London: Longman, 1989), 4–7；爾文在 *Free Trade Under Fire* 一書的第五章中，也充分探討了此一主題。

ＢＢＣ曾深入報導貧窮咖啡農的宿命：http://news.bbc.co.uk/1/hi/business/1493104.stm ("Coffee Farmers Switch to Drugs," 15 August 2001)；http://news.bbc.co.uk/1/hi/business/1333204.stm ("Coffee Farmers Face Destitution," 16 May 2001)；http://news.bbc.co.uk/1/hi/business/1488758.stm ("The Cappuccino Trail," 16 August 2001)；http://news.bbc.co.uk/1/hi/business/1608356.stm ("Coffee Cartel Shuts Up Shop," 19 October

2001）。

其他統計數字來源：

美國創造與消失的就業機會，引自 Bureau of Labor Statistics, http://bls.gov/news.release/cewbd.htm Table 1. October 2010。

西敏公爵與英國女王所獲得農業補助之分析，參見 http://farmsubsidy.org/lists/11/duke-of-westminsters-farm-subsidies/ 與 http://farmsubsidy.org/lists/2/queen-elizabeth-iis-farm-subsidies/。

各種貿易利益的估計值，摘自爾文的 *Free Trade Under Fire*, 30-48。

貿易障礙和出口份額的數據引自 World Bank: http://data.worldbank.org/indicator，以及 OECD International Trade by Commodity Statistics 的資料庫：http://stats.oecd.org/。

其他貿易統計數字引自 *World Trade Overview 2000*, World Trade Organization, 2001。

## 第10章　中國如何致富

毛澤東的「大躍進」所造成的種種效果，參見 J. M. Roberts 的 *Penguin History of the World* (London: Penguin, 1995), 1013，以及 Jonathan Glover, *Humanity: A Moral History of the 20th Century* (New Haven: Yale University Press, 1999)。約翰・凱（John Kay）在以下著作中提到赫魯雪夫的大實驗：*The Truth about Markets*（London: Allen Lane, Penguin Press, 2003, 88。繁體中文版《市場的真相》，商周出版）。

*Journal of Economic Perspectives* 8, no 2 (Spring 1994) 的專輯中精采分析了鄧小平在一九八〇年代的改革，其中文章包括柏金斯（Dwight Perkins），"Completing China's move to the market"；Shahid Yusuf, "China's Macroeconomic performance and management during transition"；以及 Gary Jefferson and Thomas Rawski, "Enterprise reform in Chinese industry"。其他寶貴的資料來源有 Barry Naughton, *Growing Out of the Plan* (Cambridge: Cambridge University Press, 1995)；Justin Yifu Lin, "Rural reforms and agricultural growth in China," *American Economic Review* 82, no 1 (March 1992)；以及 Robert F. Dernberger, "The People's Republic of China at 50: The Economy," in *The People's Republic of China After 50 Years*, ed. Richard Louis Edmonds (New York: Oxford University Press, 1999)。另一份關於中國的較新觀點出自沃夫（Martin Wolf），"Asia's Awakening," *Financial Times*, September 21, 2003；以及 David Hale and Lyric Hughes Hale, "China takes off," *Foreign Affairs* 86, no 6 (Nov/Dec 2003)。

巴格瓦蒂（Jagdish Bhagwati）對印度經濟政策的指責出自 "Review of Sachs-Varshney-Bajpai and Lal," *Times Literary Supplement,* January 2000。

關於對毛澤東的個人崇拜，參見 Richard McGregor, "Mao and Forever," *Financial Times Magazine*, August 14, 2004。有關中國血汗工廠惡劣的工作環境，參見 Lucy Ash 報導，"Inside China's Sweatshops," BBC Online News, "From Our Own Correspondent," July 20, 2002, http://news.bbc.co.uk/1/hi/programmes/from_our_own_correspondent/2139401.stm。

有關楊莉的選擇參見 Alexandra Harney, "Migrant workers shun long hours and low pay," *Financial Times*, November 2, 2004。比較新的一篇報導是描述中國的勞資糾紛和日益憤怒的工人："The Next China," *The Economist,* July 29, 2010, http://www.economist.com/node/16693397。

其他統計數字來源：

有關中國經濟成長率，以及相對於其他國家的經濟規模統計數字，引自 World Bank, http://databank.worldbank.org/ 以及 World Trade Organization, http://www.wto.org/english/news_e/pres10_e/pr598_e.htm。

關於南韓經濟轉型的統計數字引自：Anne Krueger, "Institutions of the New Private Sector," in *The Emergence of Market Economies in Eastern Europe,* eds. Christopher Clague and Gordon Rausser (Cambridge, MA: Blackwell, 1992)，被引用於奧爾森（Mancur Olson），*Power and Prosperity* (New York: Basic Books, 2003)。

國家圖書館出版品預行編目（CIP）資料

誰賺走了你的咖啡錢：日常生活中的經濟賽局，臥底經濟學家完美破解 / 提姆．哈福特 (Tim Harford) 著；任友梅譯. -- 二版. -- 臺北市：早安財經文化, 2020.09
面；　公分. -- (早安財經講堂；91)
譯自：The undercover economist.
ISBN 978-986-98005-9-4( 平裝 )

1. 經濟史　2. 消費者教育

550.9407　　109010123

早安財經講堂 91

**誰賺走了你的咖啡錢** 全新增訂版

**日常生活中的經濟賽局，臥底經濟學家完美破解**

**The Undercover Economist**

作　　者：提姆．哈福特 Tim Harford
譯　　者：任友梅
特約編輯：林慈敏
校　　對：呂佳真
封面設計：Bert.design
責任編輯：沈博思、劉詢
行銷企畫：楊佩珍、游荏涵

發 行 人：沈雲驄
發行人特助：戴志靜、黃靜怡
出版發行：早安財經文化有限公司
電話：(02) 2368-6840　傳真：(02) 2368-7115
早安財經網站：www.goodmorningnet.com
早安財經粉絲專頁：www.facebook.com/gmpress

郵撥帳號：19708033　戶名：早安財經文化有限公司
讀者服務專線：(02)2368-6840　服務時間：週一至週五 10:00~18:00
24 小時傳真服務：(02)2368-7115
讀者服務信箱：service@morningnet.com.tw

總 經 銷：大和書報圖書股份有限公司
電話：(02)8990-2588
製版印刷：中原造像股份有限公司
二版 1 刷：2020 年 9 月
二版 7 刷：2022 年 12 月

定　　價：420 元
I S B N：978-986-98005-9-4（平裝）

**不要管別人，**

**專注做你最擅長的事⋯⋯**